JN187327

ディテールから考える
最高に美しい
住宅デザインの方法

石井秀樹＋根來宏典＋村田 淳 著

X-Knowledge

目次

第1章 玄関・外壁

第2章 床・壁・天井

第3章 階段

第4章 開口部

［カバー写真］
東村山の家／石井秀樹建築設計事務所（写真：鳥村鋼一）
中海岸のコートハウス／村田淳建築研究室（写真：村田淳建築研究室）
対岳荘／根來宏典建築研究所（写真：上田宏）

第1章
玄関・外構

玄関ポーチを建物の内側に取り込む

建物の形状をすっきり見せたい場合は、ポーチを突出させずに、外壁に窪みを設け、外部を取り込む方法がある。本事例では、外壁をえぐったような意匠とするために、仕上げの見切に配慮した。特に軒天井部分の見切は、通気の入口を設けることと、水切としての役割をもたせることを両立させるために、45°のアルミアングルの組み合わせで構成した。

45°のアルミアングルで軒天を見切る

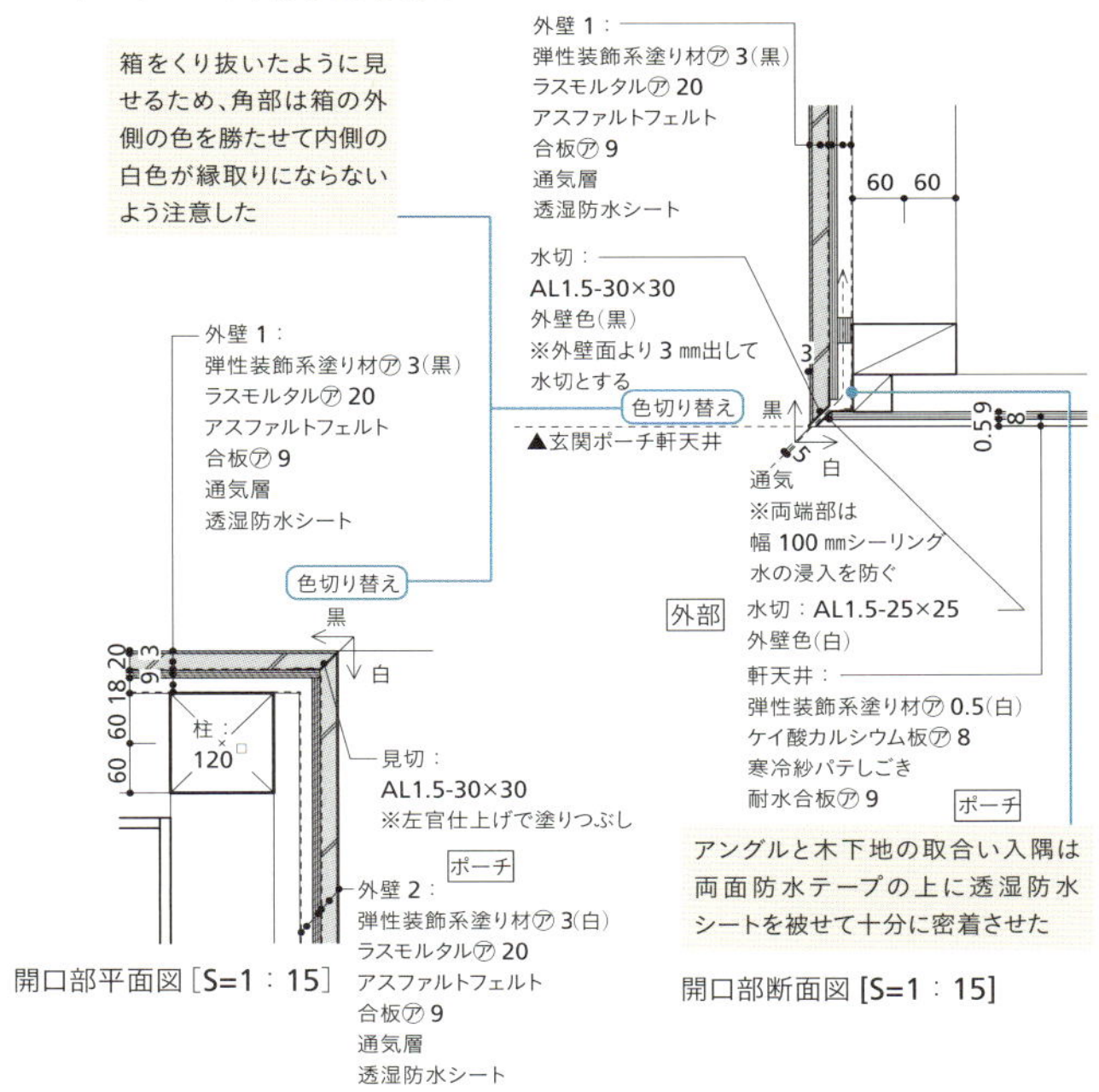

箱をくり抜いたように見せるため、角部は箱の外側の色を勝たせて内側の白色が縁取りにならないよう注意した
外壁1：
弾性装飾系塗り材㋐3(黒)
ラスモルタル㋐20
アスファルトフェルト
合板㋐9
通気層
透湿防水シート
色切り替え
黒
白
20
3
9
18
60
60
60
柱：120□
見切：
AL1.5-30×30
※左官仕上げで塗りつぶし
ポーチ
外壁2：
弾性装飾系塗り材㋐3(白)
ラスモルタル㋐20
アスファルトフェルト
合板㋐9
通気層
透湿防水シート
外壁1：
弾性装飾系塗り材㋐3(黒)
ラスモルタル㋐20
アスファルトフェルト
合板㋐9
通気層
透湿防水シート
60 60
水切：
AL1.5-30×30
外壁色(黒)
※外壁面より3㎜出して水切とする
色切り替え
黒
3
▲玄関ポーチ軒天井
5
白
0.5 9 8
通気
※両端部は
幅100㎜シーリング
水の浸入を防ぐ
外部
水切：AL1.5-25×25
外壁色(白)
軒天井：
弾性装飾系塗り材㋐0.5(白)
ケイ酸カルシウム板㋐8
寒冷紗パテしごき
耐水合板㋐9
ポーチ
アングルと木下地の取合い入隅は両面防水テープの上に透湿防水シートを被せて十分に密着させた

開口部平面図［S=1：15］

開口部断面図［S=1：15］

箱森町の家／石井秀樹建築設計事務所　写真：鳥村鋼一

玄関扉を外壁から浮いたように見せる

縦框を玄関扉で隠す

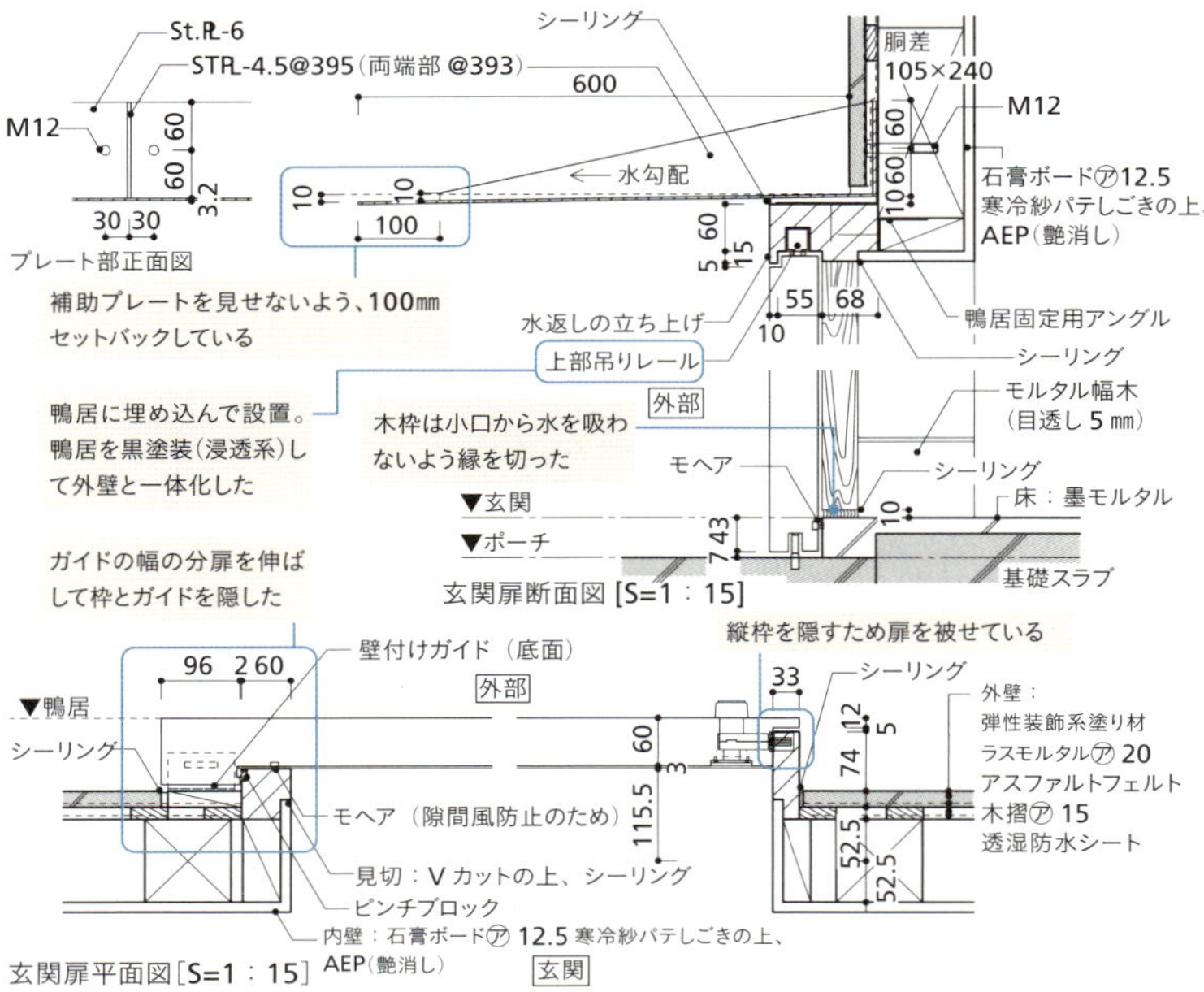

玄関扉断面図 [S=1：15]

玄関扉平面図［S=1：15］

敷地にゆとりがない場合には、玄関ポーチを建物から突出させず、外壁に直に玄関扉を設けるという手もある。本事例では、木製の扉が外壁から浮いたように見せるために、鴨居と庇の幅をそろえ、鴨居の存在感を消した。また、玄関扉で縦枠を隠すことで、玄関扉が外壁から浮いているような印象を与えている。

貫井の家／石井秀樹建築設計事務所　写真：鳥村鋼一

庇と壁を組み合わせて目隠し壁をつくる

道路に正対する位置に玄関を設ける場合、扉を開けたときに室内が丸見えになるようでは、好ましい玄関構えとはいえない。そこで本事例では、玄関扉の正面に目隠し壁を設けた。玄関ポーチの庇を支える構造体にもなっており、囲われたポーチ空間を形成している。外部と内部を緩やかに仕切り、安心感のある玄関廻りとした。

玄関庇と壁で玄関ポーチを囲う

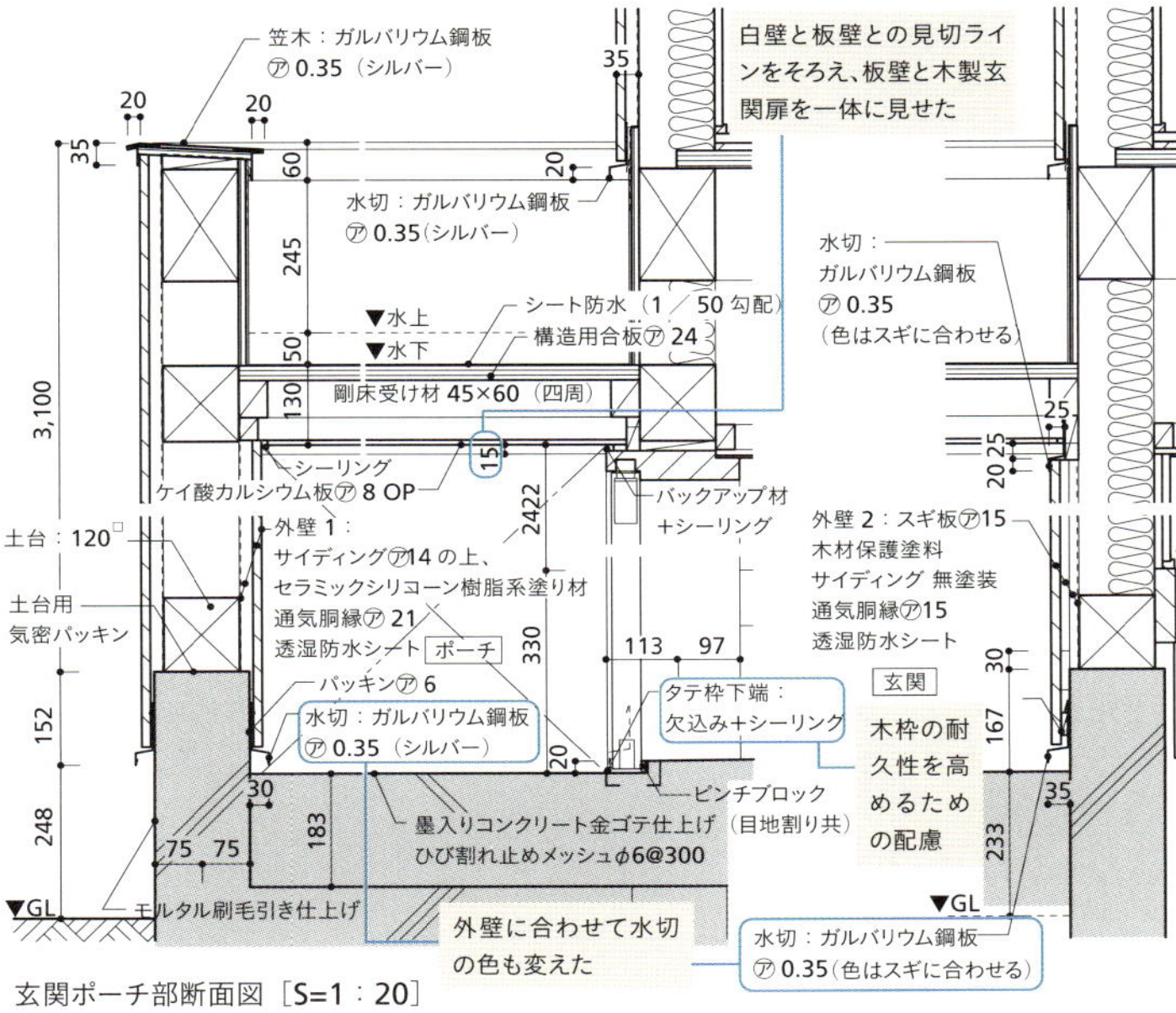

玄関ポーチ部断面図［S=1：20］

対岳荘／根來宏典建築研究所　写真：上田宏

重くなりがちな玄関庇を軽やかに見せる

ゆったりとした玄関ポーチを設け、上部に大きな庇を持ち出した。玄関扉の脇には荷物置き場にもなるベンチを設け、アプローチと駐車場の2方向からアクセスできる。道路との間の目隠しとして設けたRCの塀には、屋根を支える細い丸鋼を設置して軽快な印象としている。

細い丸鋼を用いて軽快な印象をつくる

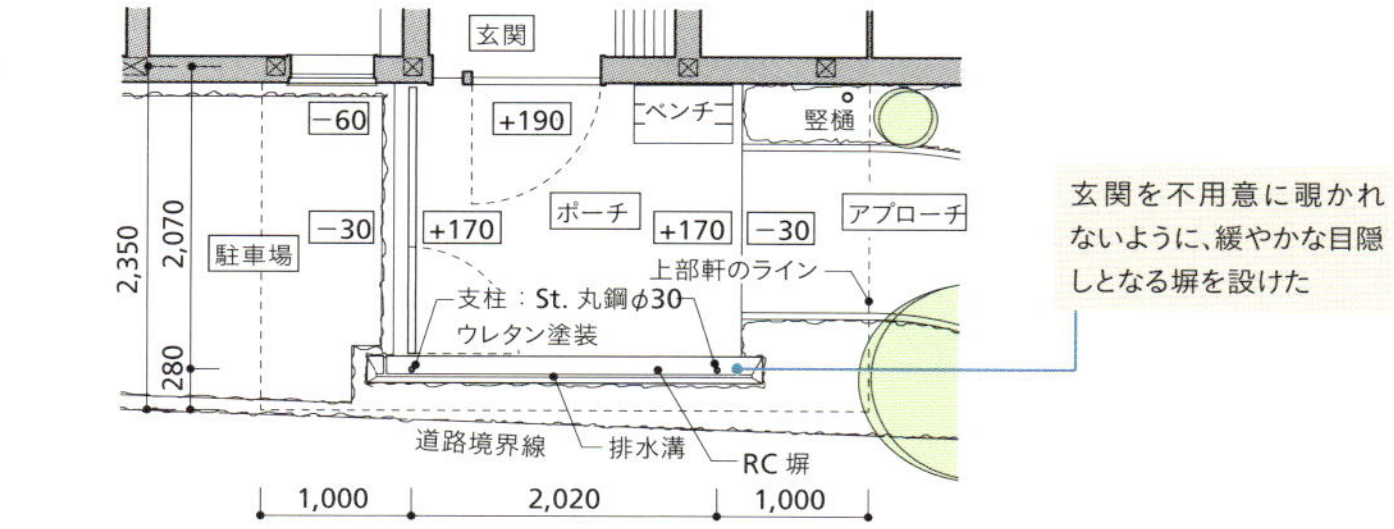
玄関
−60
+190
ベンチ
竪樋
2,350
2,070
駐車場
−30
+170
ポーチ
+170
−30
アプローチ
上部軒のライン
支柱：St. 丸鋼φ30
ウレタン塗装
280
道路境界線
排水溝
RC塀
1,000
2,020
1,000
玄関を不用意に覗かれないように、緩やかな目隠しとなる塀を設けた

玄関ポーチ部平面図 [S=1：100]

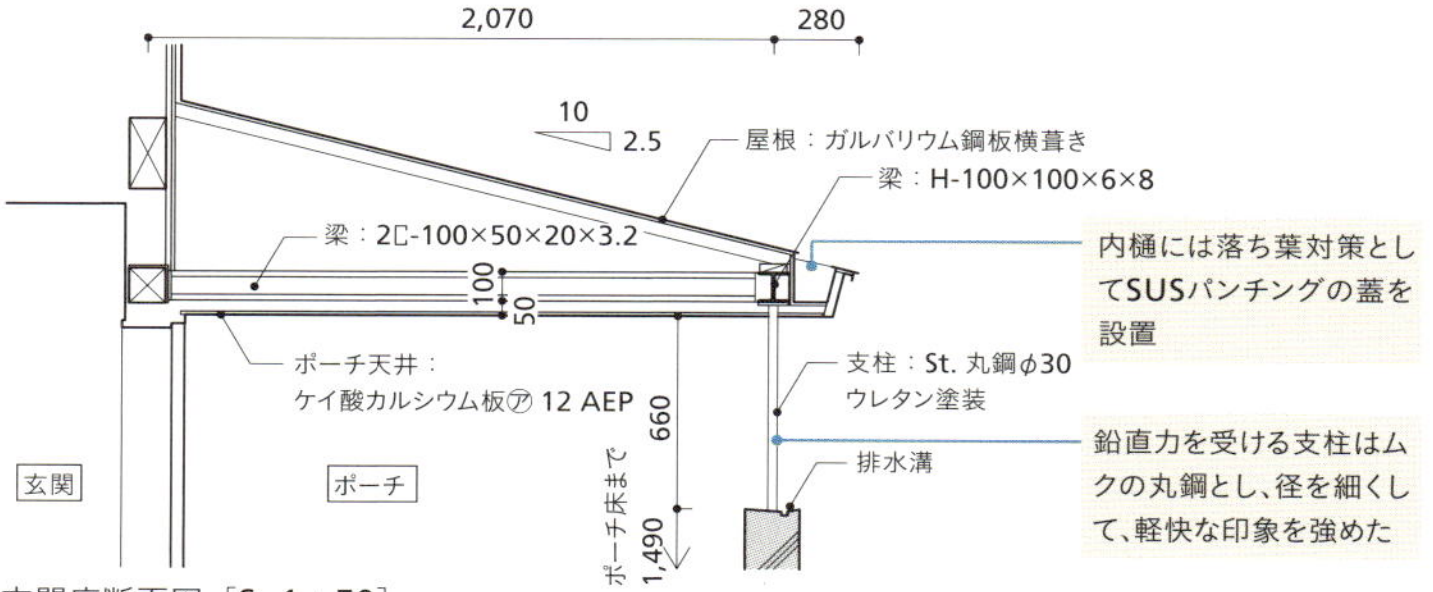
2,070
280
10
2.5
屋根：ガルバリウム鋼板横葺き
梁：H-100×100×6×8
梁：2[-100×50×20×3.2
100
50
ポーチ天井：
ケイ酸カルシウム板㋐ 12 AEP
支柱：St. 丸鋼φ30
ウレタン塗装
660
排水溝
ポーチ床まで
1,490
玄関
ポーチ
内樋には落ち葉対策としてSUSパンチングの蓋を設置
鉛直力を受ける支柱はムクの丸鋼とし、径を細くして、軽快な印象を強めた

玄関庇断面図［S=1：50］

持ち出しバルコニーで玄関軒を兼ねる

防水を施したバルコニーを玄関扉の上部に設けると、玄関庇を兼ねることができる。本事例では、バルコニーを大きく跳ね出し、軒下を玄関ポーチとして人と車の動線を集約した。木造でバルコニーを1間も跳ね出すのは構造的に難しいため、鉄骨の方杖で補強したが、部材の存在をできるだけ感じさせない納まりとした。

方杖で構造的に補強する

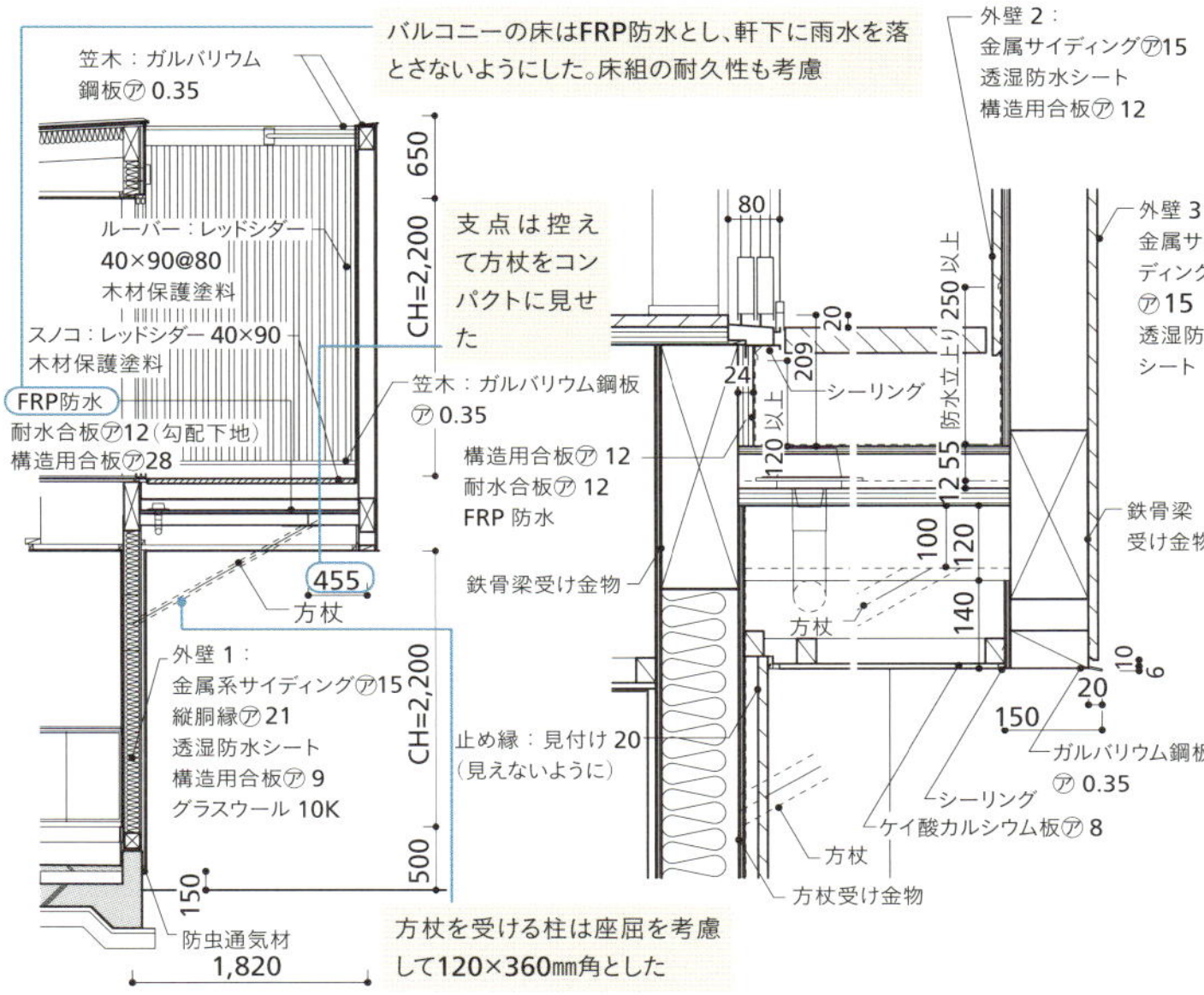

断面図［S=1：100］

軒天井詳細図［S=1：20］

鉄 HOUSE ／根來宏典建築研究所　写真：GEN INOUE

外構の柵を不要にする〝最小限〟の門扉

道路と敷地の境界に防犯のための門扉を設けると、敷地全体を囲う柵が必要になるが建物と一体となったポーチに柵を設ければ、外構の柵を省略できる。本事例では門扉を外壁面にそろえて設置し、貫を目立たせずに縦桟だけを強調し、縦ルーバーとして見せている。

格子戸と外壁を同面でそろえる

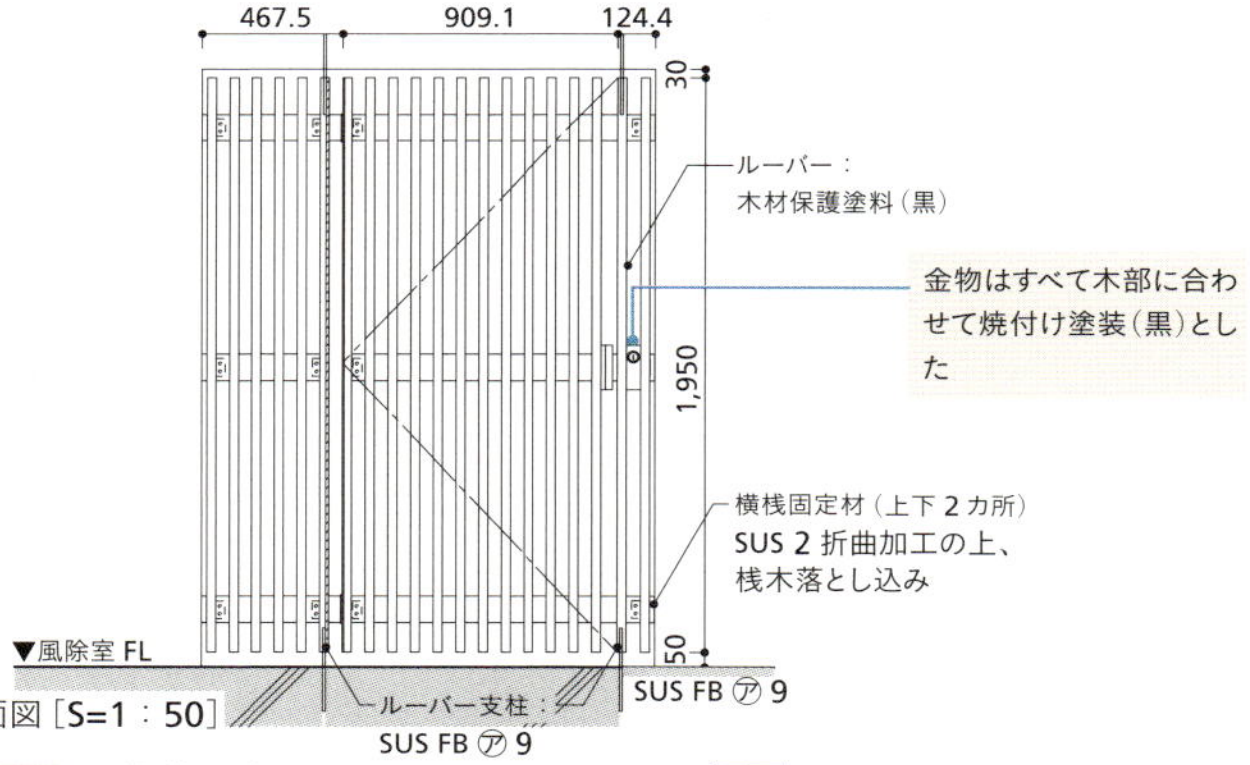

門扉立面図［S=1：50］

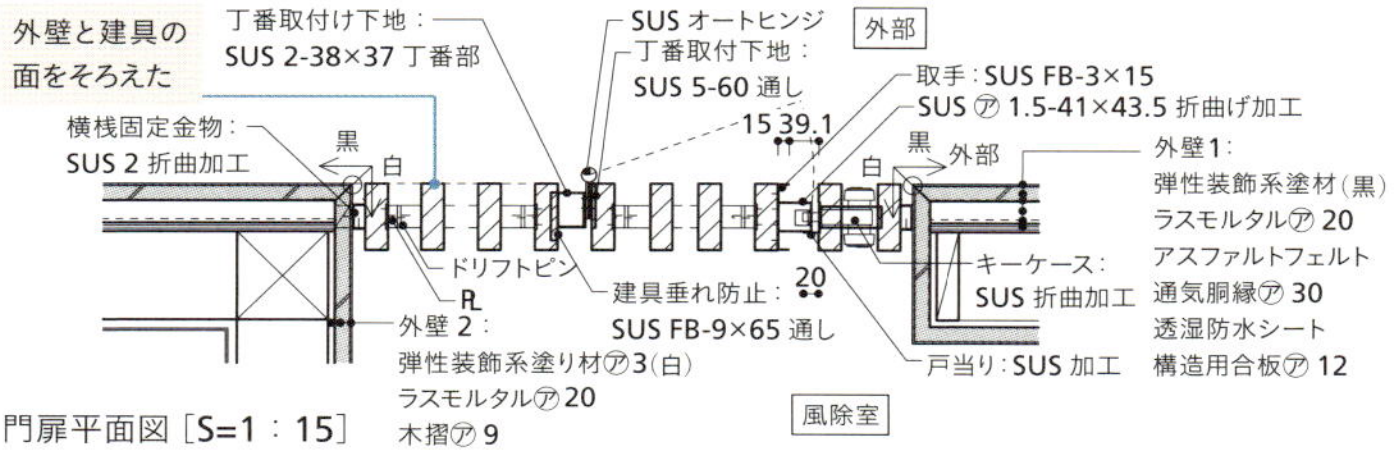

門扉平面図［S=1：15］

守谷の家／石井秀樹建築設計事務所　写真：鳥村鋼一

建物と色合いをそろえて門扉を一体にみせる

建物となじみ、存在感を主張しすぎない門扉。人が通る開き戸と車が出入りするための引戸を併設している。アングルで製作した見付けの細い枠のなかに木格子を組み込んだシンプルな意匠とし、鉄部・木部ともに、RCの建物や塀と調和するように、同色に塗装した。

外壁・塀・門扉の色をそろえる

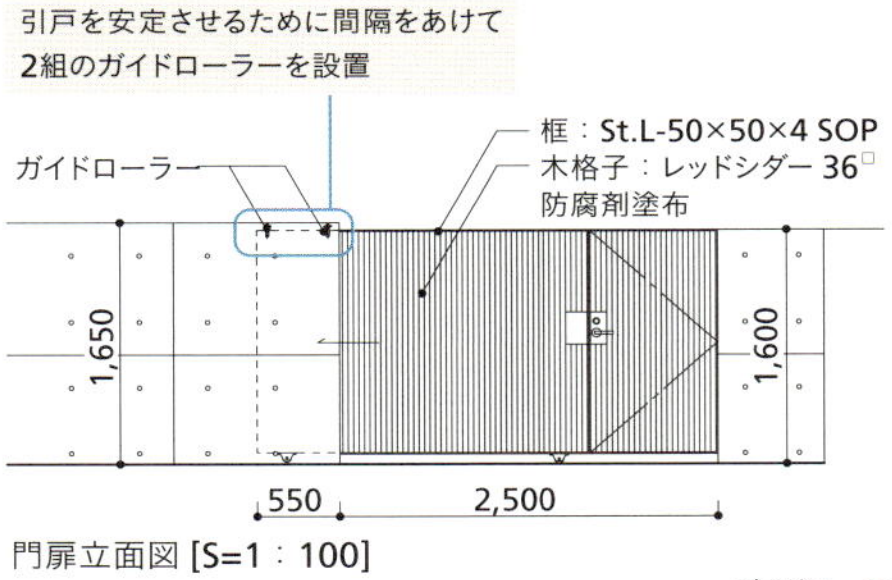

框はアングルを使用してシャープに見せた。木格子の取付けビスを見せないように、木格子をフラットバーの枠に取り付けてから框に設置している

第1章 玄関・外壁　　牟礼のコートハウス／村田淳建築研究室　写真：村田淳建築研究室

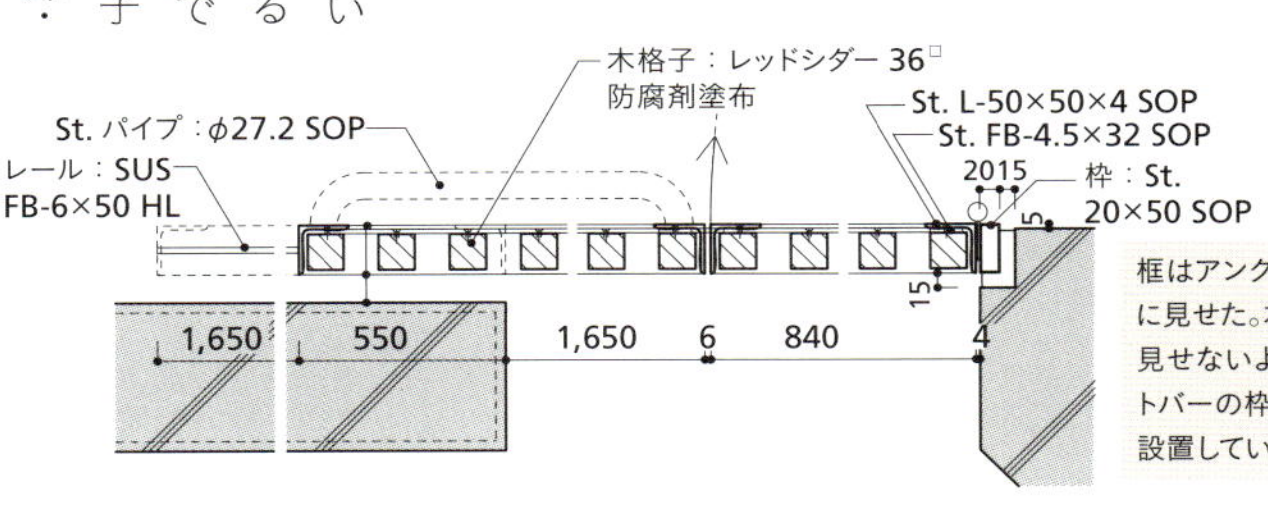

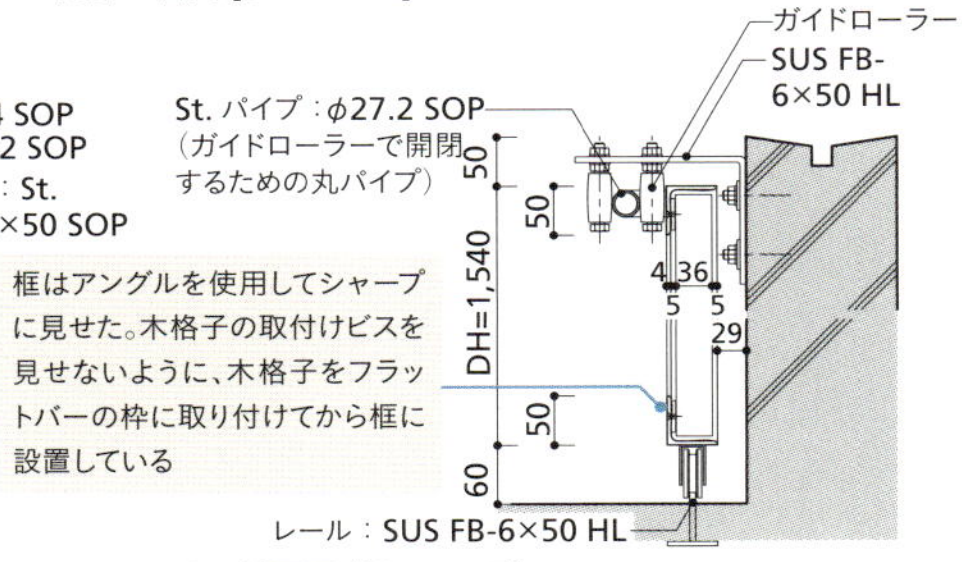

使い勝手のよい玄関框の高さ

土間から１階床までの高さの目安は250㎜

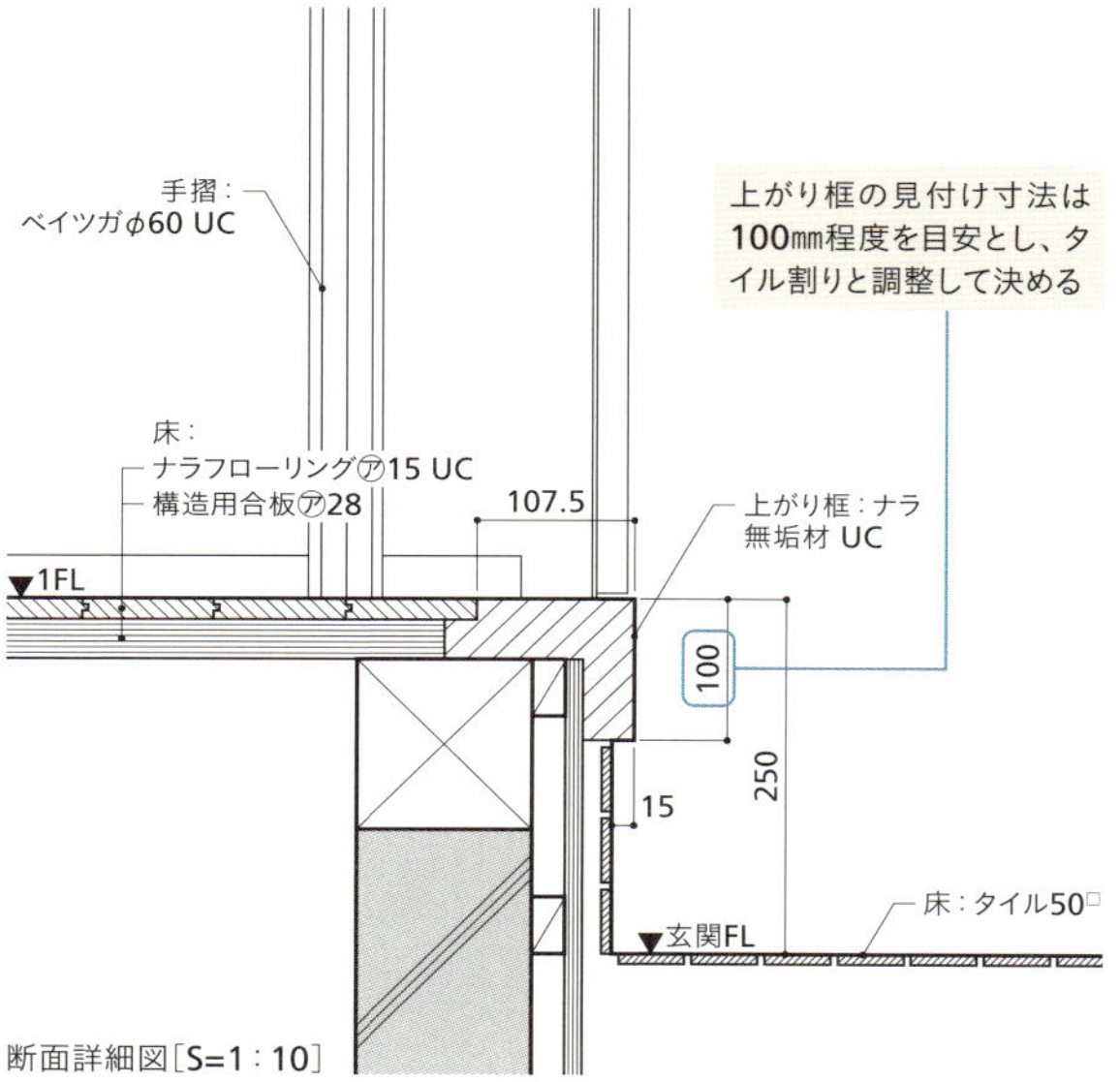
手摺：
ベイツガφ60 UC
上がり框の見付け寸法は100㎜程度を目安とし、タイル割りと調整して決める
床：
ナラフローリング㋐15 UC
構造用合板㋐28
107.5
上がり框：ナラ
無垢材 UC
1FL
100
15
250
床：タイル50□
玄関FL
断面詳細図［S=1：10］

建築基準法で定められた土台高さから1階の床高を定めると、その高さはおおよそＧＬ＋500前後［※］。その高さを基準として、外部の床レベルから玄関土間までの高さを設定していく際、土間から1階床までの高さについて250㎜程度を目安としている。250㎜程度の高さは、段差に座ることもでき、かつ段差の上り下りが苦にならない高さである。また、土間の幅木には、汚れに強い仕上げ材を選択したい。

浦和の２つの家／村田淳建築研究室　写真：村田淳建築研究室

※木造軸組構法による住宅の場合、GL から 1FL は 450㎜以上とすることが義務付けられている［建築基準法施行令第 22 条］。ただし、床高の規定は、防湿土間コンクリートやベタ基礎など、所要の防湿処理を施していれば適用されない

一段あたりの高さを抑えて昇降しやすい玄関をつくる

上がり框を階段状に構成して、一段当たりの高さを低く抑えた事例。一般的な上がり框の高さは、腰かけられて段差の昇降もできる高さである反面、腰かけずに靴を履くには若干高く、腰かけて靴を履くには低すぎると感じることもある高さともいえる。そこで、一段当たりの高さを150㎜と、低めの蹴上げ程度にし、1階床から玄関に向けた歩行動線上でスムーズに靴を履けるよう配慮した。

上がり框の高さを150㎜とする

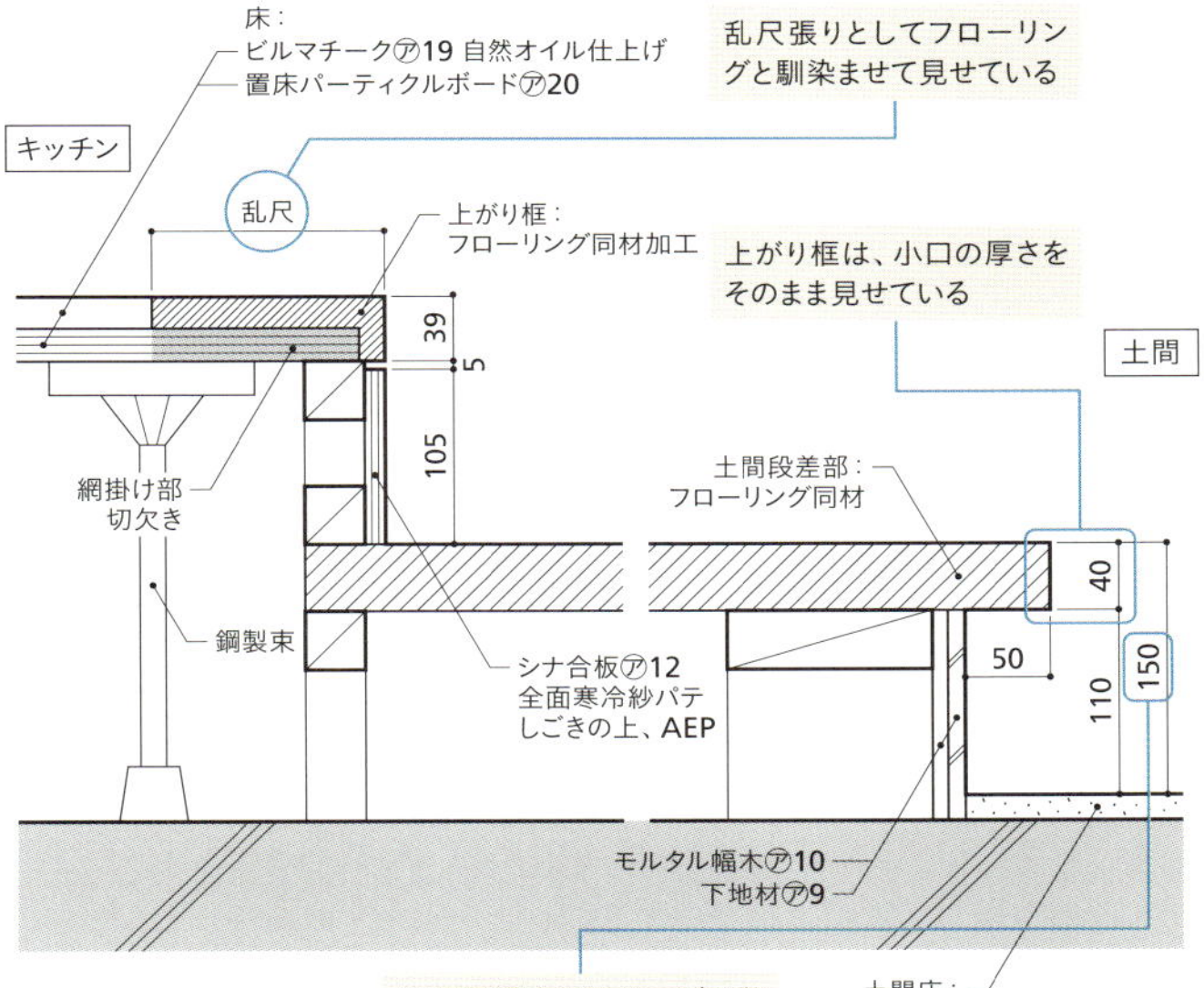
床：
ビルマチーク㋐19 自然オイル仕上げ
置床パーティクルボード㋐20
乱尺張りとしてフローリングと馴染ませて見せている
キッチン
乱尺
上がり框：
フローリング同材加工
上がり框は、小口の厚さをそのまま見せている
土間
39
5
105
網掛け部
切欠き
土間段差部：
フローリング同材
40
鋼製束
シナ合板㋐12
全面寒冷紗パテ
しごきの上、AEP
50
110
150
モルタル幅木㋐10
下地材㋐9
歩行動線上でスムーズに靴を履けるよう、土間から室内への段差を低く抑えている
土間床：
洗出し㋐15

断面詳細図［S=1：8］

浜北の家／石井秀樹建築設計事務所　写真：鳥村鋼一

玄関を格式高くみせる

2段階の高さで設ける

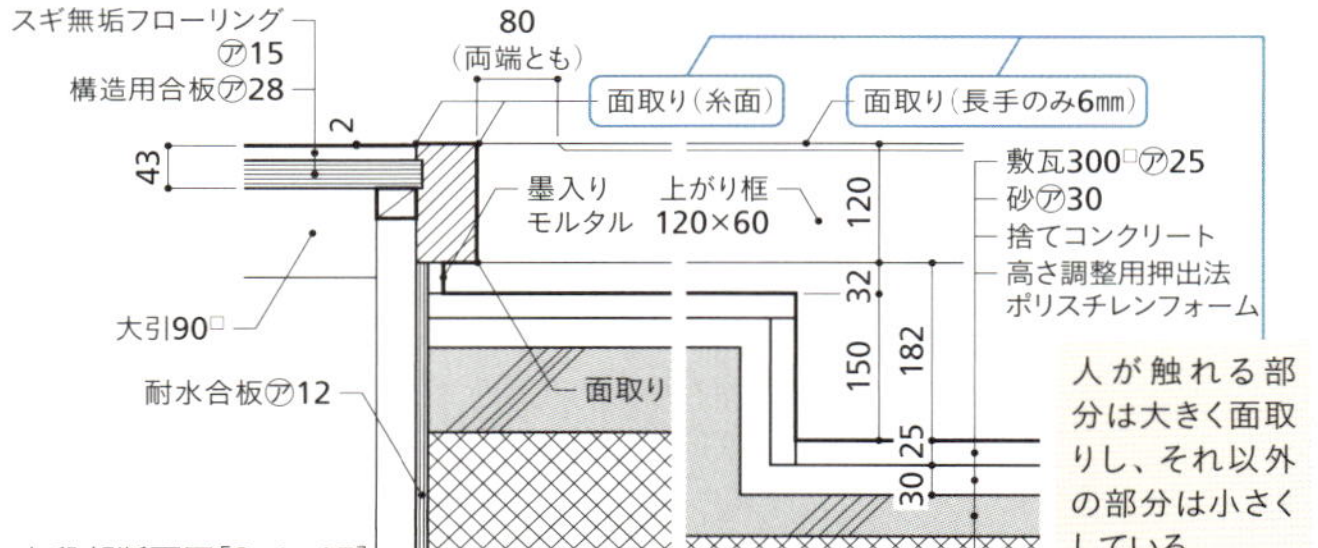

上段部断面図[S=1:15]

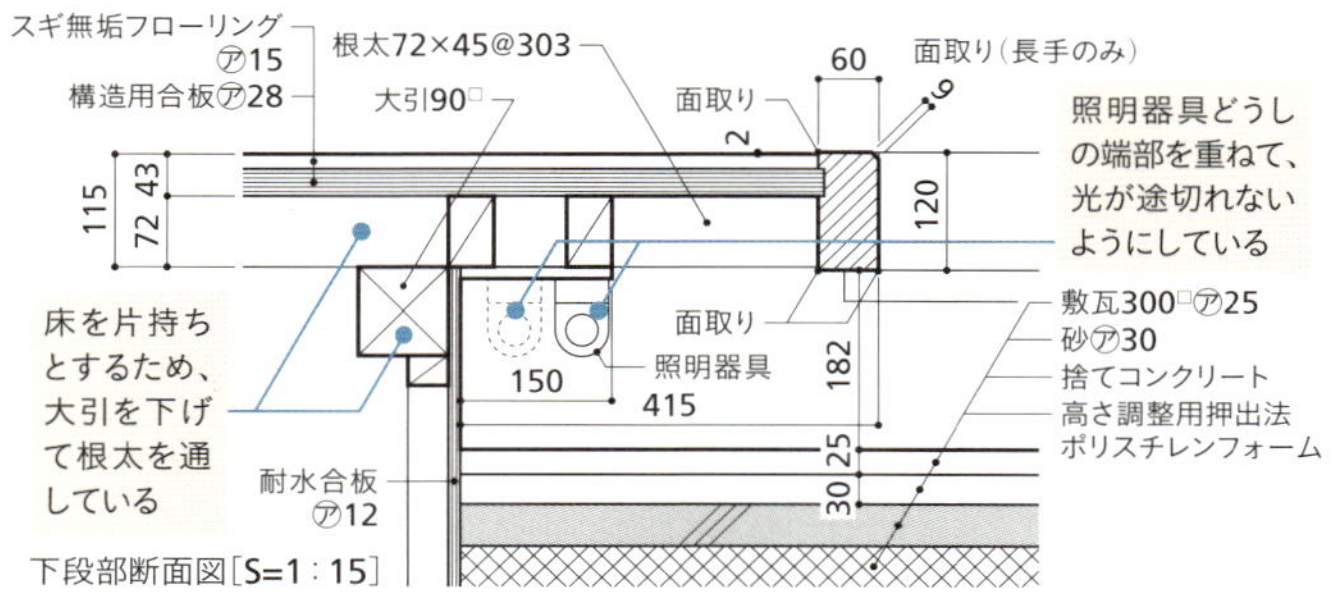

下段部断面図[S=1:15]

人が触れる部分は大きく面取りし、それ以外の部分は小さくしている

床を片持ちとするため、大引を下げて根太を通している

照明器具どうしの端部を重ねて、光が途切れないようにしている

古来、日本の住宅は三和土と上がり框の高さを高く設定してきた。主人が正座して、客に挨拶ができる高さ関係とするためだ。この慣習を採用すると、玄関構えは現代でも格式高いものになる。1階床と玄関土間の上り下りの負担を軽減するには、玄関土間の高さを2段にするとよい。また、上がり框の下端に間接照明を仕込むと足元を照らすことができ、安全性を高めることができる。

対岳荘／根来宏典建築研究所　写真：上田宏

狭小地の玄関採光には地窓を活用する

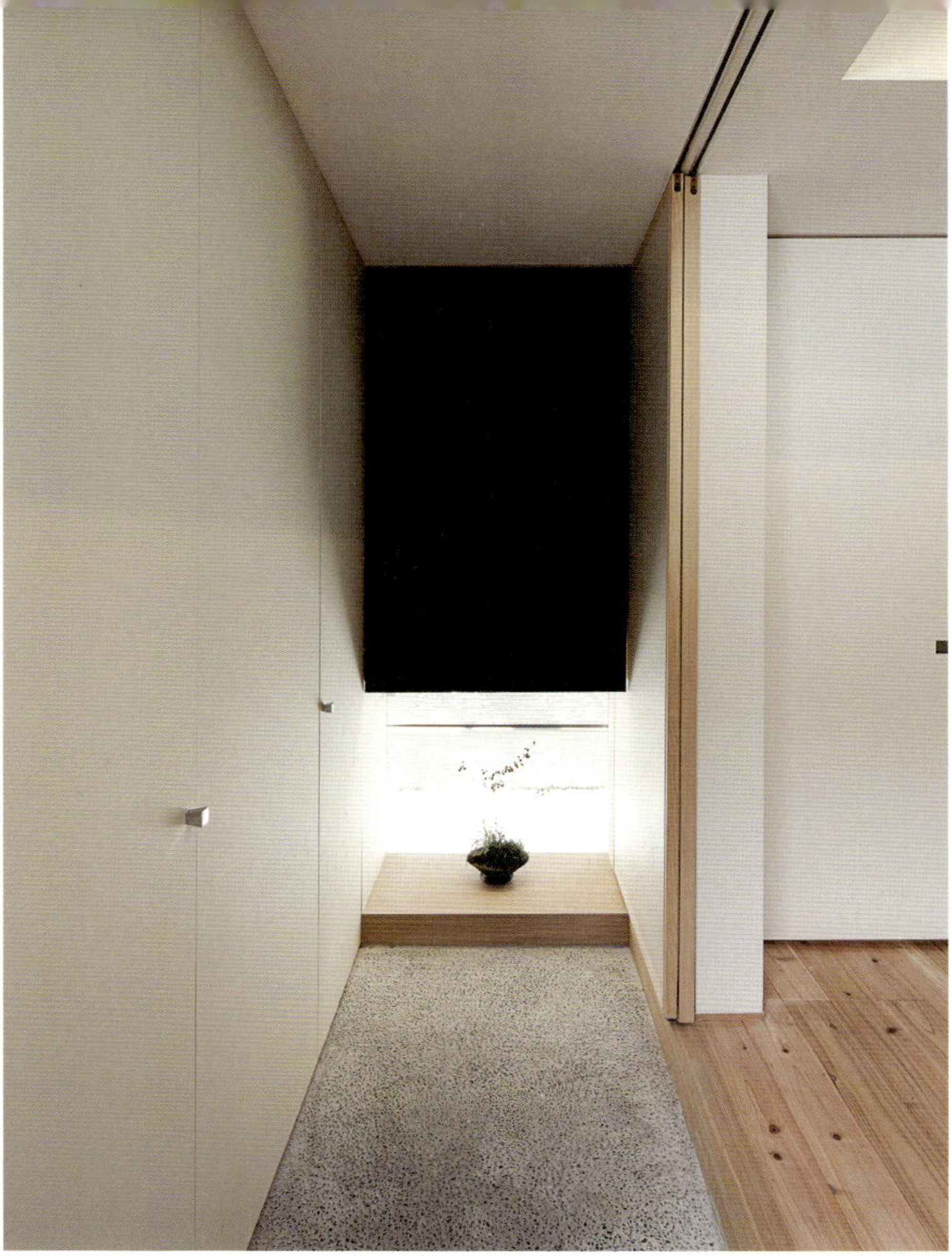

隣家との距離が近い狭小住宅の玄関には、地窓を取り入れることをお勧めする。地窓であれば、隣家の窓の位置や隣家からの視線を意識する必要がなく、光や風を取り入れることができるからだ。さらに、窓を設けていない上部は、間接照明を組み込んだ下足入れとすることで収納スペースを増やすこともできる。本事例では隣家との距離が800㎜しかないが、建物どうしの狭い隙間からでも十分に光をFIX窓から採り入れることができている。

窓のないスペースには収納を設ける

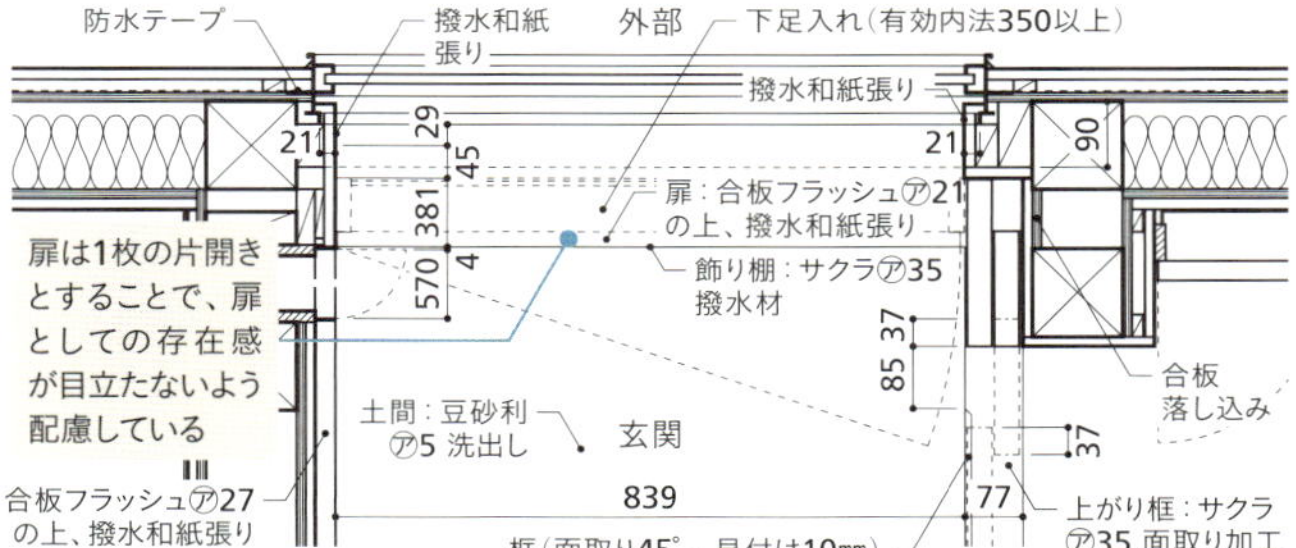

平面詳細図［S=1：20］

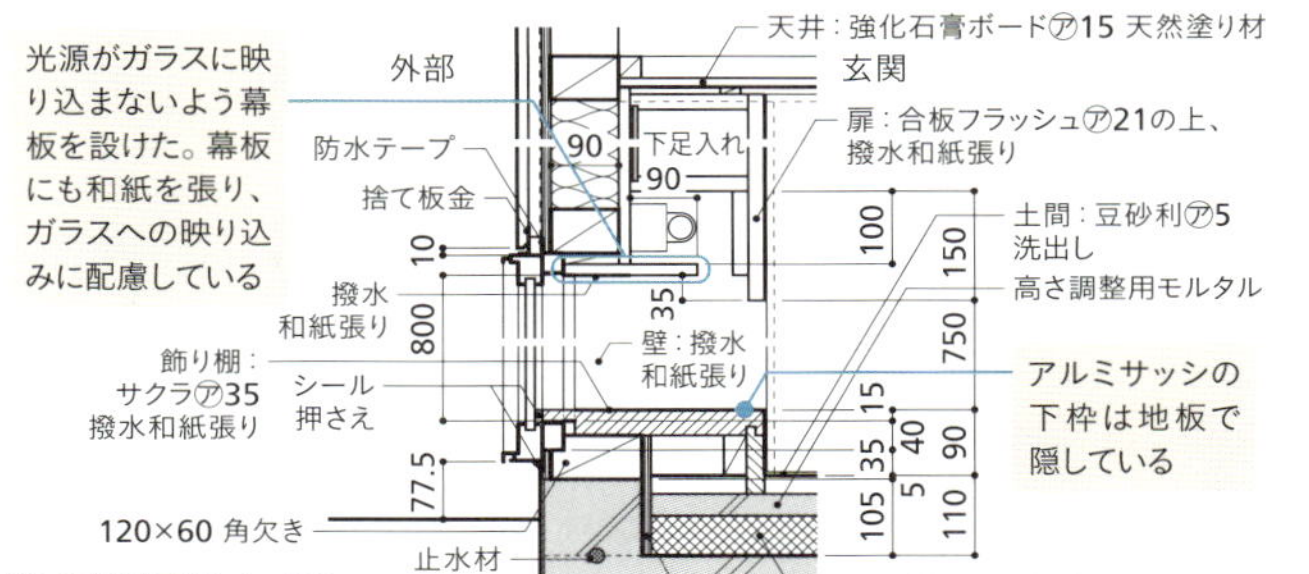

断面詳細図［S=1：20］

うなぎの寝床／根來宏典建築研究所　写真：上田宏

防犯性の高い通気窓

通風窓と格子網戸を組み合わせる

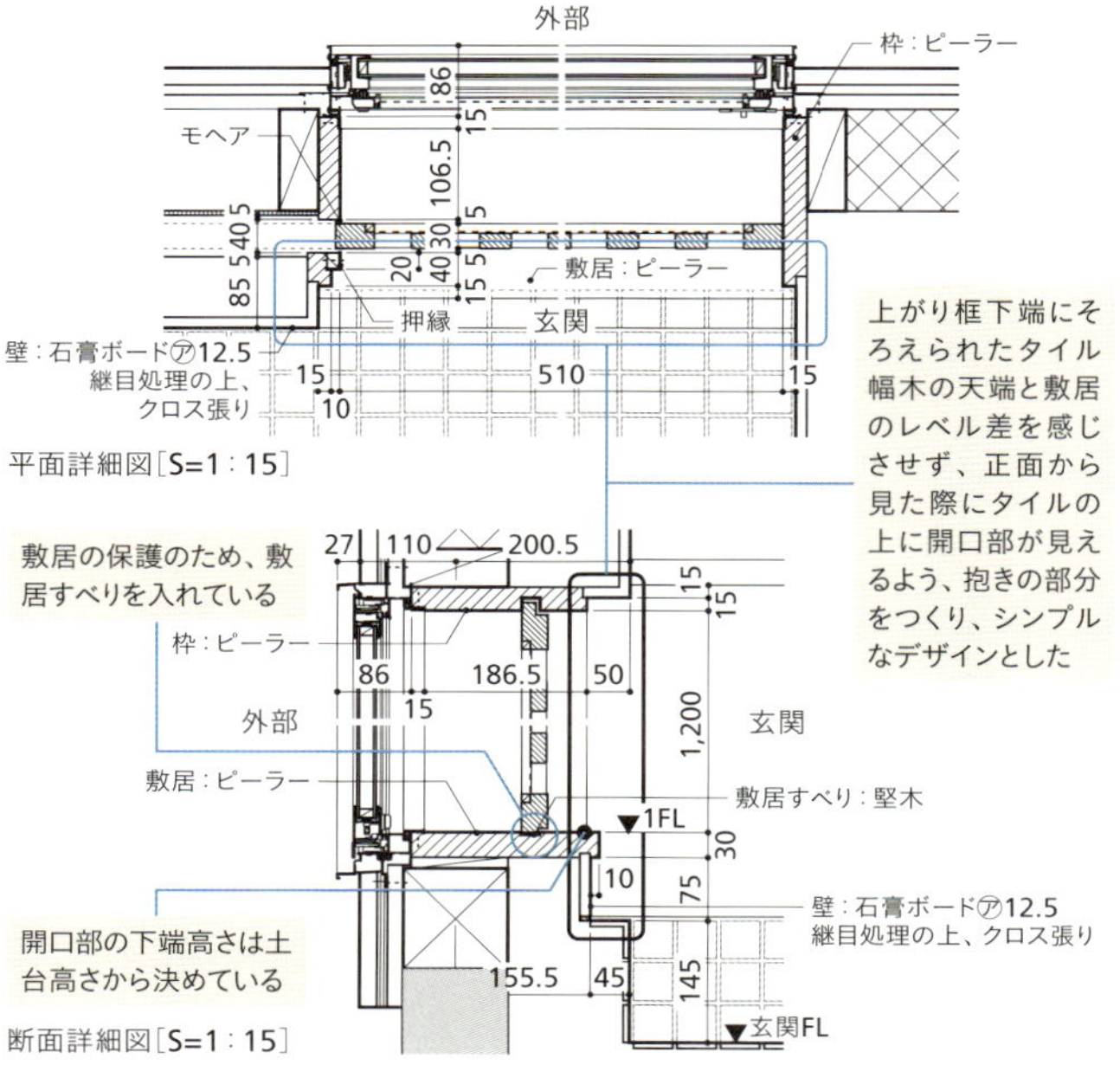
外部
枠：ピーラー
モヘア
86
15
106.5
5
5
40
5
30
85
20
40
5
15
15
敷居：ピーラー
押縁
玄関
壁：石膏ボード⑦12.5
継目処理の上、
クロス張り
15
510
15
10
上がり框下端にそろえられたタイル幅木の天端と敷居のレベル差を感じさせず、正面から見た際にタイルの上に開口部が見えるよう、抱きの部分をつくり、シンプルなデザインとした
敷居の保護のため、敷居すべりを入れている
27
110
200.5
15
15
枠：ピーラー
86
186.5
50
15
外部
1,200
玄関
敷居：ピーラー
敷居すべり：堅木
1FL
30
10
75
壁：石膏ボード⑦12.5
継目処理の上、クロス張り
開口部の下端高さは土台高さから決めている
155.5
45
145
玄関FL

平面詳細図［S=1：15］

断面詳細図［S=1：15］

階段の吹抜けと一体となった玄関に、重力換気を行うための格子網戸を設けた。夜間や外出時にも施錠して利用することができる。ここでは、土間のタイル割りや柱を避けた戸袋の奥行き寸法から壁の厚さを決め、その厚さを逆手にとって、敷居と幅木タイルのレベル差を解消するよう、抱きのデザインとしている。

浦和の２つの家／村田淳建築研究室　写真：村田淳建築研究室

透過素材で明るい玄関をつくる

障子と鏡を組み合わせる

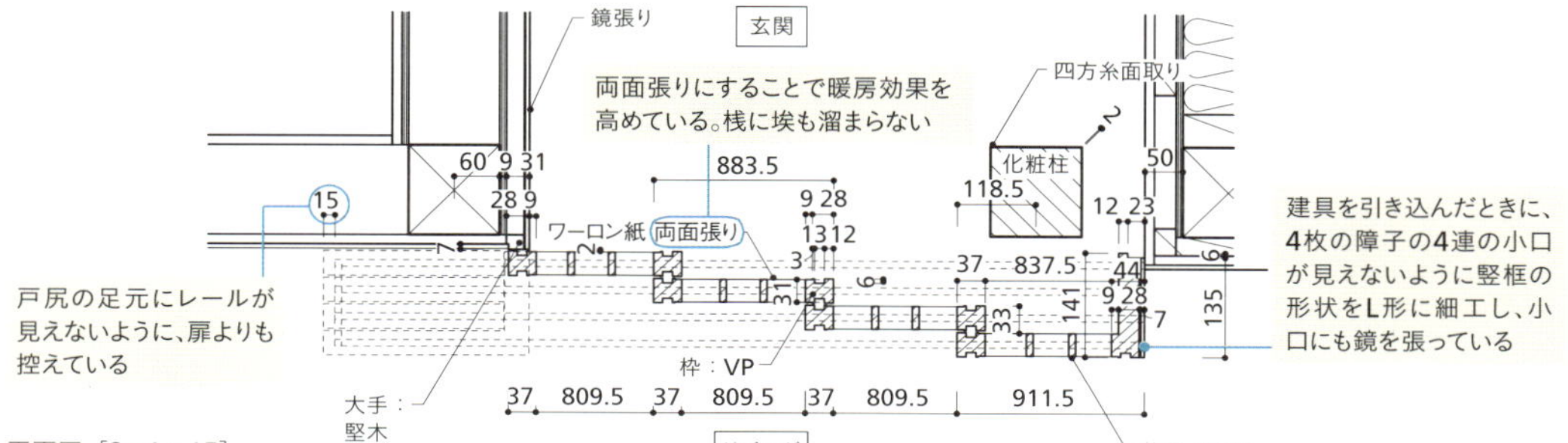

鏡張り
玄関
両面張りにすることで暖房効果を高めている。桟に埃も溜まらない
四方糸面取り
化粧柱
883.5
60 9 31
28 9
15
118.5
9 28
13 12
12 23
50
ワーロン紙 両面張り
3
2
7
6
31
37 837.5
44
9 28
33
141
135
7
建具を引き込んだときに、4枚の障子の4連の小口が見えないように竪框の形状をL形に細工し、小口にも鏡を張っている
戸尻の足元にレールが見えないように、扉よりも控えている
枠：VP
大手：堅木
37 809.5 37 809.5 37 809.5 911.5
リビング
格子 9×31

平面図［S＝1：15］

障子を閉めた状態。透過された光が鏡によって増幅され、空間を明るくしている

建具の面材に透過性のある素材を用いると、閉じていても光が回り込み、開放的な雰囲気を得ることができる。本事例では、LDKとの仕切りに障子の4枚引戸を設け、暗くなりがちな玄関に光を採り入れた。さらに、玄関の収納扉を鏡張りにして光を増幅させ、奥行き感も出している。

角の浮いた白い家／根來宏典建築研究所　写真：GEN INOUE

壁厚を利用したニッチ

玄関で設えを楽しむため、壁厚を利用してニッチを製作した。幅や高さは、飾るものを想定してある程度の寸法を確保し、プロポーションを見つつ調整している。シンプルな見え方とするために三方枠は省略し、甲板のみを設けている。

三方枠なしで納めてシンプルなデザインに

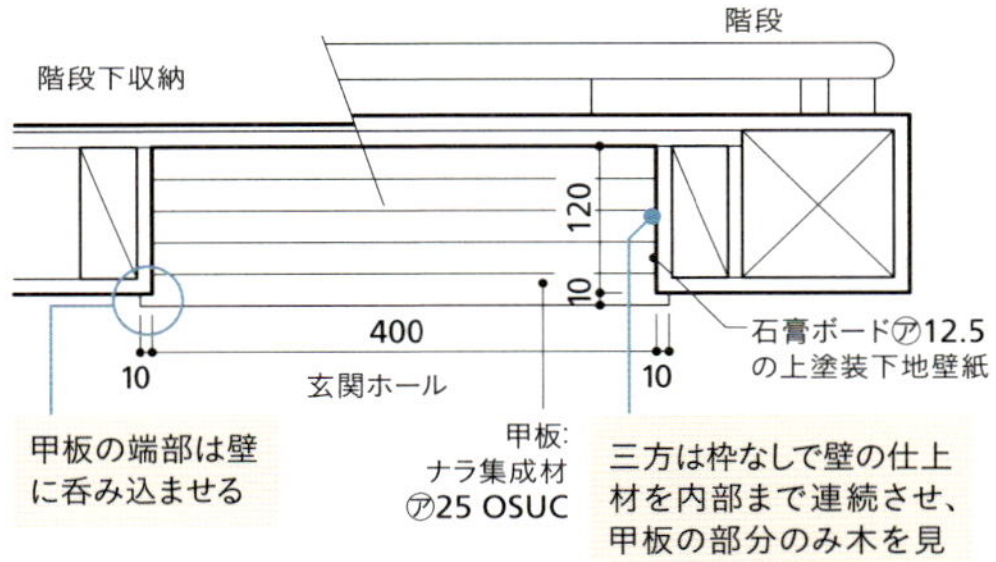
階段
階段下収納
120
10
400
10
10
玄関ホール
石膏ボード㋐12.5
の上塗装下地壁紙
甲板の端部は壁
に呑み込ませる
甲板:
ナラ集成材
㋐25 OSUC
三方は枠なしで壁の仕上
材を内部まで連続させ、
甲板の部分のみ木を見
せるシンプルなデザイン
としている

平面図[S=1：12]

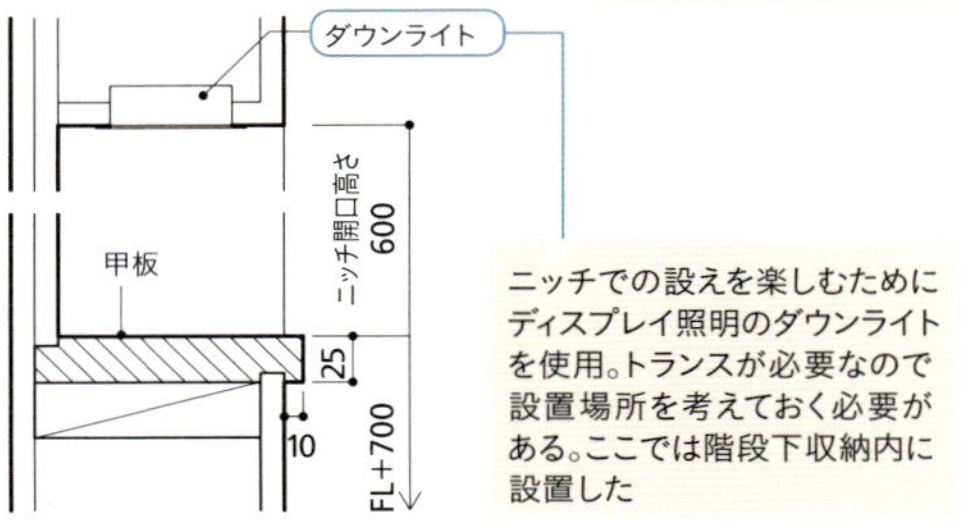
ダウンライト
ニッチ開口高さ
600
甲板
25
10
FL+700
ニッチでの設えを楽しむために
ディスプレイ照明のダウンライト
を使用。トランスが必要なので
設置場所を考えておく必要が
ある。ここでは階段下収納内に
設置した

断面図[S=1：8]

荘子田の家／村田淳建築研究室　写真：村田淳建築研究室

玄関ポストの存在を隠す

外壁の厚みを利用してボックス形状とした玄関ポスト。外壁には投函口、内壁に戸を設けることで、郵便物を室内から直接受け取れるようにしている。屋内外をつなぐ空間となるため、投函口から浸入した雨水の水抜きや隙間の風止めに配慮して設計している。また、壁面と同化させることで、内壁に戸を設置しても意匠性を損ねることのないよう配慮している。

外壁の厚みを利用する

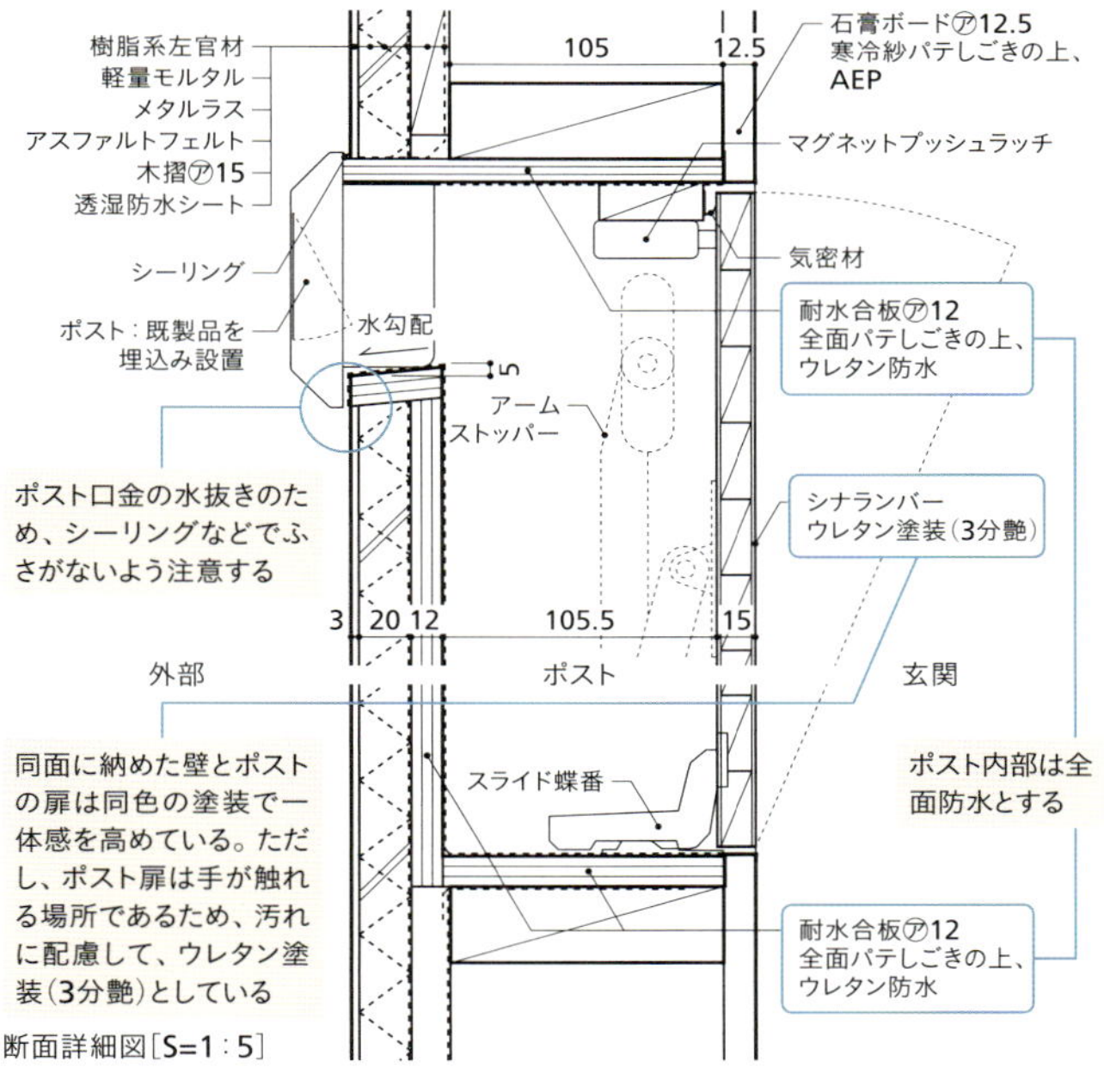

断面詳細図［S=1：5］

貫井の家／石井秀樹建築設計事務所　写真：鳥村鋼一

ペット専用のドアは内外から出入りできる仕様にする

玄関扉の隣にペット専用のドアを設けた事例。ペットは扉を引いて入ることができないため、前後どちらの方向にも180°開くタイプの蝶番を採用した。ただし、扉の三方に隙間が生じてしまうため、玄関内に冷気を遮断する建具を設けるなどの配慮をする必要がある。また、防犯性を損わないためにも、不審者が侵入できないサイズであることの確認を絶対に忘れてはならない。

風で開閉しないようマグネットキャッチを固定する

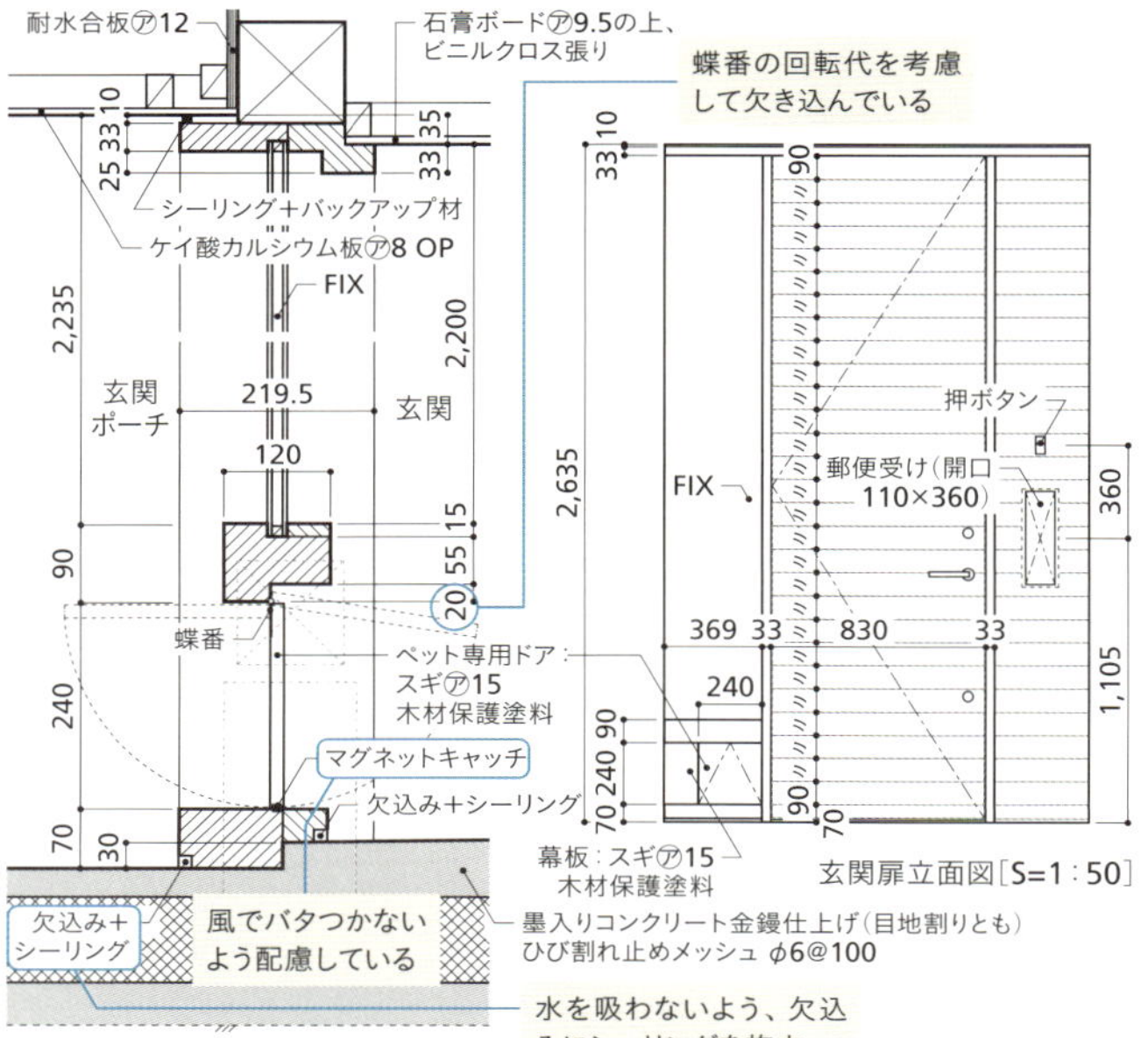

ペット専用ドア断面詳細図［S=1：15］

玄関扉立面図［S=1：50］

狭小地でも ウッドデッキはつくれる

狭小地では最大限に敷地を利用したい。本事例では、異形の敷地形状に合わせてつくった三角形のデッキテラスに、木製の竪格子を設置した。竪格子で囲うことにより、外部からの視線が遮られ、コートハウスの中庭のように室内空間の延長として使うことができる。竪格子の高さは5.5mを超えるため、上下を鋼製アングルで支持し、中間に鋼製の振れ止めを設けた。

ウッドデッキと格子を組み合わせる

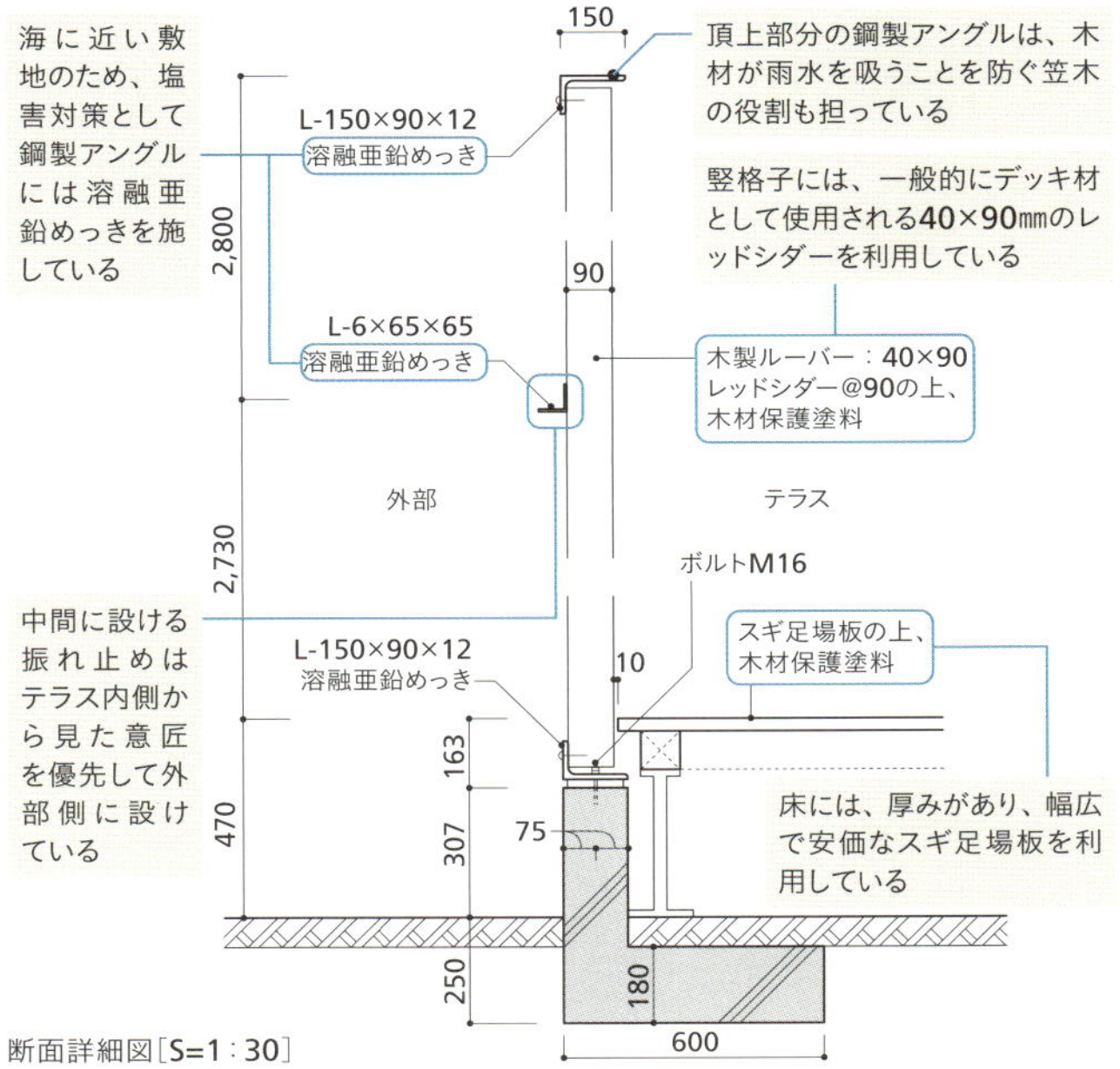
海に近い敷地のため、塩害対策として鋼製アングルには溶融亜鉛めっきを施している
150
頂上部分の鋼製アングルは、木材が雨水を吸うことを防ぐ笠木の役割も担っている
L-150×90×12
溶融亜鉛めっき
竪格子には、一般的にデッキ材として使用される40×90㎜のレッドシダーを利用している
2,800
90
L-6×65×65
溶融亜鉛めっき
木製ルーバー：40×90
レッドシダー@90の上、
木材保護塗料
外部
テラス
2,730
ボルトM16
中間に設ける振れ止めはテラス内側から見た意匠を優先して外部側に設けている
L-150×90×12
溶融亜鉛めっき
10
スギ足場板の上、
木材保護塗料
163
床には、厚みがあり、幅広で安価なスギ足場板を利用している
470
75
307
250
180
600

断面詳細図[S=1：30]

変形六角の家／根來宏典建築研究所　写真：鈴木康彦

中庭に水盤を設ける

防水対策を万全にする

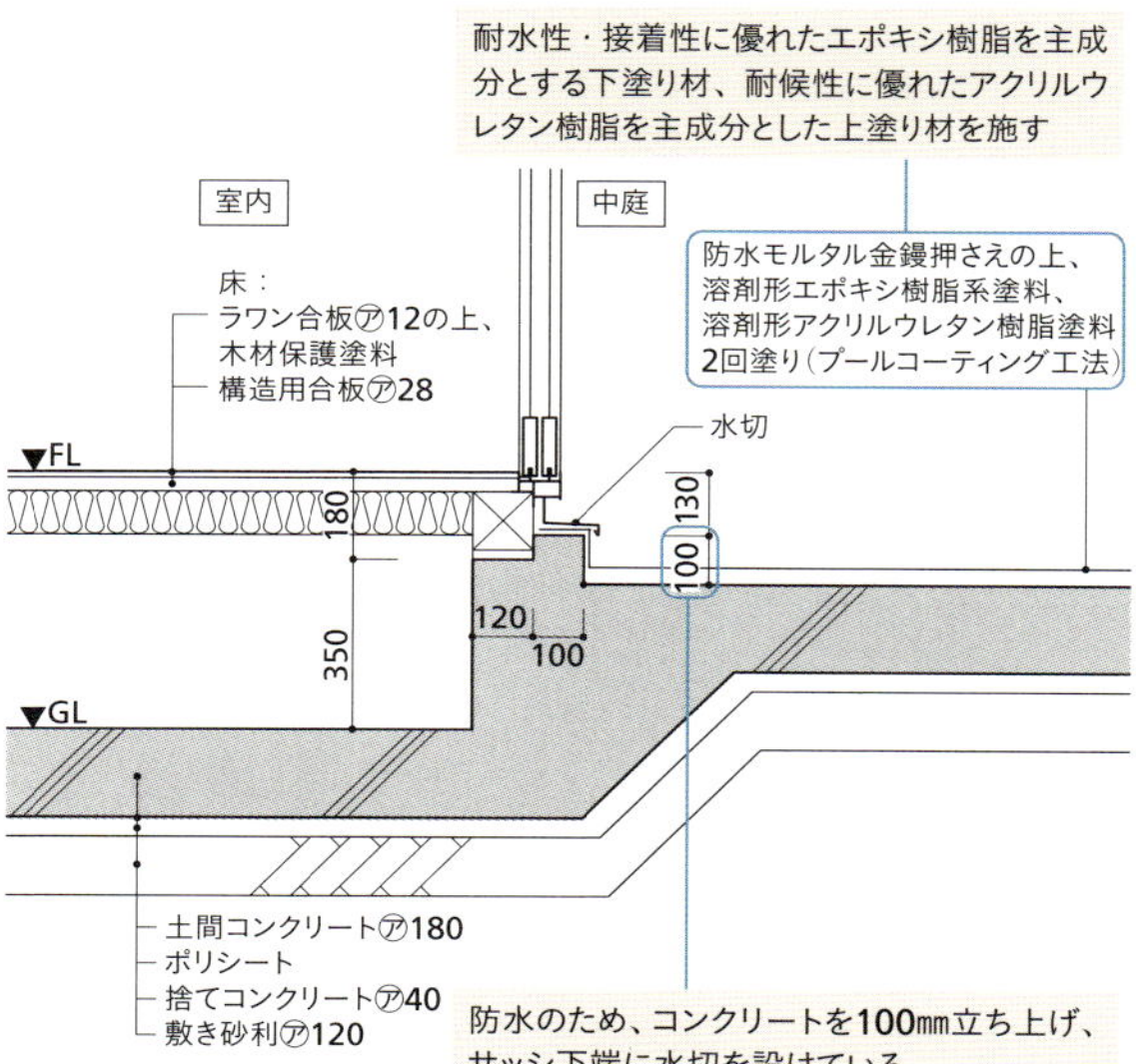

耐水性・接着性に優れたエポキシ樹脂を主成分とする下塗り材、耐候性に優れたアクリルウレタン樹脂を主成分とした上塗り材を施す
室内
中庭
床：
ラワン合板㋐12の上、
木材保護塗料
構造用合板㋐28
防水モルタル金鏝押さえの上、
溶剤形エポキシ樹脂系塗料、
溶剤形アクリルウレタン樹脂塗料
2回塗り（プールコーティング工法）
水切
▼FL
180
130
100
350
120
100
▼GL
土間コンクリート㋐180
ポリシート
捨てコンクリート㋐40
敷き砂利㋐120
防水のため、コンクリートを100㎜立ち上げ、サッシ下端に水切を設けている

断面詳細図［S=1：30］

中庭に水盤を設けた事例。水盤の深さは20〜100㎜に設定した。水を張った水盤は、夏には室内に涼しい風を呼び込み、子どもがいる場合には格好の遊び場にもなる。青空や雲の動き、星空や照明の光などを映して多彩な表情を見せる水面は、季節や時間の移ろいを知らせ、空間に変化を与えてくれる。

水庭の家／根來宏典建築研究所　写真：鈴木康彦

コートハウスの中庭にデッキを設ける

排水とメンテナンス性を考慮して設計する

コートハウスの中庭にデッキを設ける際は、防湿コンクリートを打設するとデッキ材の寿命が延び、中庭の湿度上昇も抑えることができる。雨水は格子枡を設けて外部へと排水する。デッキは一部を取り外しできるように加工し、清掃のための点検口と植栽の水やり用の水栓を設けるとよい。土壌だけでは、昨今の集中豪雨による雨水を吸収しきれない場合があるので、中庭には排水設備を設けておきたい。

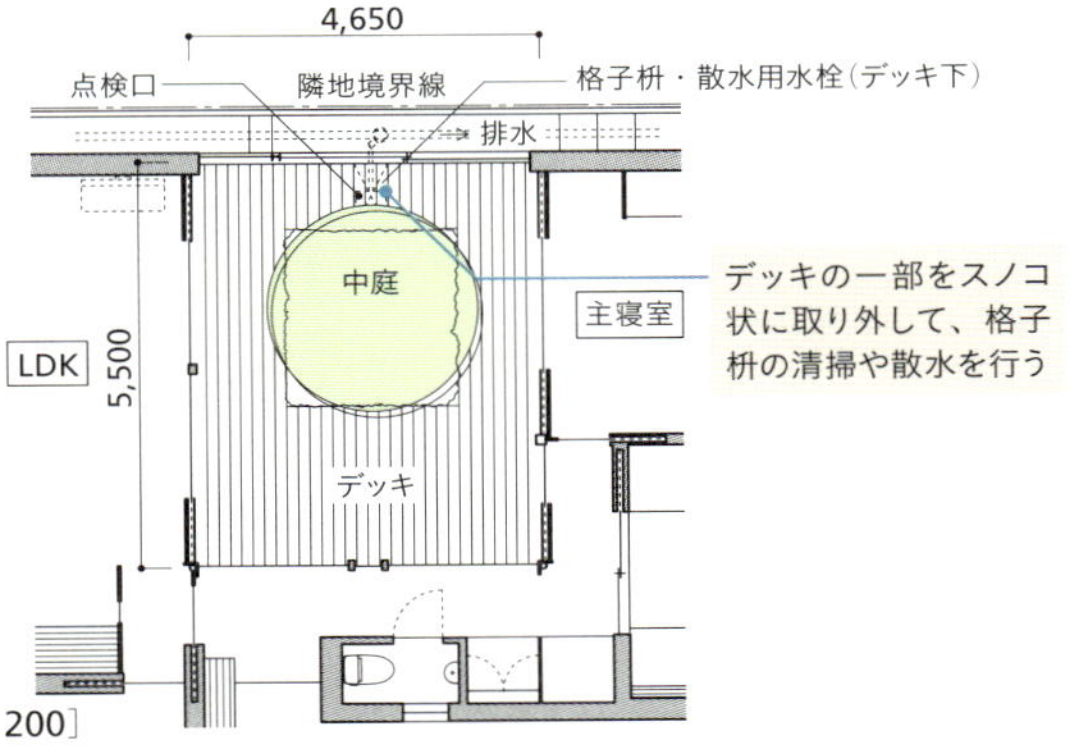
4,650
点検口
隣地境界線
格子枡・散水用水栓（デッキ下）
排水
中庭
主寝室
LDK
5,500
デッキ
デッキの一部をスノコ状に取り外して、格子枡の清掃や散水を行う

平面図［S=1：200］

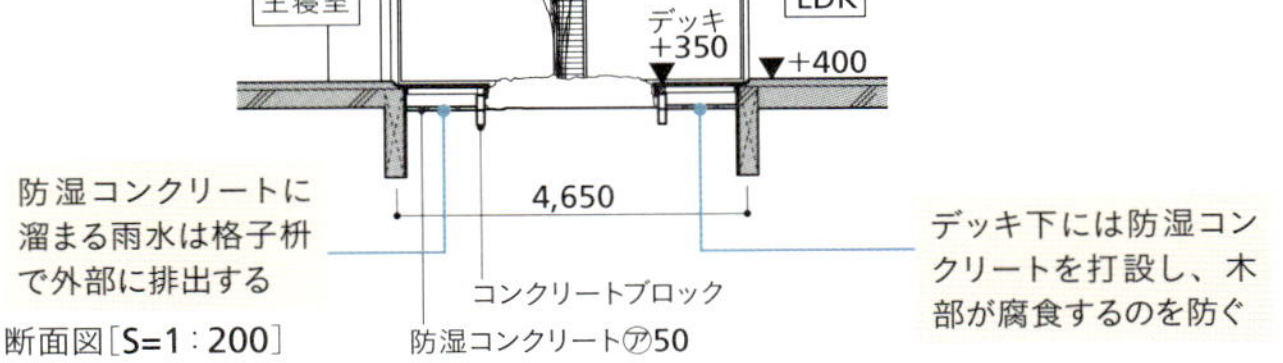
中庭
主寝室
LDK
デッキ
+350
+400
4,650
防湿コンクリートに溜まる雨水は格子枡で外部に排出する
コンクリートブロック
防湿コンクリート㋐50
デッキ下には防湿コンクリートを打設し、木部が腐食するのを防ぐ

断面図［S=1：200］

中海岸のコートハウス／村田淳建築研究室　写真：村田淳建築研究室

第2章

床・壁・天井

柔らかい樹種で敷居をつくる

無垢の杉フローリングは柔らかい。敷居も杉でそろえたいところではあるが、杉に溝掘りして敷居とすると日々の使用によって削れてしまう。一方、敷居だけ他の樹種の堅木を用いるとフローリングの連続感が失われ、開放的な開口部の意匠を損ねてしまう。そこで、本事例では、幅も小さく、色味も杉との違和感がない花梨のVレールを杉の敷居に溝掘りして埋め込むことで敷居としての性能と空間の連続感を両立させた。

カリンのVレールを埋めこむ

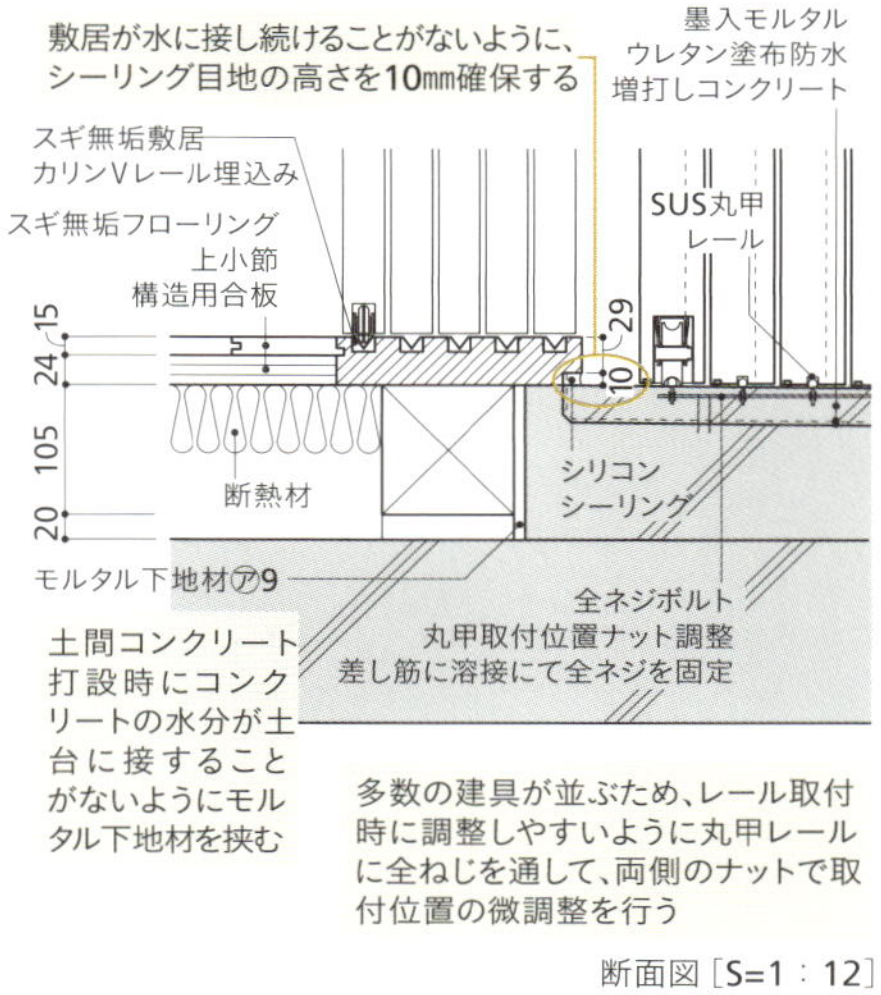
敷居が水に接し続けることがないように、
シーリング目地の高さを10㎜確保する
墨入モルタル
ウレタン塗布防水
増打しコンクリート
スギ無垢敷居
カリンVレール埋込み
スギ無垢フローリング
上小節
構造用合板
SUS丸甲
レール
15
24
105
20
29
10
断熱材
シリコン
シーリング
モルタル下地材㋐9
全ネジボルト
丸甲取付位置ナット調整
差し筋に溶接にて全ネジを固定
土間コンクリート打設時にコンクリートの水分が土台に接することがないようにモルタル下地材を挟む
多数の建具が並ぶため、レール取付時に調整しやすいように丸甲レールに全ねじを通して、両側のナットで取付位置の微調整を行う

断面図［S=1：12］

鋸南の家／石井秀樹建築設計事務所　写真：鳥村鋼一

連続性のある
縁側のような通路

フローリングを上がり框として納める

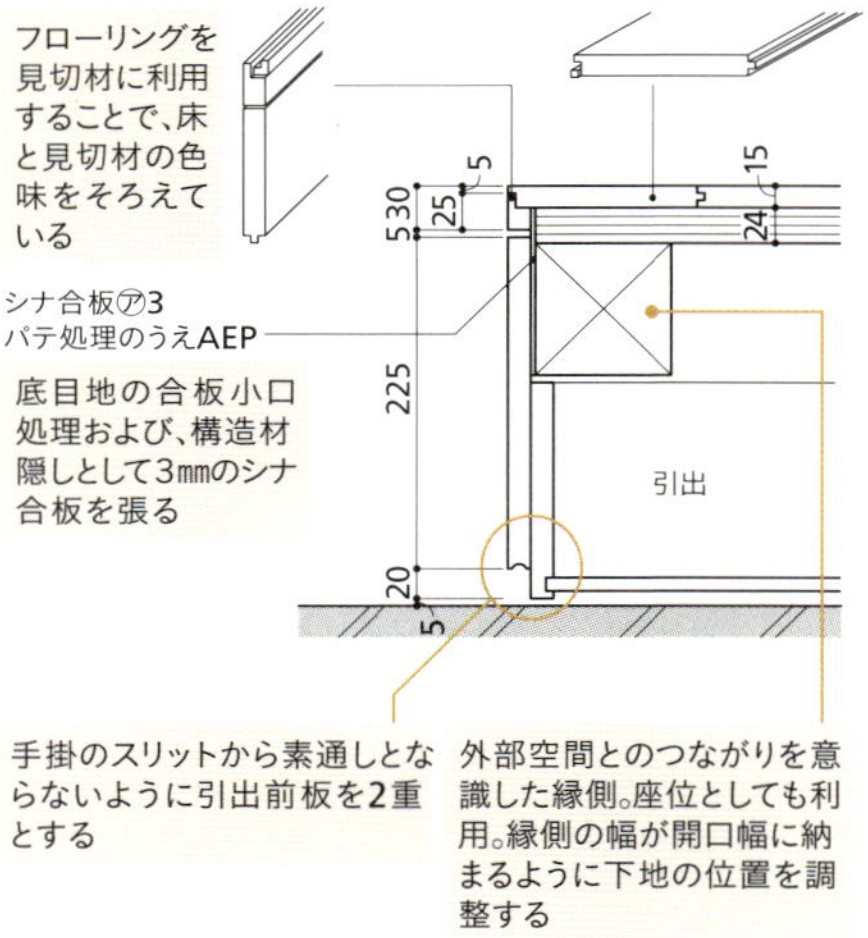
フローリングを見切材に利用することで、床と見切材の色味をそろえている
シナ合板㋐3
パテ処理のうえAEP
底目地の合板小口処理および、構造材隠しとして3㎜のシナ合板を張る
5
30
5
25
5
15
24
225
引出
20
5
手掛のスリットから素通しとならないように引出前板を2重とする
外部空間とのつながりを意識した縁側。座位としても利用。縁側の幅が開口幅に納まるように下地の位置を調整する

断面図［S=1：10］

段差のある隣室の床をのばして、通路を縁側のように設えた。隣室との開口幅の内法にそろえて、ラインをまっすぐ通すことで、隣室への連続性と奥行き感を高めている。フローリングを加工して上がり框を納めることで、床の仕上げが途切れることなく隣室まで続く。連続性を損なわないための配慮だ。段差下部は収納として利用できる。

富士見が丘の家／石井秀樹建築設計事務所　写真：鳥村鋼一

連続性を損なうことなく
フローリングを見切る

敷居はフローリングの連続性を損なってしまう。そこで、フローリングに溝を彫り、木製のVレールを埋め込むことで、フローリングの連続性を損なわないよう配慮した。フローリングの張り方向と同方向へのレール埋め込みは事前に施工できるが、フローリングと直交方向へはフローリングを張ってからでないと直線の溝を掘ることができない。壁際には工具が入らないため、壁際だけはあらかじめ溝を彫っておく必要があることを忘れないようにしたい。

木製のVレールを埋め込む

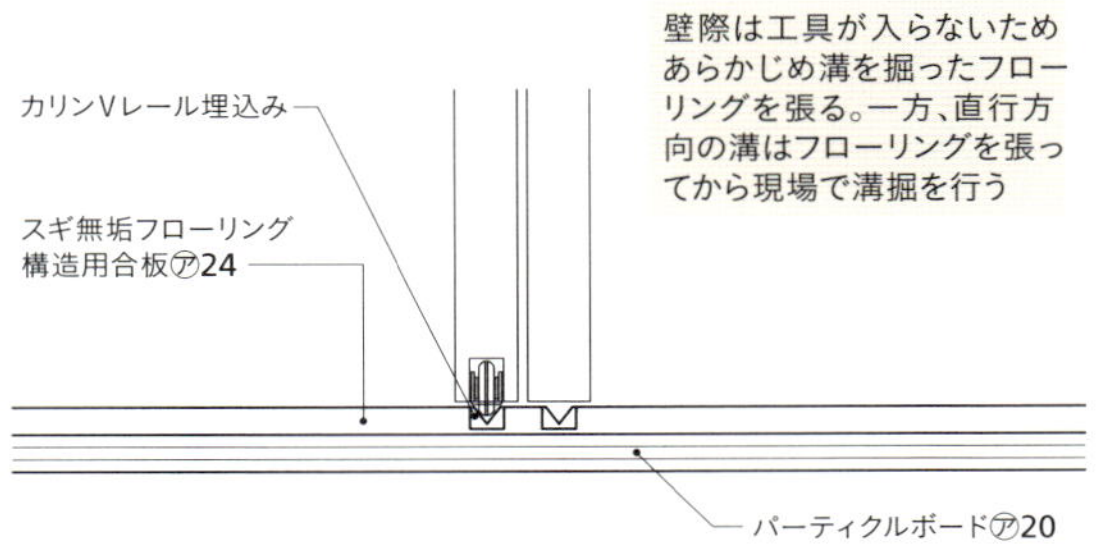
壁際は工具が入らないため
あらかじめ溝を掘ったフローリングを張る。一方、直行方向の溝はフローリングを張ってから現場で溝掘を行う
カリンVレール埋込み
スギ無垢フローリング
構造用合板㋐24
パーティクルボード㋐20

断面図［S＝1:8］

貫井の家／石井秀樹建築設計事務所　写真：鳥村鋼一

掘座部の存在感を隠す

フローリングと同材の床蓋を用いる

床を掘り込んで腰掛けられるように設えた事例。普段は写真のように床材と同じ材で造作した床蓋を用いて塞いでいる。床蓋はフローリングとの連続性を損なわないように、フローリングの割付けから掘り込み部分の寸法を決定し、木目をそろえて現場でカットした材を家具工場で加工している。掘り込みの深さはクッションや座椅子を利用することを考慮して浅めに設定した。

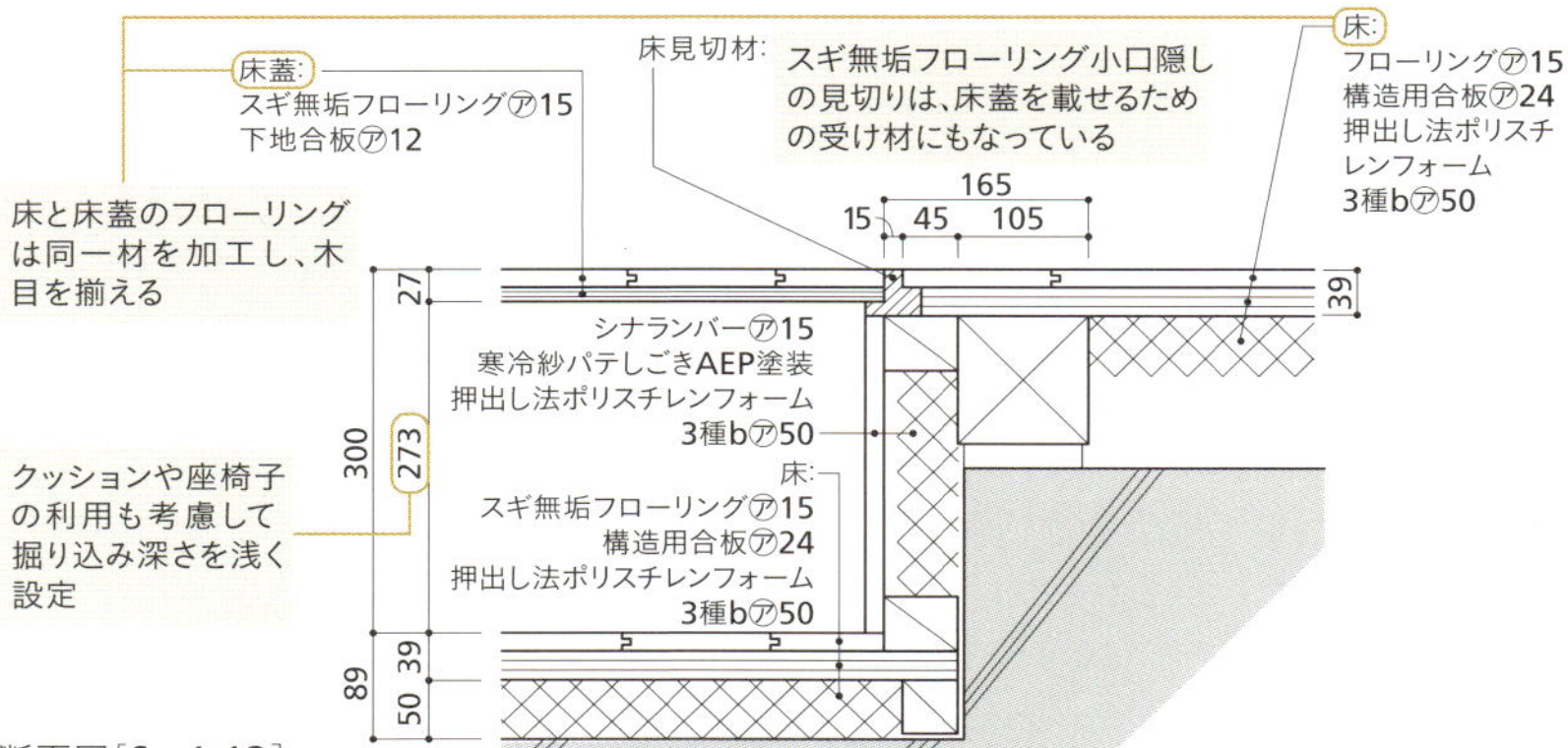

床蓋:
スギ無垢フローリング㋐15
下地合板㋐12
床見切材:
スギ無垢フローリング小口隠しの見切りは、床蓋を載せるための受け材にもなっている
床:
フローリング㋐15
構造用合板㋐24
押出し法ポリスチレンフォーム3種b㋐50
床と床蓋のフローリングは同一材を加工し、木目を揃える
165
15
45
105
27
39
シナランバー㋐15
寒冷紗パテしごきAEP塗装
押出し法ポリスチレンフォーム3種b㋐50
300
273
クッションや座椅子の利用も考慮して掘り込み深さを浅く設定
床:
スギ無垢フローリング㋐15
構造用合板㋐24
押出し法ポリスチレンフォーム3種b㋐50
89
39
50

断面図［S＝1:12］

鋸南の家／石井秀樹建築設計事務所　写真：鳥村鋼一

異素材の床材を納める方法1

異なる床材の取り合い部では材料の厚みの違いによって不用意な床の段差を生じさせないよう注意しなければならない。そして見切としての敷居を設置することが肝心である。ここでは、下地の厚みを調整して床をフラットにし、引戸によって仕切られるのでVレールをそのまま見切材とした。

Vレールで見切る

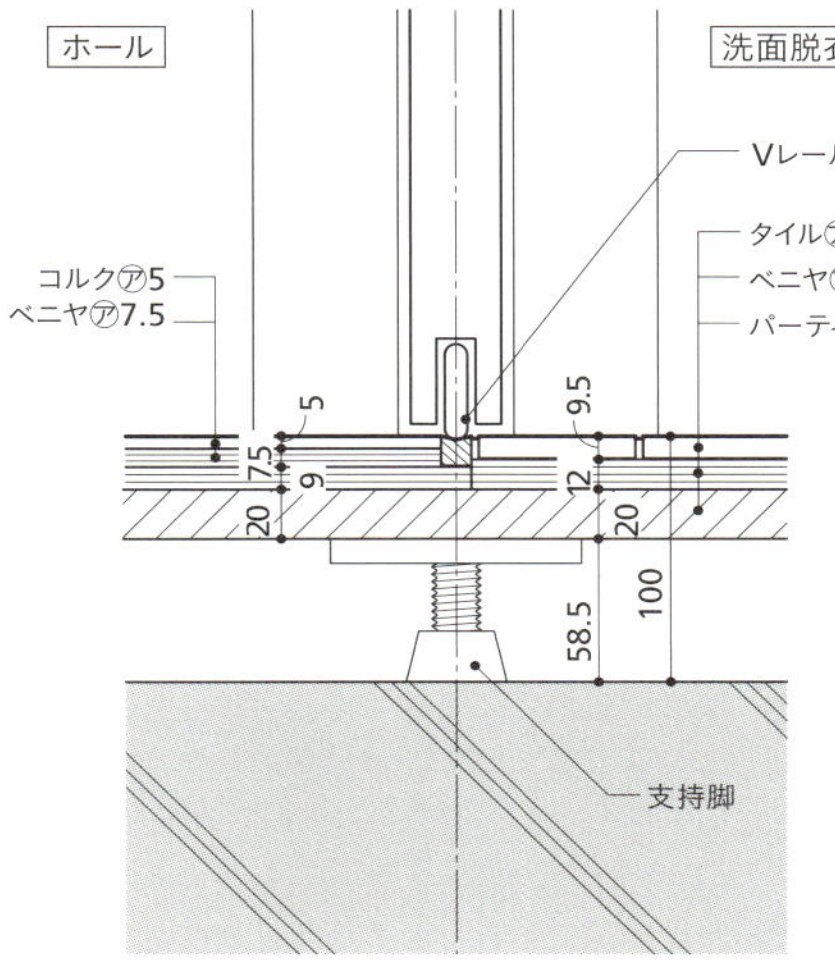

コルク・タイルともに下地に捨て張りのベニヤが必要だが、ここでは乾式二重床の支持脚の上でベニヤの厚みを変えて仕上げ厚を調整し、Vレールで見切っている

断面図［S=1：6］

成田東のコートハウス／村田淳建築研究室　写真：村田淳建築研究室

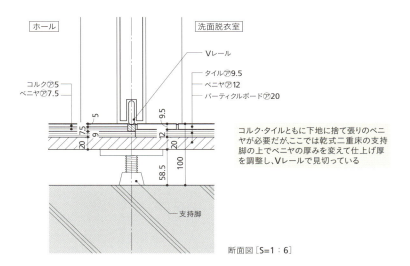

異素材の床材を納める方法2

上下階を空間的につなげ、下階に光を落とすための手段として、床をスノコにすることは有効な策である。本事例では上部に透明アクリル板を載せ、住まい手の恐怖心なく使えるよう配慮している。また透明なアクリル板を載せることで物の落下防止にもつながる。アクリル板が必要ない場合は、スノコ桟を床と同面に納めることも可能だ。アクリル板なしで納める場合には、スノコ桟に小さな子どもの足の指が挟まれないよう、スノコ桟と桟の間隔の取り方に配慮したい。

アクリル板で見切る

角の浮いた白い家／根來宏典建築研究所　写真：GEN INOUE

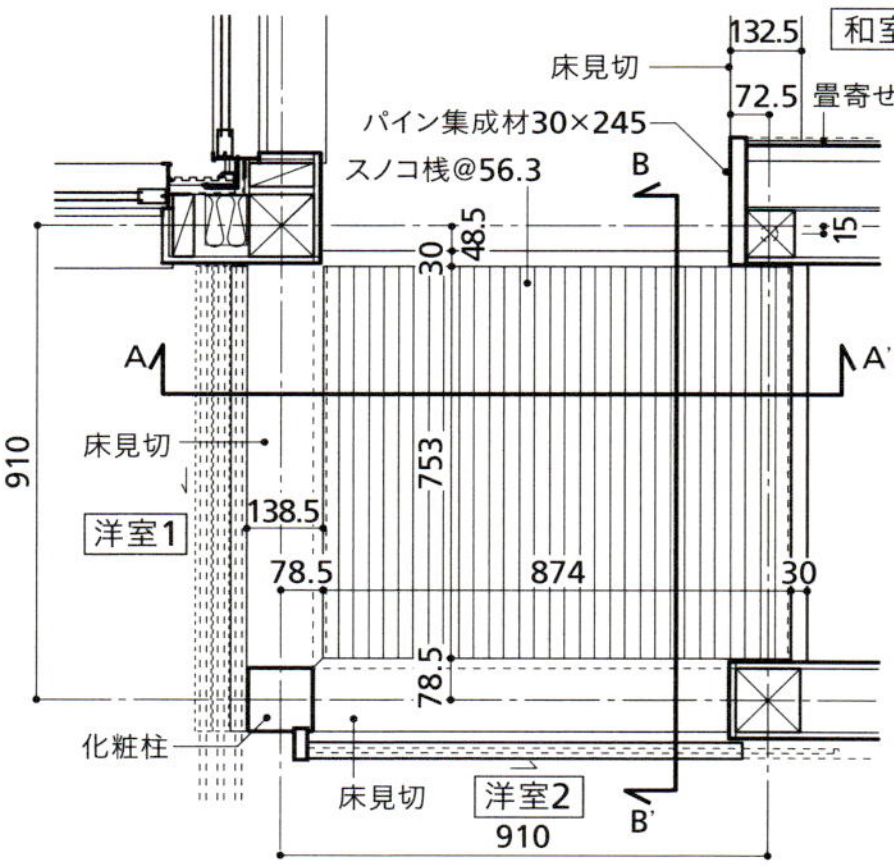

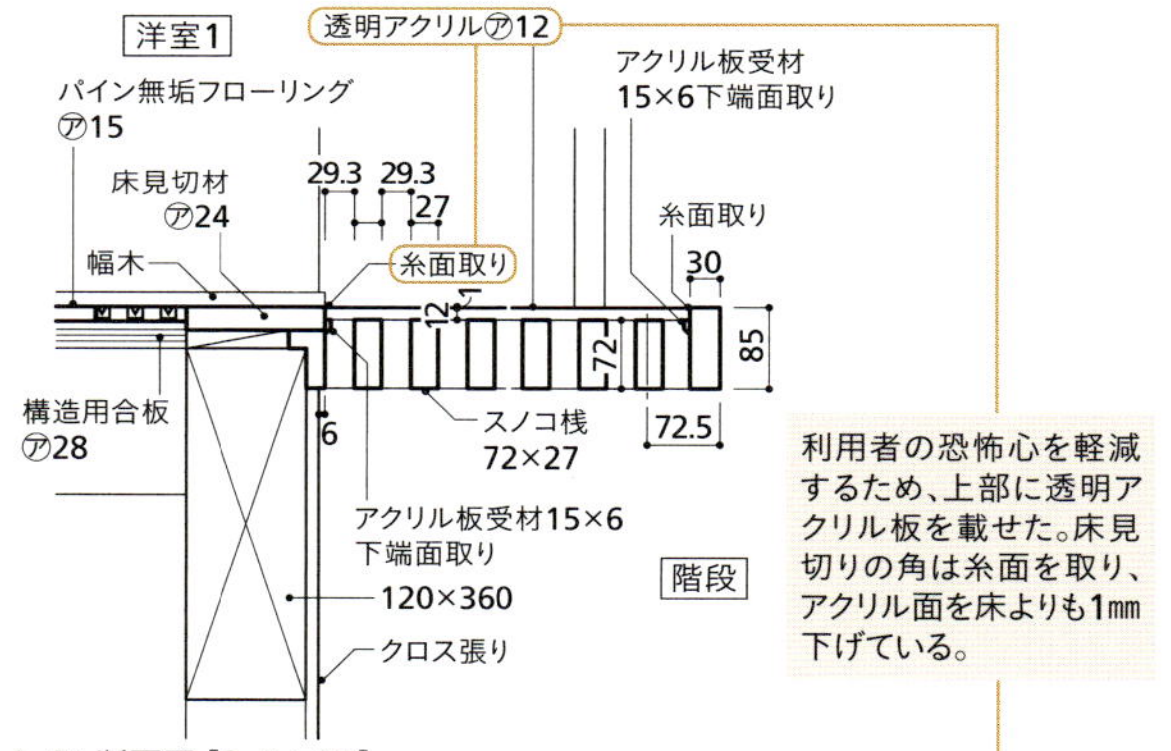

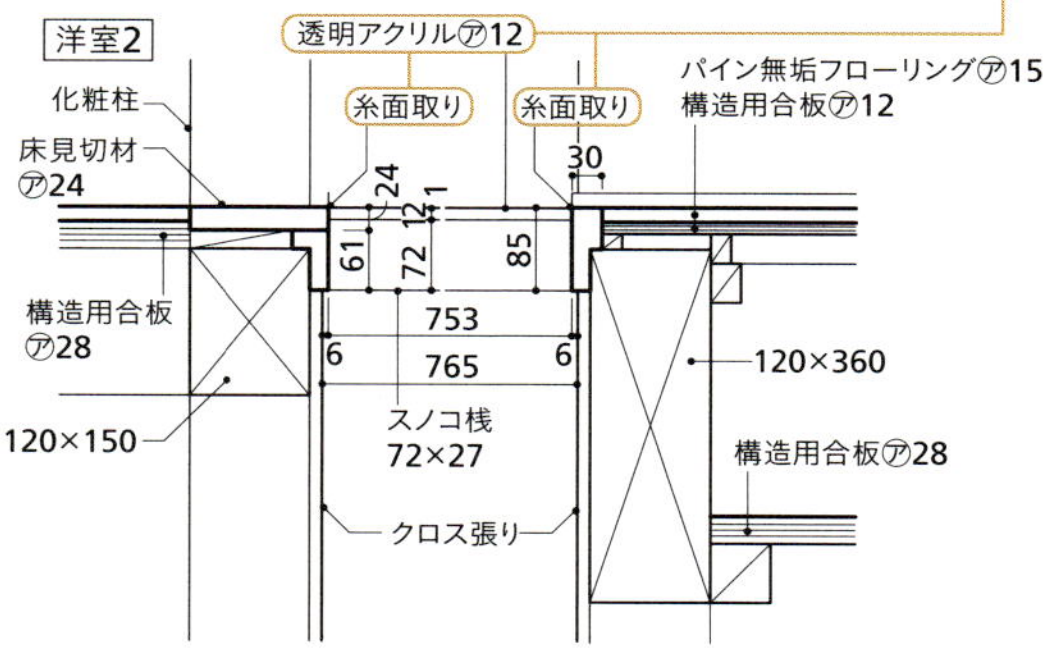

異素材の床材を納める方法 3

素材ごとにあった見切り材を選ぶ

断面図［S＝1:10］

断面図［S＝1:12］

断面図［S＝1:12］

スロープを利用したバリアフリーのアプローチ。見切の勝ち負けに注意を払い、異なる床仕上げの床面同士が一点で取り合うことを意識して計画した。三種類の異なる床仕上げがスロープによる高低の変化を伴いながら、一点に集中して取り合っている。これにより、それぞれの床面が美しくすっきりとした面として見え、全体の印象もすっきりしたものとなっている。

鋸南の家／石井秀樹建築設計事務所　写真：鳥村鋼一

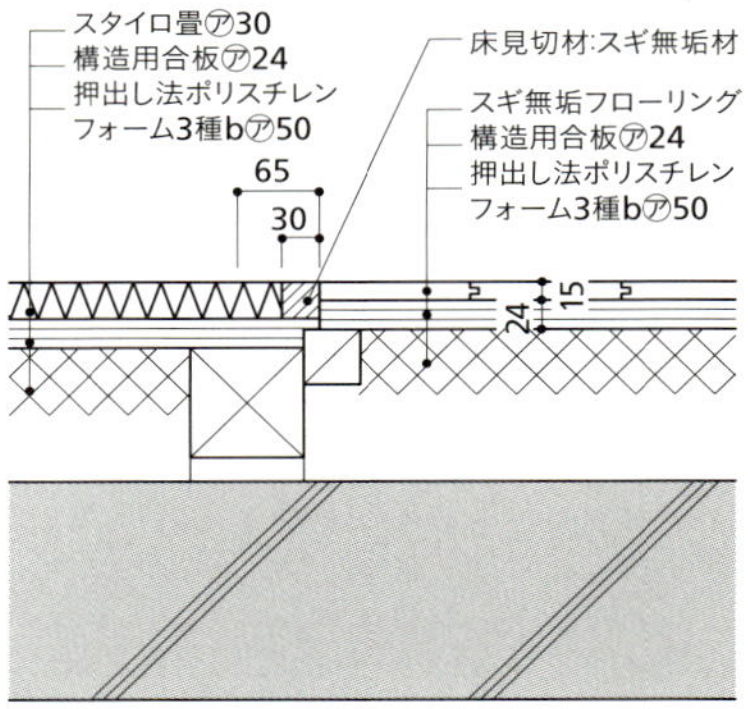

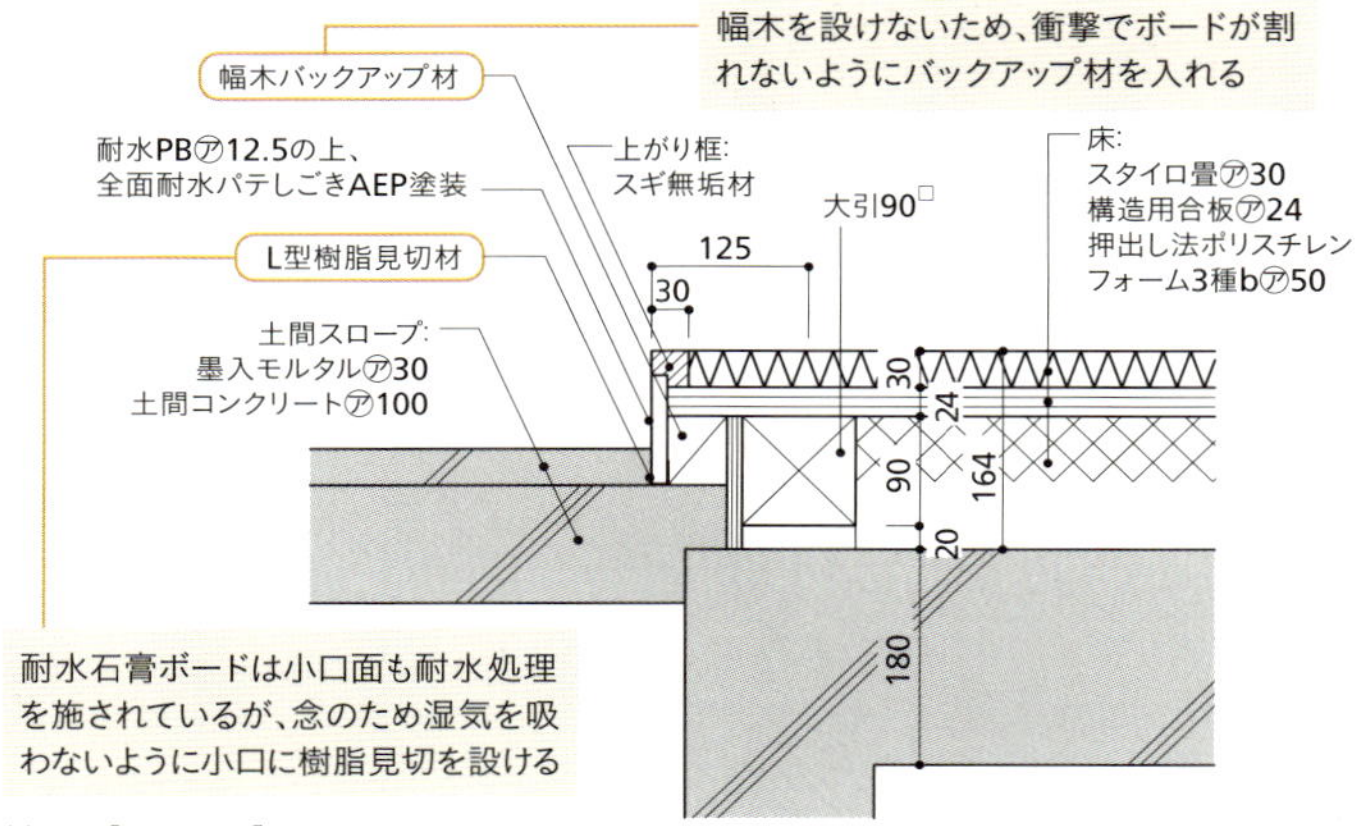

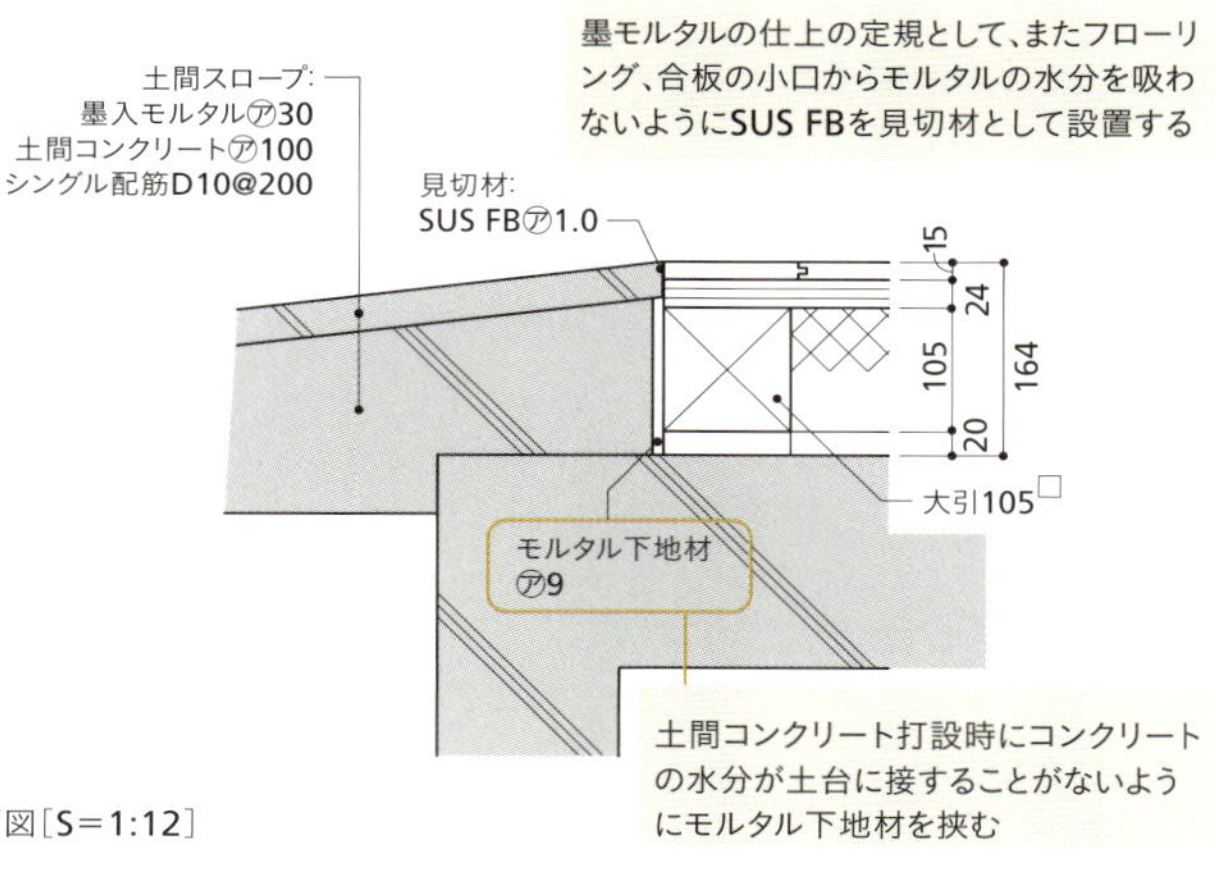

畳と籐マットの取合い

和室の造作材と敷居の材をそろえる

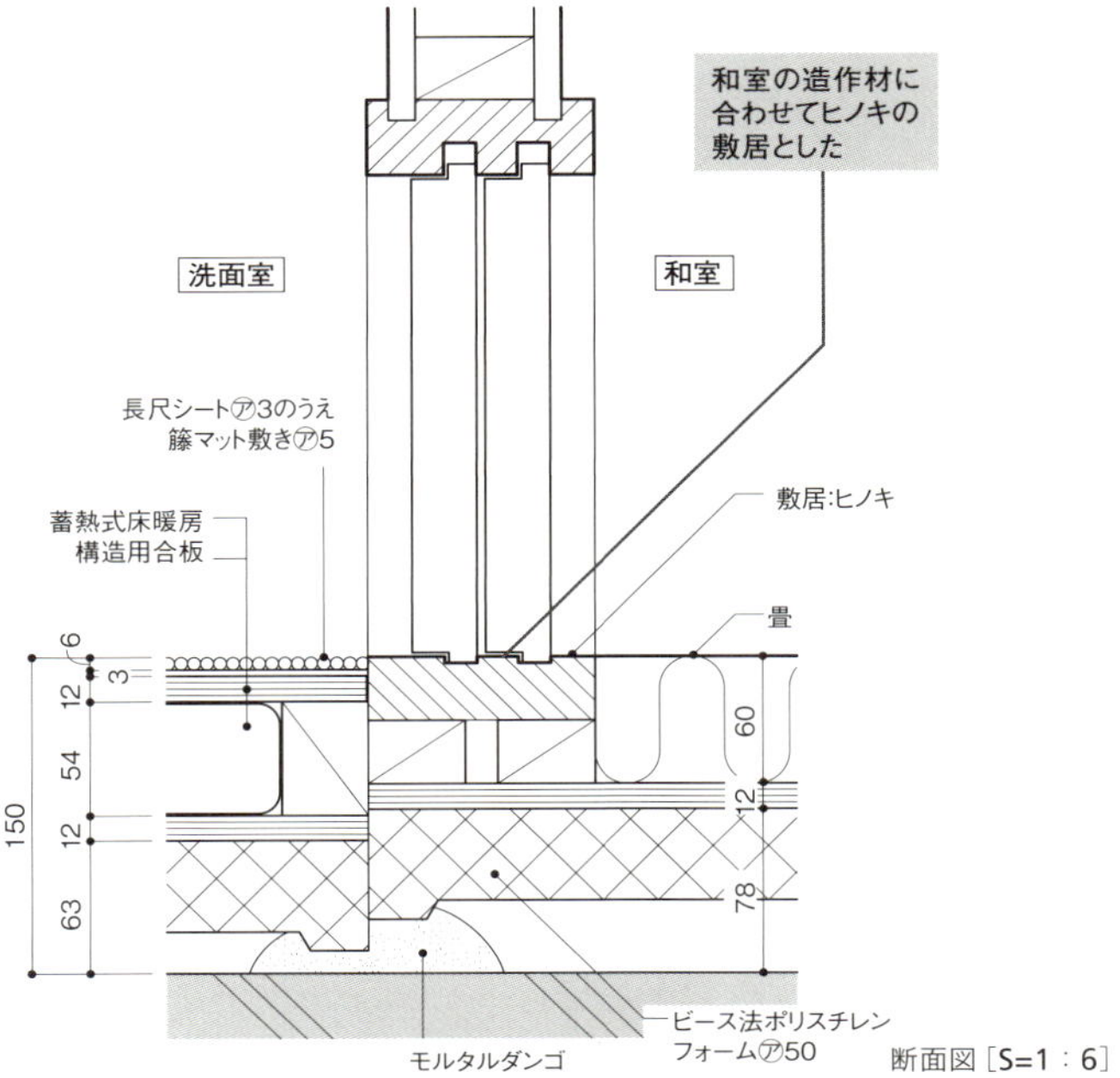
和室の造作材に合わせてヒノキの敷居とした
洗面室
和室
長尺シート㋐3のうえ
籐マット敷き㋐5
蓄熱式床暖房
構造用合板
敷居:ヒノキ
畳
6
3
12
54
12
63
150
60
12
78
ビース法ポリスチレンフォーム㋐50
モルタルダンゴ

断面図［S=1：6］

畳は柔らかい素材のため、他の床材との取り合い部分には敷居や框を設けて見切る必要がある。本事例では柔らかい籐マットとの取り合いとなるため、和室の造作材と同じ材料で敷居をつくり、見切っている。また、畳は厚みがあるため、段差を設けない場合は、根太の高さを変えてレベルを調整する方法が一般的に用いられる。

空間で主張しない幅木をつくる

幅木は壁と床との取り合い部を隠し、壁への汚れを防止したり、衝撃を和らげる機能をもつ一方で、埃溜まりになってしまったり、空間を取り囲んで無骨な印象を与えてしまう要因にもなりうる。そこで本事例では床と幅木を同面に納め、すっきりとした印象に設えた。本事例では、壁の保護として、背面に当て木を入れ、表面にシナ合板を使用した。このほか、塗装の割れに配慮してボードを張りおろし、アングルで納める方法も用いている。

壁と幅木を同面で納める

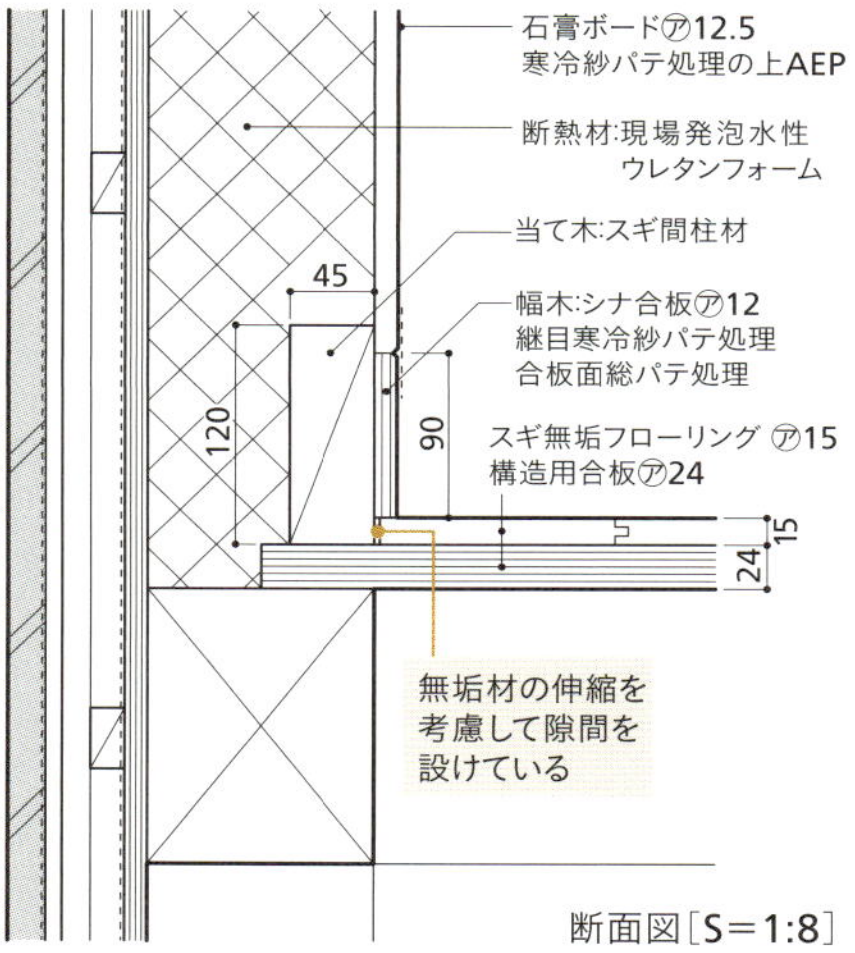
石膏ボード㋐12.5
寒冷紗パテ処理の上AEP
断熱材:現場発泡水性
ウレタンフォーム
当て木:スギ間柱材
45
幅木:シナ合板㋐12
継目寒冷紗パテ処理
合板面総パテ処理
120
90
スギ無垢フローリング ㋐15
構造用合板㋐24
15
24
無垢材の伸縮を
考慮して隙間を
設けている

断面図［S＝1:8］

砧の家／石井秀樹建築設計事務所　写真：鳥村鋼一

幅木なしの納まりで空間をシンプルに見せる

幅木のない納まりとする場合には、壁の耐衝撃性に配慮して背面に当て木を入れる。また、モルタル床の場合は、モルタルから水分が上がってくるため、石膏ボードが木口から水分を吸わないよう配慮する必要がある。壁を塗装で仕上げる場合は、モルタル塗りの後に塗装を施すことになるが、モルタルが十分に乾かないうちに塗装の養生テープを張ると、剥がれや養生痕などの施工不良につながってしまうので注意が必要である。

石膏ボードの吸水を防止する

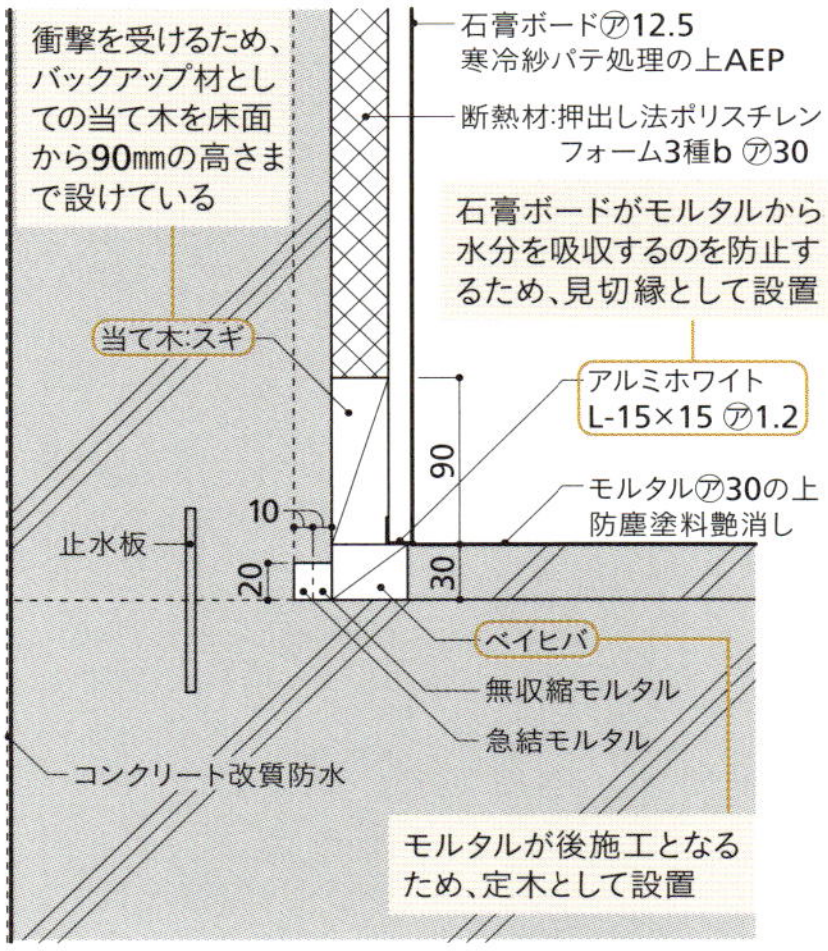
衝撃を受けるため、バックアップ材としての当て木を床面から90㎜の高さまで設けている
当て木:スギ
石膏ボード㋐12.5
寒冷紗パテ処理の上AEP
断熱材:押出し法ポリスチレンフォーム3種b ㋐30
石膏ボードがモルタルから水分を吸収するのを防止するため、見切縁として設置
アルミホワイト
L-15×15 ㋐1.2
90
10
モルタル㋐30の上
防塵塗料艶消し
止水板
20
30
ベイヒバ
無収縮モルタル
急結モルタル
コンクリート改質防水
モルタルが後施工となるため、定木として設置

断面図［S＝1:8］

コンクリート壁の魅力は シンプルにしてこそ発揮される

コンクリート打放しの壁と床との取合いは、打放しの魅力を削ぐような幅木を設けたくない。入幅木にしてフローリングを呑み込ませる納め方もあるが、エッジの「通り」の精度が要求される。ここではフローリングの伸縮を吸収するバックアップ材を設置することで、シンプルな納まりとした。

バックアップ材を設置する

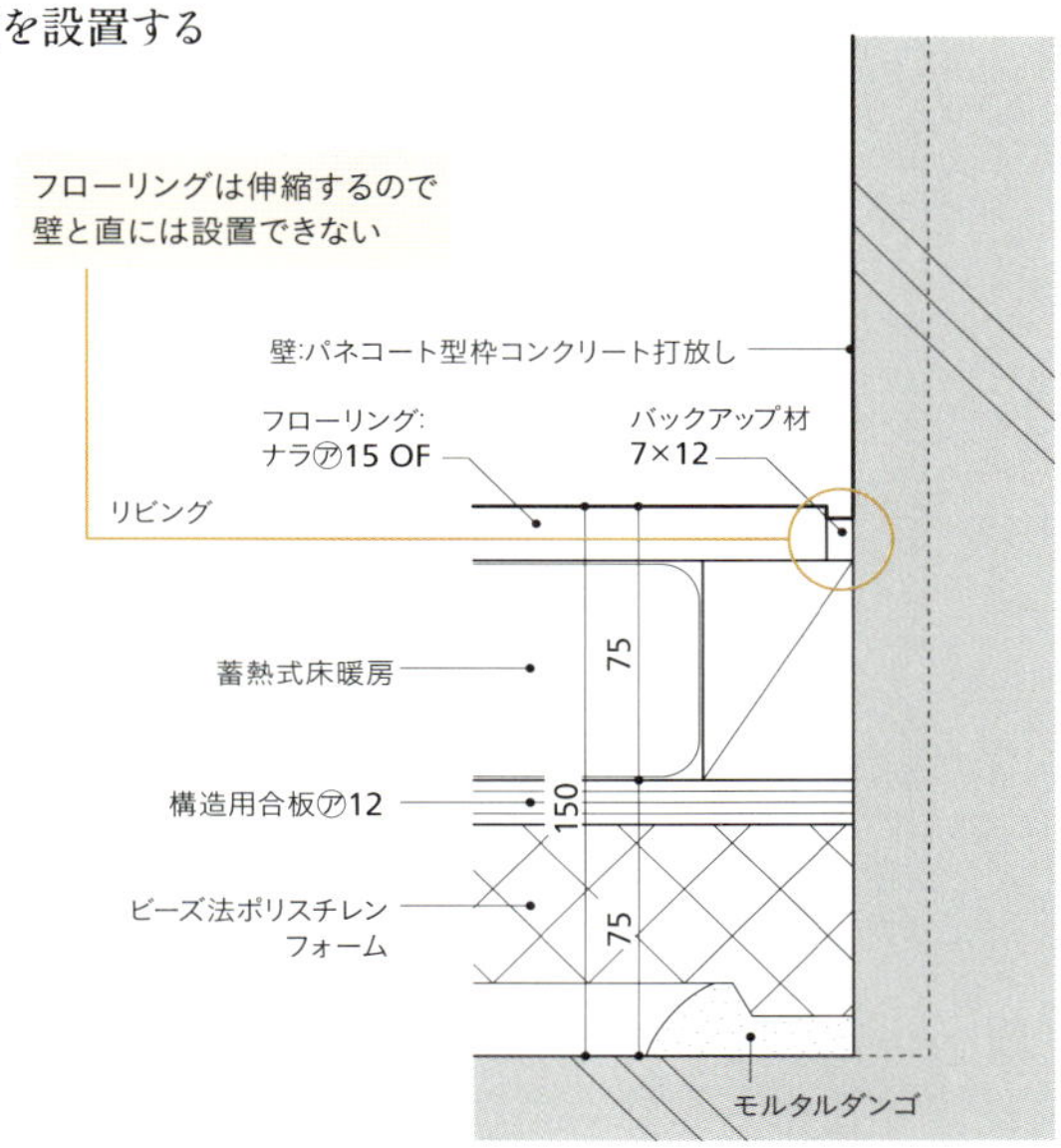
フローリングは伸縮するので
壁と直には設置できない
壁:パネコート型枠コンクリート打放し
フローリング:
ナラ㋐15 OF
バックアップ材
7×12
リビング
蓄熱式床暖房
75
構造用合板㋐12
150
ビーズ法ポリスチレン
フォーム
75
モルタルダンゴ

断面図［S＝1:4］

桜新町・緑庭の平屋／村田淳建築研究室　写真：村田淳建築研究室

タイルと幅木の取合い

トイレの手洗い器廻りの壁を水はねを考慮して一面タイル張りとした。タイルの割付けを計算して幅木なしで床から天井までをタイルとすることも出来るが、ガラス欄間で他の部屋とつながり天井高さが決まっているため、幅木の高さで微調整して納めている。

タイルの割付けから幅木の寸法を導く

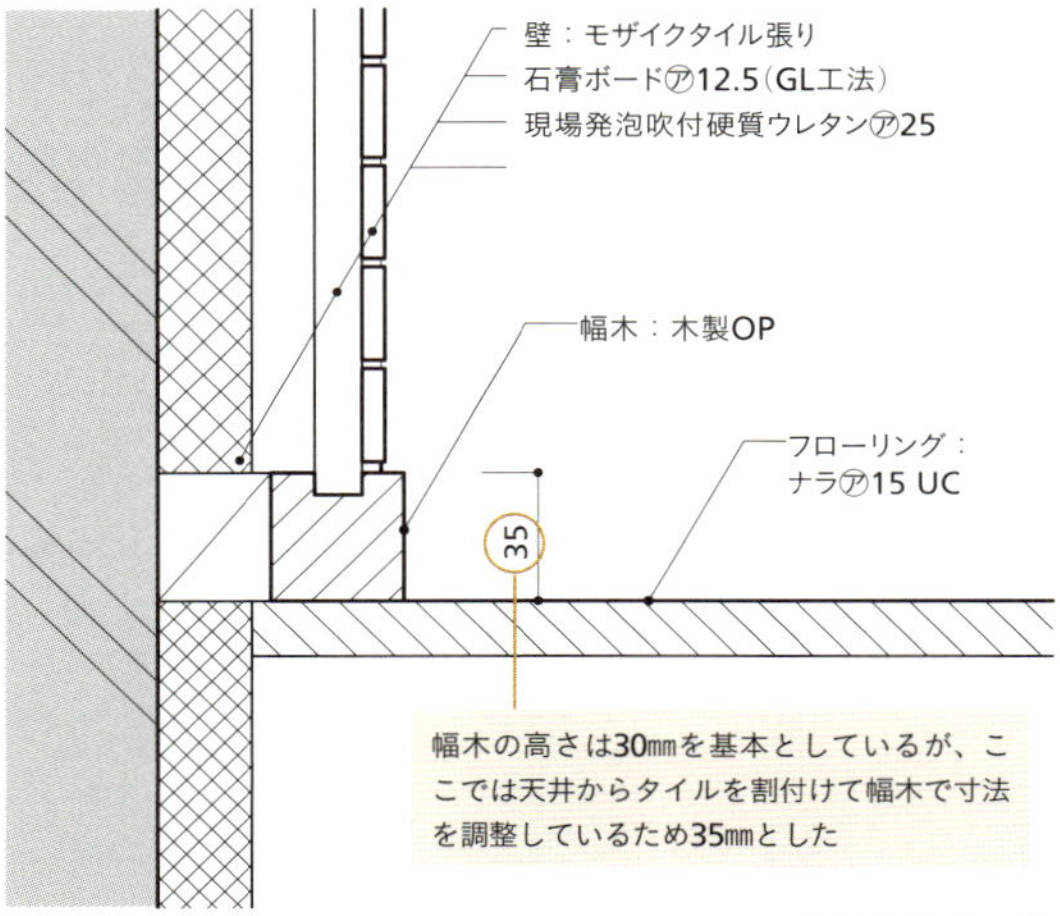

壁：モザイクタイル張り
石膏ボード㋐12.5（GL工法）
現場発泡吹付硬質ウレタン㋐25
幅木：木製OP
フローリング：ナラ㋐15 UC
35
幅木の高さは30㎜を基本としているが、ここでは天井からタイルを割付けて幅木で寸法を調整しているため35㎜とした

断面図［S=1：4］

タイルと塗装下地壁紙の取合い

キッチンのコンロ背面の壁を一部タイル張りとした事例。リビングから続く周囲の壁は、塗装下地壁紙を用いている。タイルと壁紙の取合いには、見切りを入れたり、下地厚さを調整して同面とし目地分かれにするといった納め方が考えられるが、ここでは面取り形状のタイルを使うことで納めている。

面取り形状のタイルを用いる

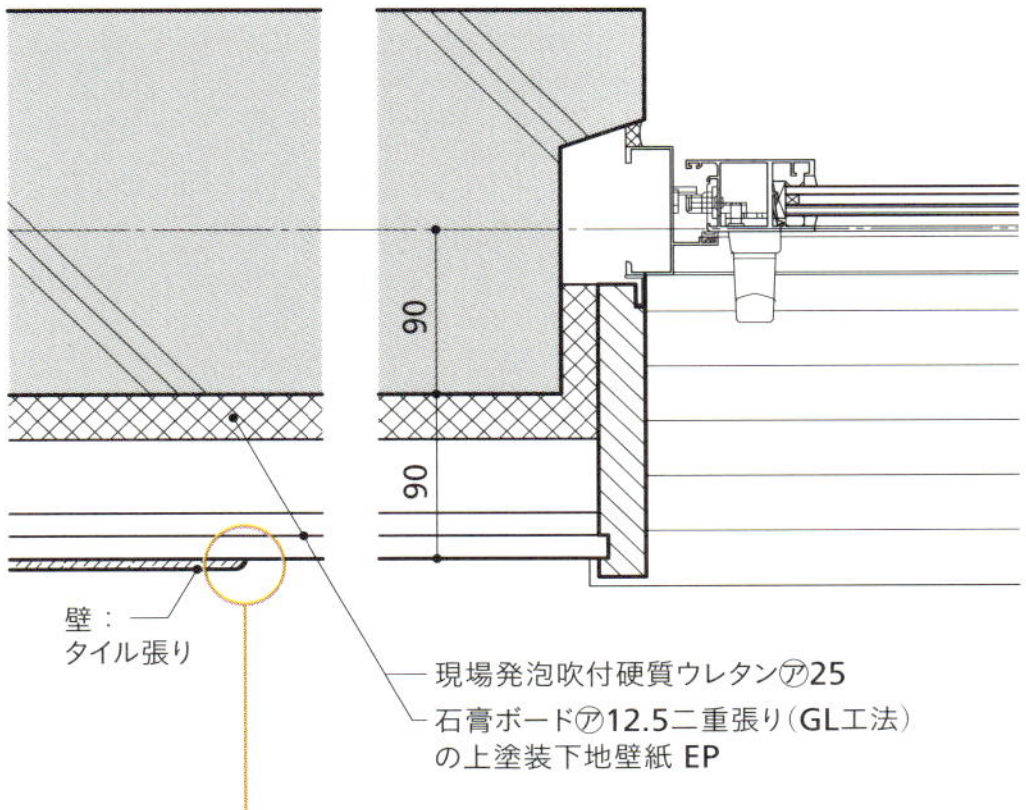
90
90
壁：
タイル張り
現場発泡吹付硬質ウレタン㋐25
石膏ボード㋐12.5二重張り（GL工法）
の上塗装下地壁紙 EP

タイルと塗装下地壁紙との取合いは、下地を調整して同面にする方法、見切りを入れる方法などもあるが、ここでは片面取りのタイルでさりげなく納めた。少し奥まった位置にあるキッチンなのでこの納め方でも十分である

断面図［S=1：8］

中海岸のコートハウス／村田淳建築研究室　写真：村田淳建築研究室

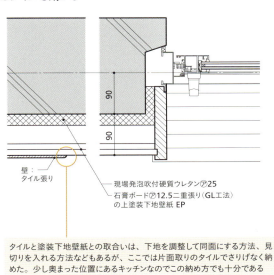

取合い部の塗料は割れに注意

石膏ボードと木枠の取り合い部の塗装仕上げは木部の乾燥収縮によって割れが出る。そのため、枠にチリを出して見切ることで塗装の割れが目立たないよう納めるのが一般的である。ここでは、下地処理を入念に行うとともに、外壁で使用される割れに追従する性質をもつ弾性系の塗料を使用して、石膏ボードと枠を一体で塗り込んだ。枠を塗り込むことですっきりとした印象に仕上げている。

弾性系塗料を用いる

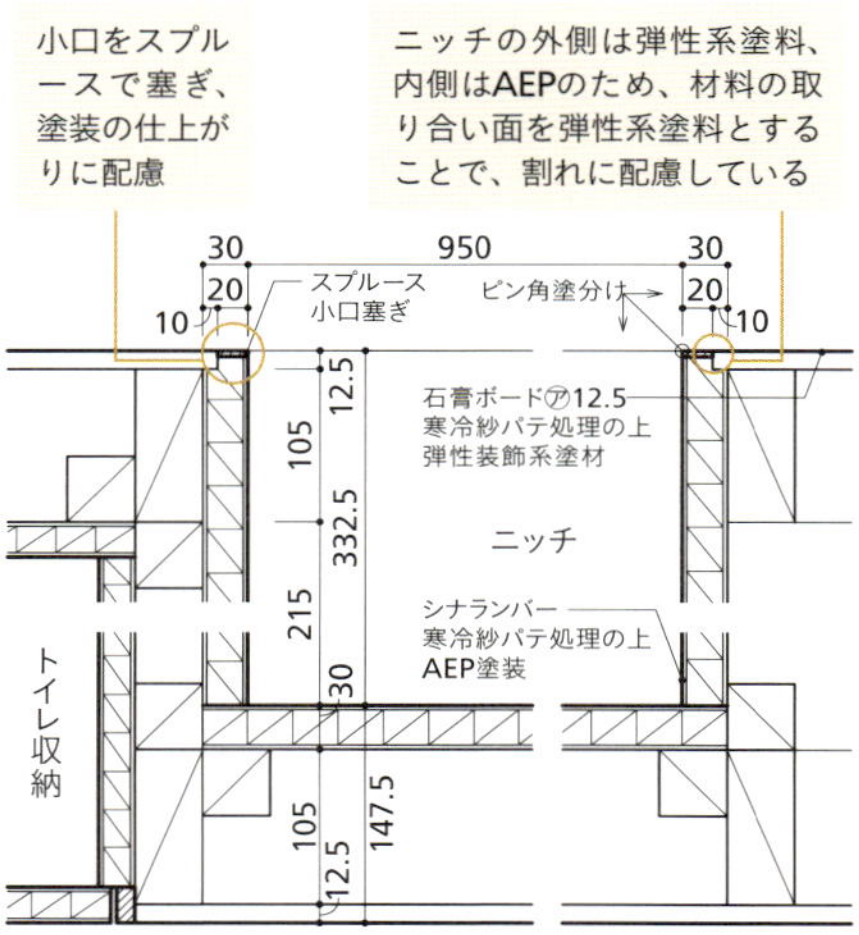

小口をスプルースで塞ぎ、塗装の仕上がりに配慮
ニッチの外側は弾性系塗料、内側はAEPのため、材料の取り合い面を弾性系塗料とすることで、割れに配慮している
30
950
30
20
20
10
10
スプルース
小口塞ぎ
ピン角塗分け
12.5
105
332.5
215
30
石膏ボード㋐12.5
寒冷紗パテ処理の上
弾性装飾系塗材
ニッチ
シナランバー
寒冷紗パテ処理の上
AEP塗装
トイレ収納
105
147.5
12.5

断面図［S=1：10］

新浦安の家／石井秀樹建築設計事務所　写真：鳥村鋼一

天井仕上げに竹を使う

竹製品の長さは10尺程度。天井一面に張るにはジョイントが必要となってしまうが、節でつなぐと継ぎ目の存在を感じさせずにつなぐことができる。竹は、割れないよう下孔を開け、ステンレス丸頭のスクリュー釘でしっかりと留めている。太さは1寸(30φ)としているが、末(竹の頭側)と元(根元側)では太さが異なるので、天井に仕上げる際は末と元を交互に張っている。また節の部分や太さがまちまちなので、下地全面に塗装を施して、下地が見えてもよいよう配慮している。

下地全面に塗装を施しておく

軒天も室内との連続感を強調するため、竹を張っている。カーテンレールが視界に入らないよう、木製建具に埋め込んでいる

スス竹張りの際に壁を傷つける恐れがあるため、廻縁を設けた。廻縁は壁の石膏ボードの上に後付けするのではなく、先付け落とし込みのチリ納まりとしている

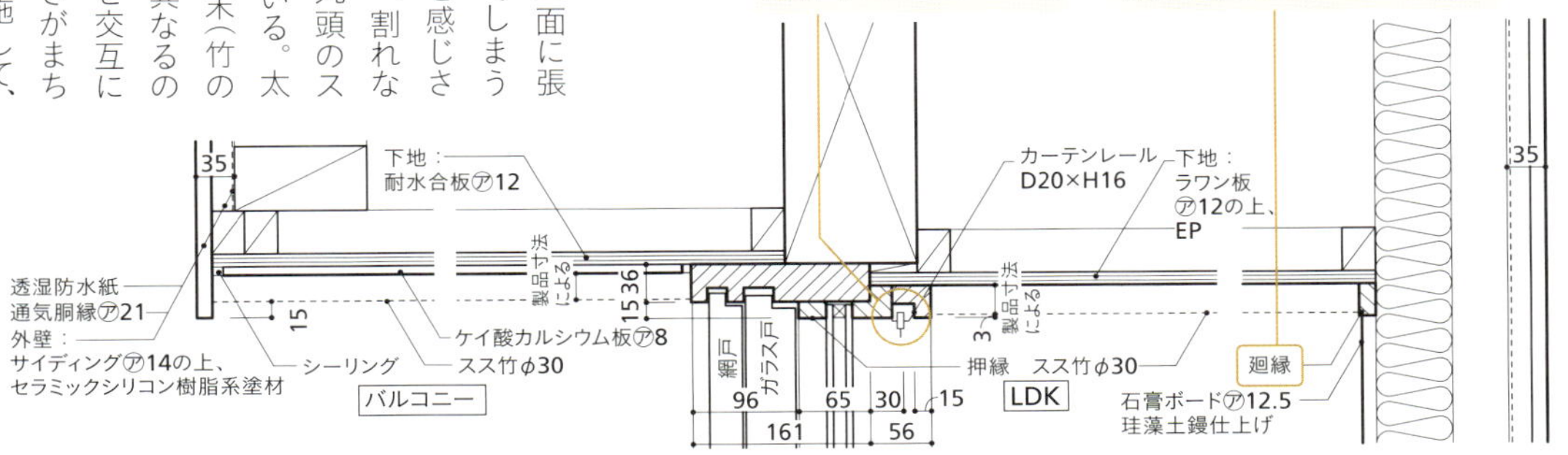

断面図［S=1：10］

対岳荘／根來宏典建築研究所　写真：上田宏

天井廻り縁を設けない納まり

廻り縁の納まりは、幅木同様、美しい空間を演出する重要な要素である。廻り縁の有無は、壁と天井の素材の関係に依る。壁勝ち・天井勝ちといった施工手順にも関わるため、状況に合わせた適切な指示をしたい。本事例では、塗装仕上げの壁とシナ合板の天井の取り合い部を目透し張りとすることで廻り縁なしで納めている。目地底にはシナテープを張ることで目地底が見えないよう配慮した。

目透し張りで廻り縁をなくす

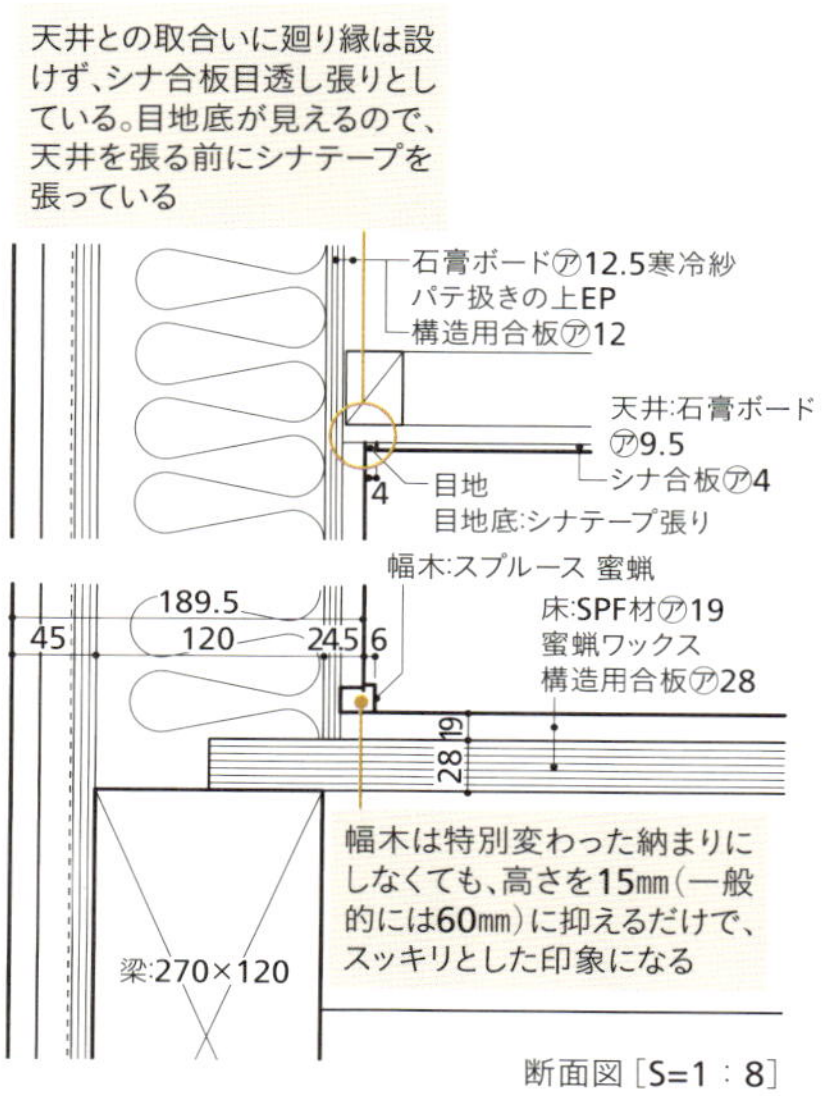
天井との取合いに廻り縁は設けず、シナ合板目透し張りとしている。目地底が見えるので、天井を張る前にシナテープを張っている
石膏ボード㋐12.5寒冷紗
パテ扱きの上EP
構造用合板㋐12
天井:石膏ボード
㋐9.5
シナ合板㋐4
目地
目地底:シナテープ張り
4
幅木:スプルース 蜜蝋
床:SPF材㋐19
蜜蝋ワックス
構造用合板㋐28
189.5
45
120
24.5
6
19
28
梁:270×120
幅木は特別変わった納まりにしなくても、高さを15㎜（一般的には60㎜）に抑えるだけで、スッキリとした印象になる

断面図［S=1：8］

第3章
階段

スキップフロアをつなぐ剛床を踊場に利用する

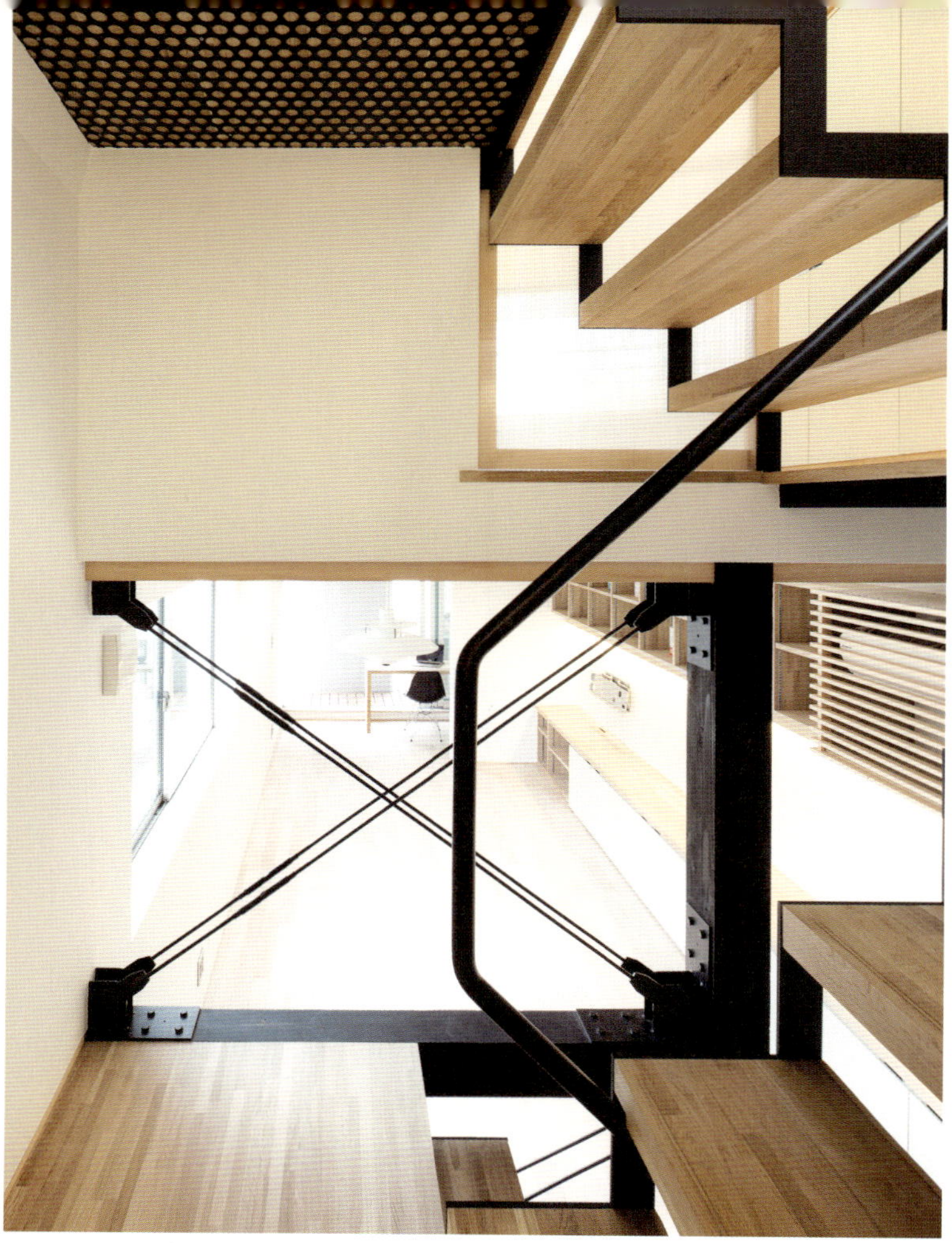

階段を挟んで半層ずつ段差を設けたスキップフロアの住宅。吹抜けを介したスキップフロアをつなぐ剛床は、階段の踊場として活用した。木軸の剛床の場合は床が厚くなり、頭をぶつけてしまうので、鉄骨の剛床とした。

床厚を抑えるため鉄骨を用いる

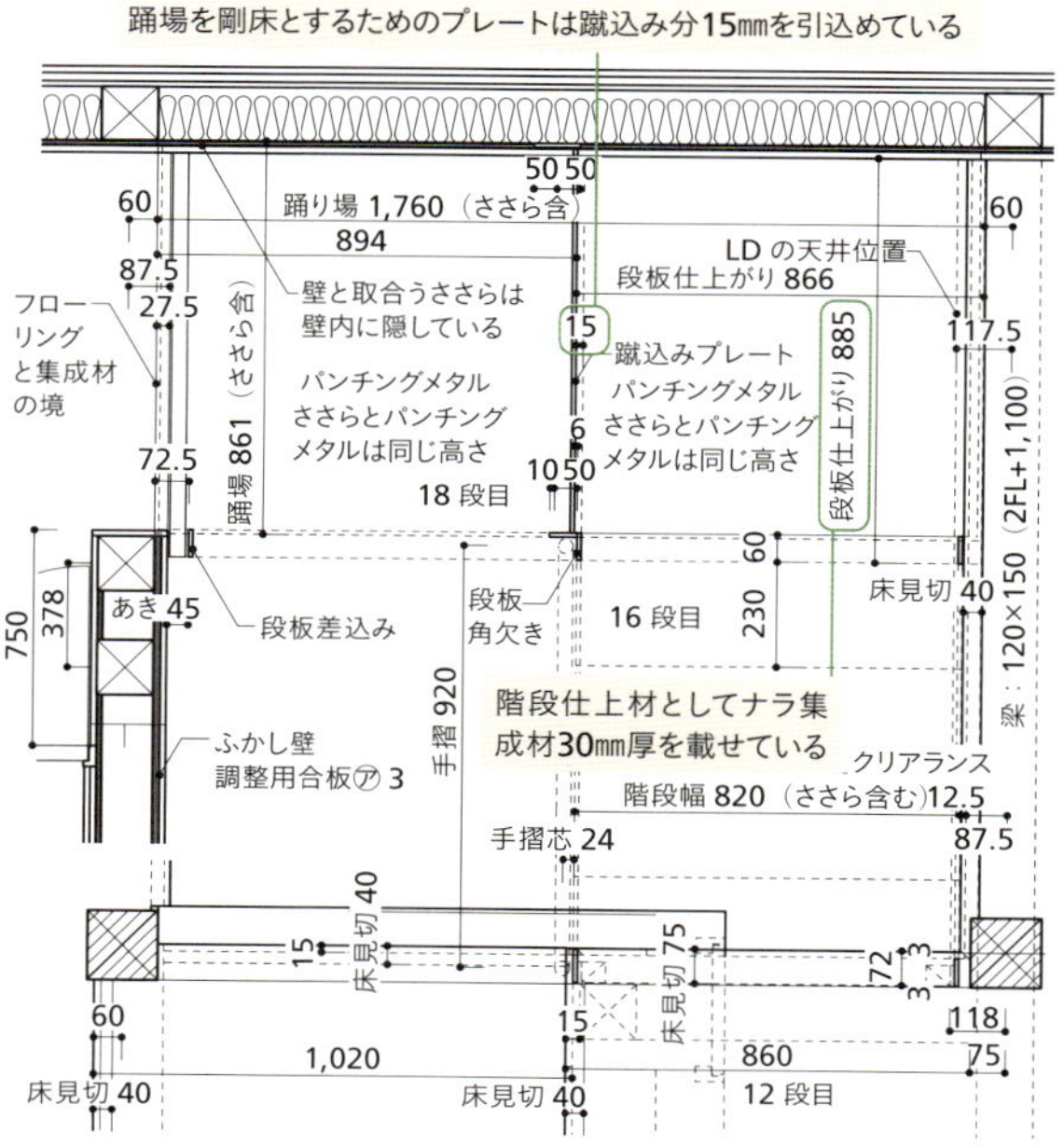

階段詳細図［S=1：30］

上からの光が抜ける階段

蹴込板なしのストリップ階段。本事例では1階からペントハウスまでの3層分が吹抜け空間となっており、ダイナミックにつながる壁の連続性を強調している。昼間はペントハウスからの明るい光が、夜は照明の光が、それぞれ段板の隙間から漏れて、美しいシルエットをつくる

ストリップ階段でペントハウスからの光を採り込む

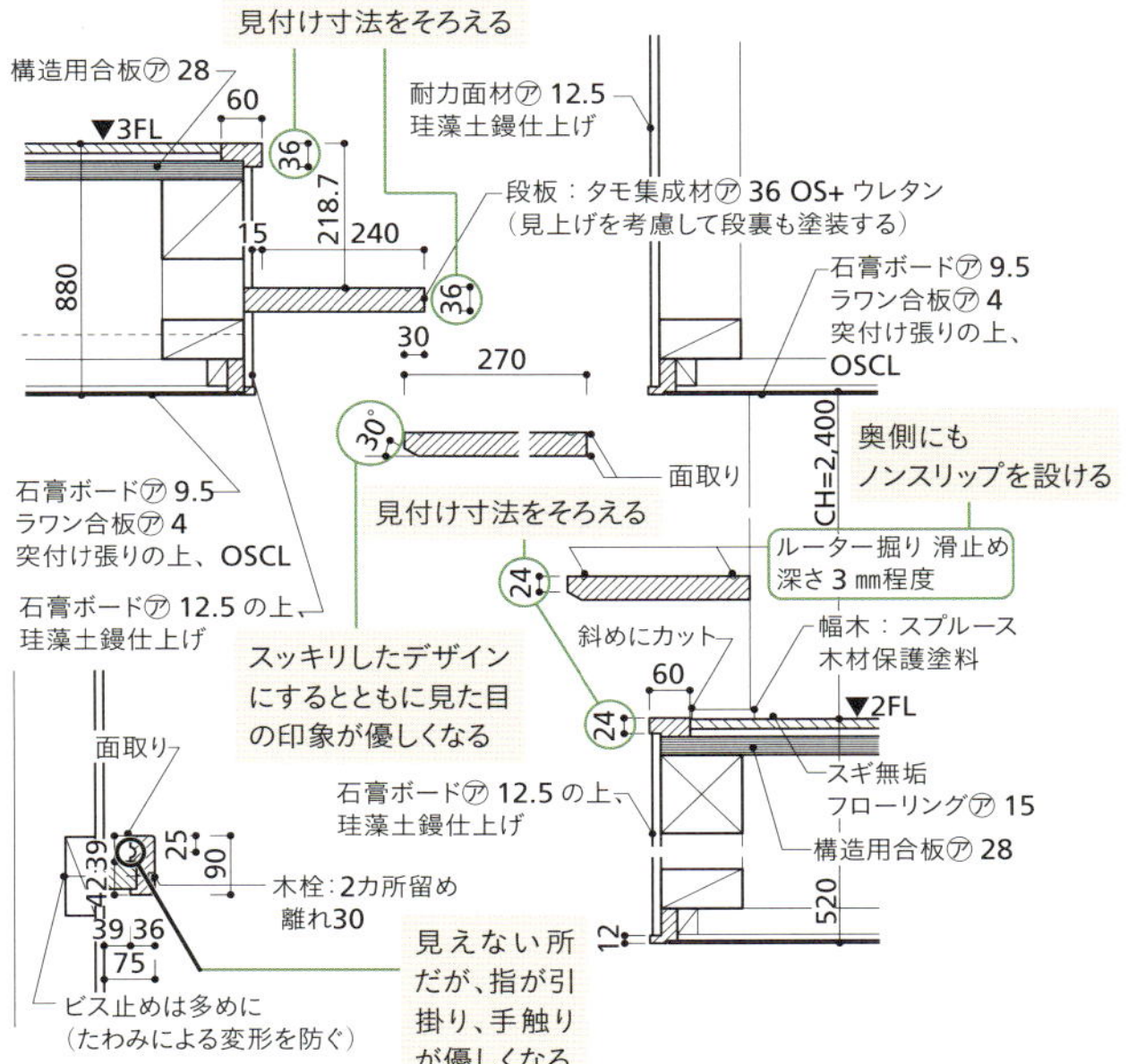

手摺断面詳細図［S=1：20］　階段断面図［S=1：20］

対岳荘／根來宏典建築研究所　写真：上田宏

階段室に採光のための大開口を設ける

密集地に建つ木造3階建ての住宅は、階段室に光を採り込み明るくすると、下の階にも光が届く。ここでは1坪に納まるコンパクトな廻り階段とし、開口部にかかる段板は鉄骨で支持することで大開口を設けた。

縦連窓を設ける

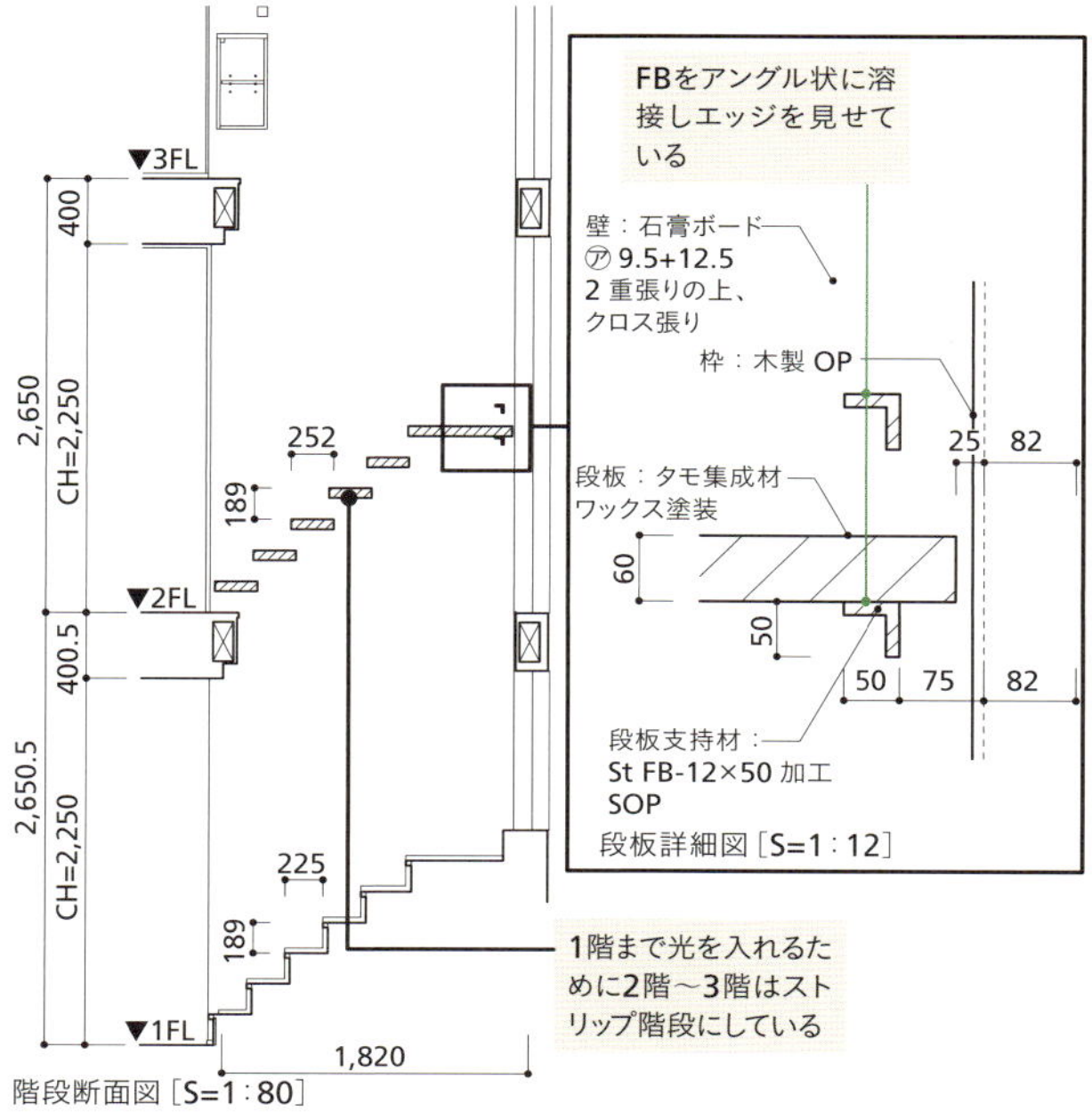

▼3FL
400
2,650
CH=2,250
252
189
▼2FL
400.5
2,650.5
CH=2,250
225
189
▼1FL
1,820
FBをアングル状に溶接しエッジを見せている
壁：石膏ボード
㋐9.5+12.5
2重張りの上、
クロス張り
枠：木製 OP
25
82
段板：タモ集成材
ワックス塗装
60
50
50
75
82
段板支持材：
St FB-12×50 加工
SOP
1階まで光を入れるために2階～3階はストリップ階段にしている

段板詳細図［S=1：12］

階段断面図［S=1：80］

スリムなのに安定感のある螺旋階段

段板に厚みをもたせて重厚感を出す

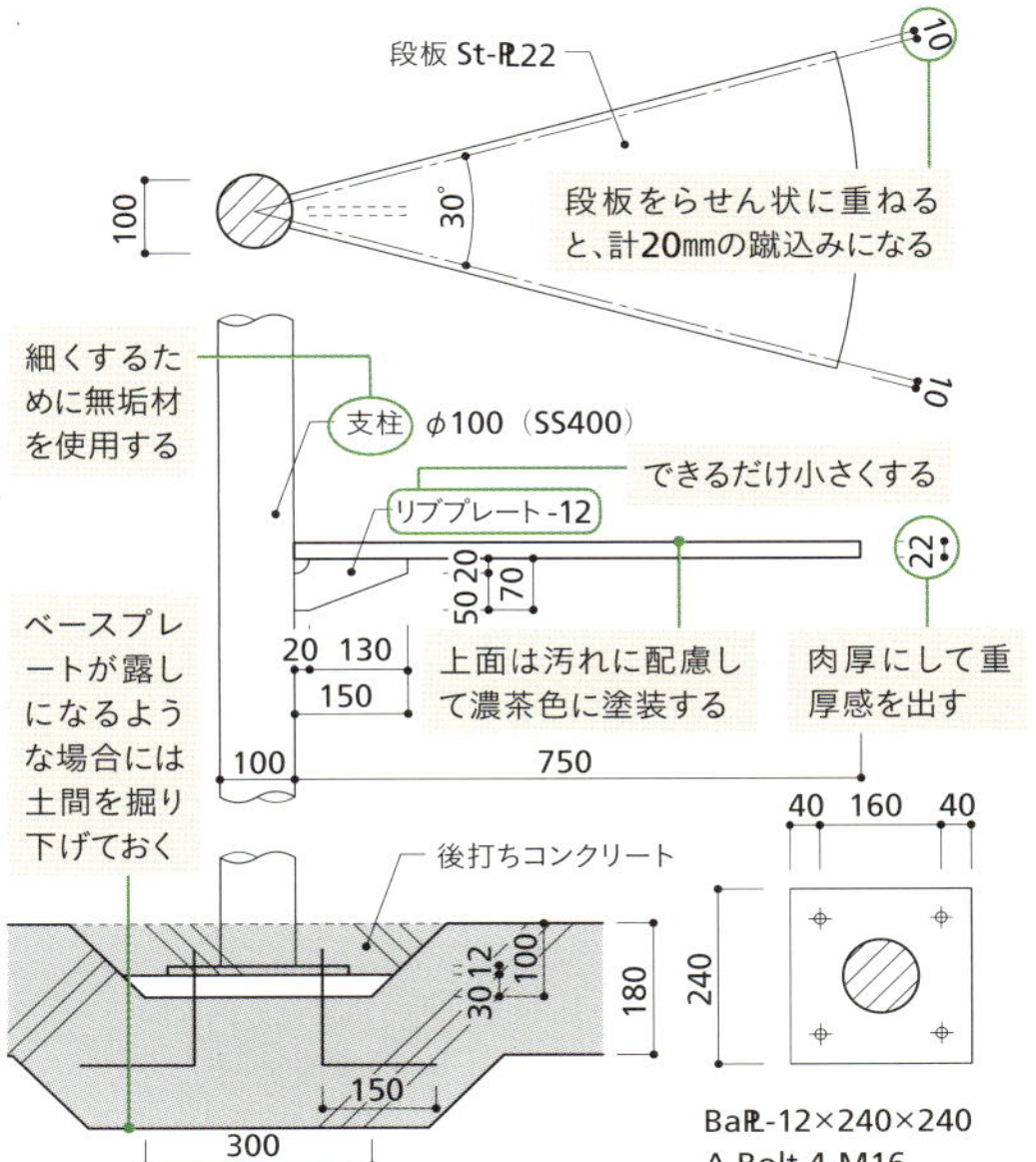

階段平面・断面図［S=1：20］

鉄骨の螺旋階段をシンプルにつくる際、段板は鉄板のままにするとコストを抑えられる。しかし、段板が薄いと安っぽく見えるので、肉厚にして重厚感をもたせたほうがよい。このようにすれば、段板を支えるリブプレートも小さくできる。

よつば café／根來宏典建築研究所　写真：鈴木康彦

水平方向の奥行きが感じられる階段

玄関ホール正面にある、吹抜けと一体になった階段。玄関という場所にふさわしい落ち着きと期待感を生むために、上方からの穏やかな光と水平方向の奥行を与えた。階段中央に視線を受け止める手摺壁を設け、その手前には透過性のあるシンプルな手摺を取り付けている。

手摺壁で視線を受け止める

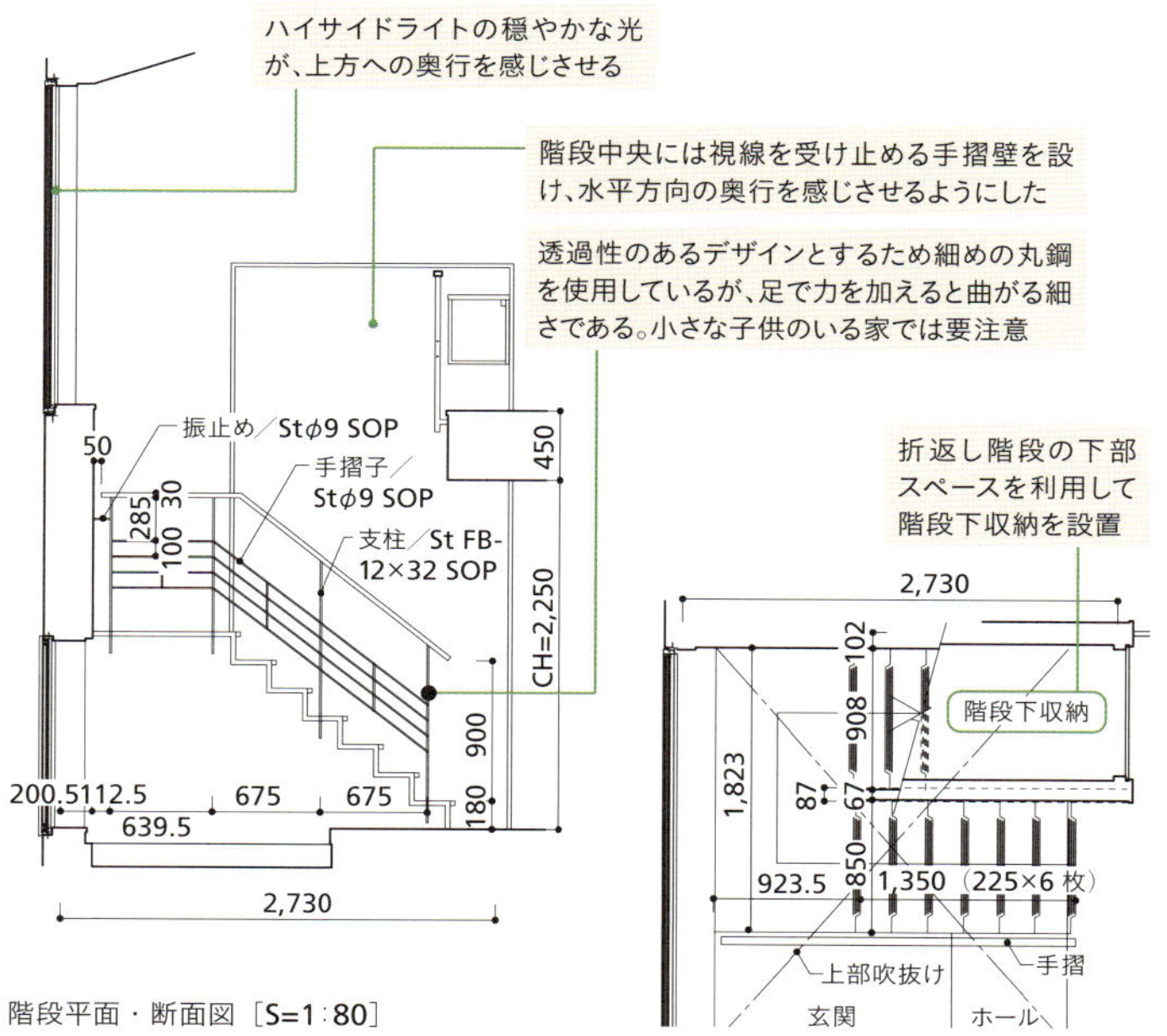
ハイサイドライトの穏やかな光が、上方への奥行を感じさせる
階段中央には視線を受け止める手摺壁を設け、水平方向の奥行を感じさせるようにした
透過性のあるデザインとするため細めの丸鋼を使用しているが、足で力を加えると曲がる細さである。小さな子供のいる家では要注意
振止め／Stφ9 SOP
手摺子／Stφ9 SOP
支柱／St FB-12×32 SOP
50
30
285
100
450
CH=2,250
900
180
200.5
112.5
675
675
639.5
2,730
折返し階段の下部スペースを利用して階段下収納を設置
2,730
102
908
67
87
850
1,823
923.5
1,350（225×6 枚）
階段下収納
上部吹抜け
手摺
玄関
ホール

階段平面・断面図［S=1:80］

重厚感のある木階段

段板と桁を60㎜以上とすれば準耐火構造（イ準耐）に

木造建築の準耐火構造（イ準耐）の階段では30分の耐火性能が求められる。鉄骨を併用することで木材の厚みを薄く抑えることも可能だが、本事例ではあえて段板および桁を木材でつくる際の基準（平12建告1358号第6）である60㎜以上の厚みを採用し、存在感のある木の塊の階段をつくり、シンプルな空間にアクセントを添えている。

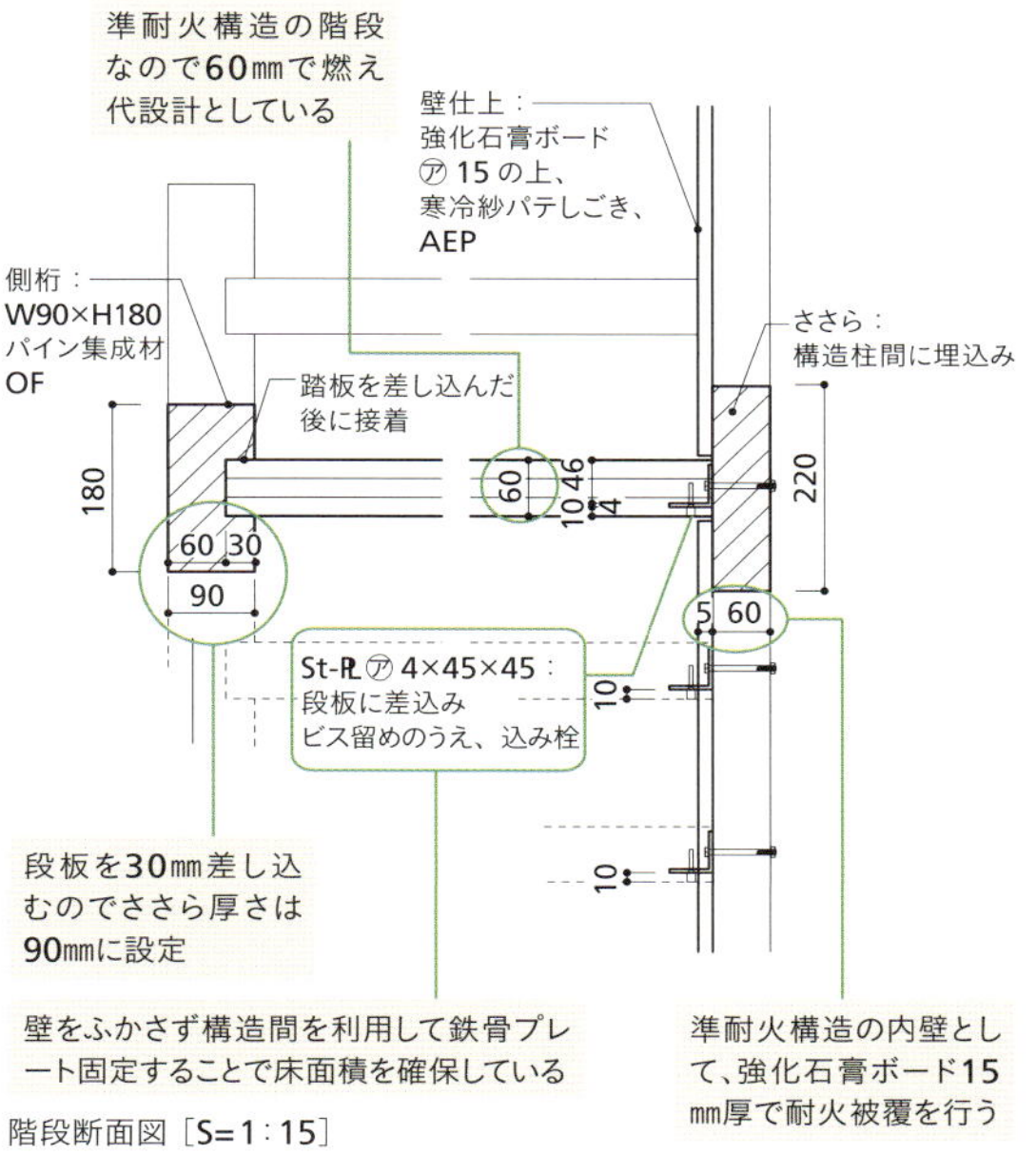

準耐火構造の階段なので60㎜で燃え代設計としている
壁仕上：強化石膏ボード㋐15の上、寒冷紗パテしごき、AEP
側桁：W90×H180 パイン集成材 OF
ささら：構造柱間に埋込み
踏板を差し込んだ後に接着
180
60 30
90
60
10 46
4
220
5 60
St-PL㋐4×45×45：段板に差込み ビス留めのうえ、込み栓
10
10
段板を30㎜差し込むのでささら厚さは90㎜に設定
壁をふかさず構造間を利用して鉄骨プレート固定することで床面積を確保している
準耐火構造の内壁として、強化石膏ボード15㎜厚で耐火被覆を行う

階段断面図［S=1：15］

小金井の家／石井秀樹建築設計事務所　写真：鳥村鋼一

階段をフレキシブルに活用する

段板をベンチや子ども用テーブルにする

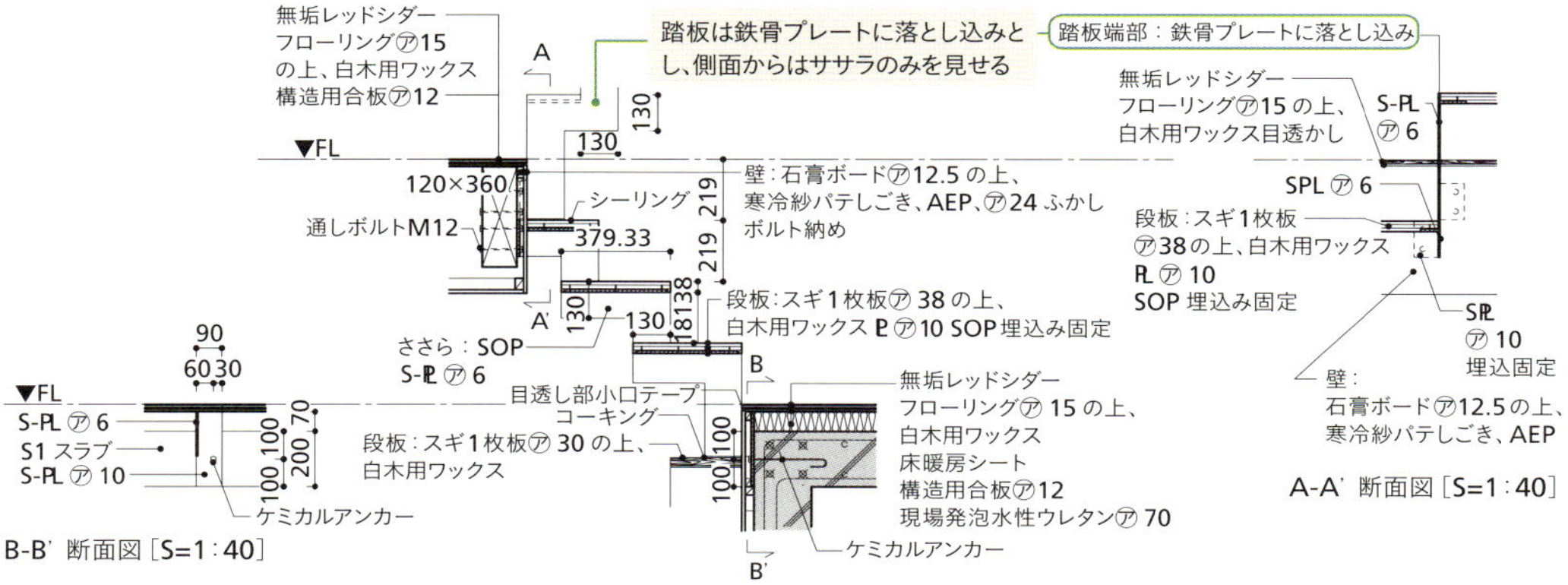

B-B' 断面図［S=1：40］

A-A' 断面図［S=1：40］

スキップフロアによって半層ずらした床を連続させると、空間に広がりを与えることができる。踏み面を幅広とすることでベンチや子どものテーブルなどフレキシブルに利用することも可能である。このとき、構成部材を薄くすれば、視線の抜けによる広がりが生まれる。

スタディコーナーをゆるく仕切る壁

本棚と梯子を壁に組み込む

ワンルームのLDKの一角にスタディコーナーを設けた。収納される本の大きさや背表紙が異なるため、煩雑な印象を与えないようスタディーコーナー側に本棚を設けてリビングとの緩やかな境界としている。リビング側にはロフトへの梯子を組み込み、ラワンベニヤで仕上げてインテリアのアクセントとしている。

スタディルームの本棚とロフトに登るための梯子を組み込んだ壁。白い壁の室内でアクセントとなるようラワンベニヤで仕上げている。出隅はベニヤの小口が出ないようムク材で見切り、塗装仕上げの本棚とは底目地で見切っている

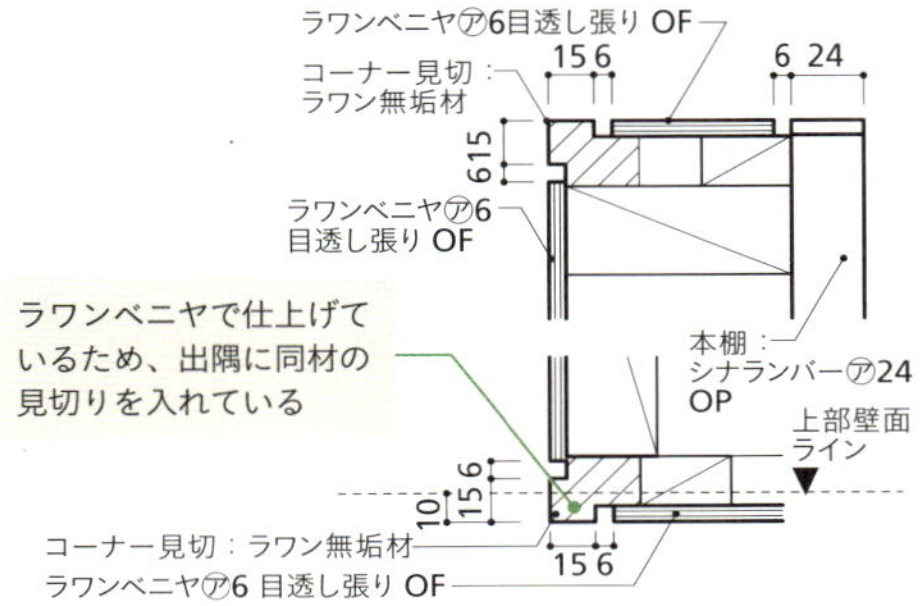

A部詳細図［S=1：5］

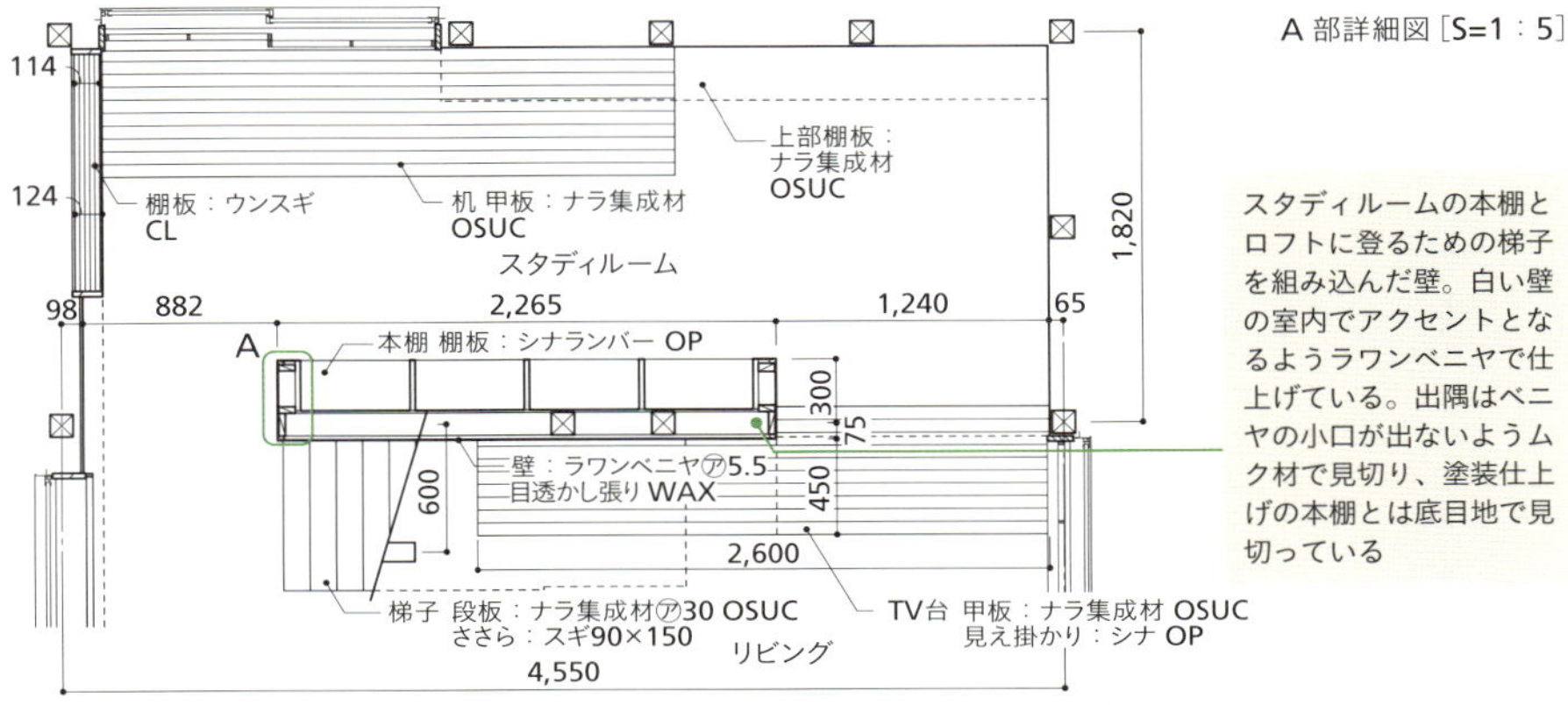

平面図［S=1：60］

鎌倉の家／村田淳建築研究室　写真：村田淳建築研究室

コストを抑えつつ機能的な腰壁をつくる

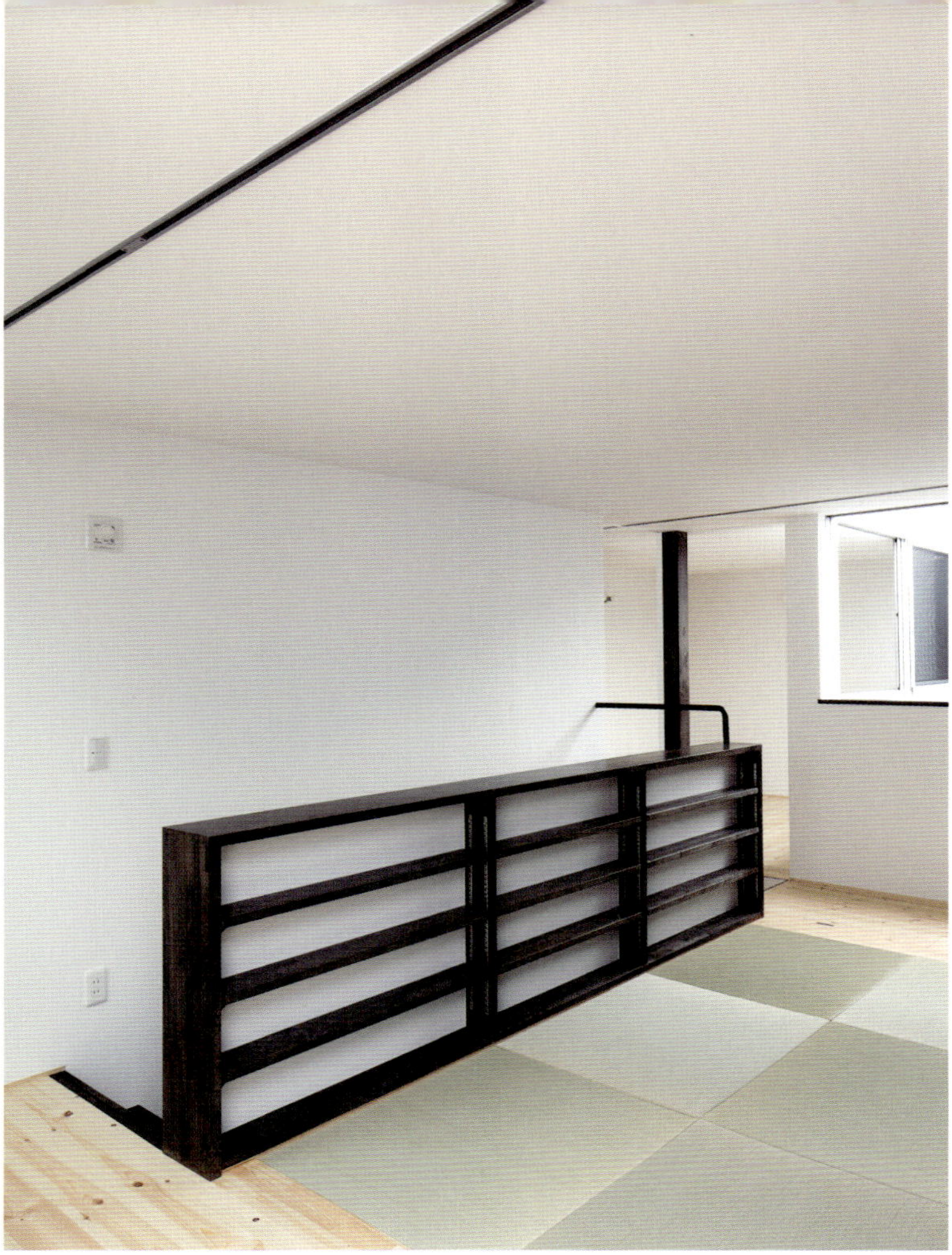

腰壁と本棚を兼ねる

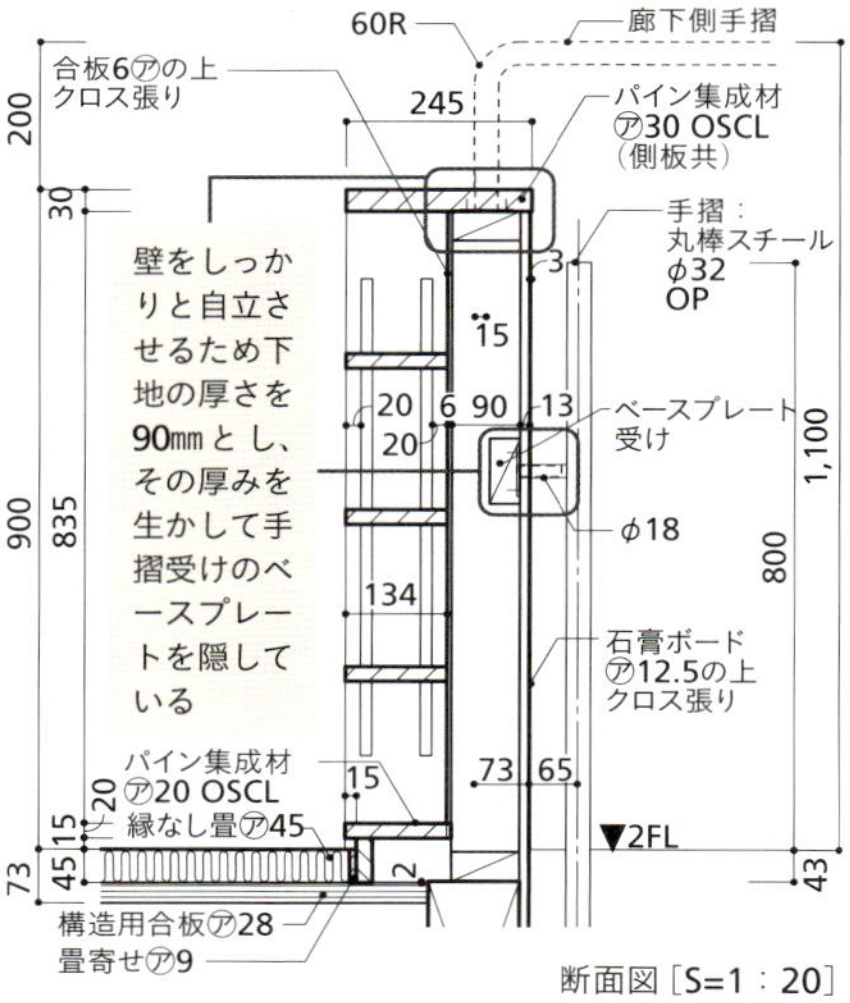

断面図［S=1：20］

階段への落下防止用に設けた腰壁と本棚とを組み合わせた事例。本棚を家具工事にするとコストが嵩んでしまうが、大工工事にすることで建築との一体感を出しつつコストを抑えることができる。造作家具の材種はタモやナラの人気が高いが、パインやゴムを使うとコストを抑えられる。パインは柔らかく優しい印象、ゴムは堅くしっかりとした印象の家具とすることができる。

階段の壁面は本棚に使える

壁をふかして収納スペースを確保する

屋上のペントハウスに上がる階段脇にコミック棚を設けた事例。階段脇の書棚は、段板がベンチにもなるため、便利である。132・5㎜（間柱120㎜＋石膏ボード12.5㎜）の奥行きでは、コミックがはみ出してしまうため、棚の背面を12.5㎜ふかして書棚の奥行を145㎜としている。階段側にふかすという選択肢もあるが、階段幅の有効寸法に影響が生じてしまうので、背面側にふかしたい。

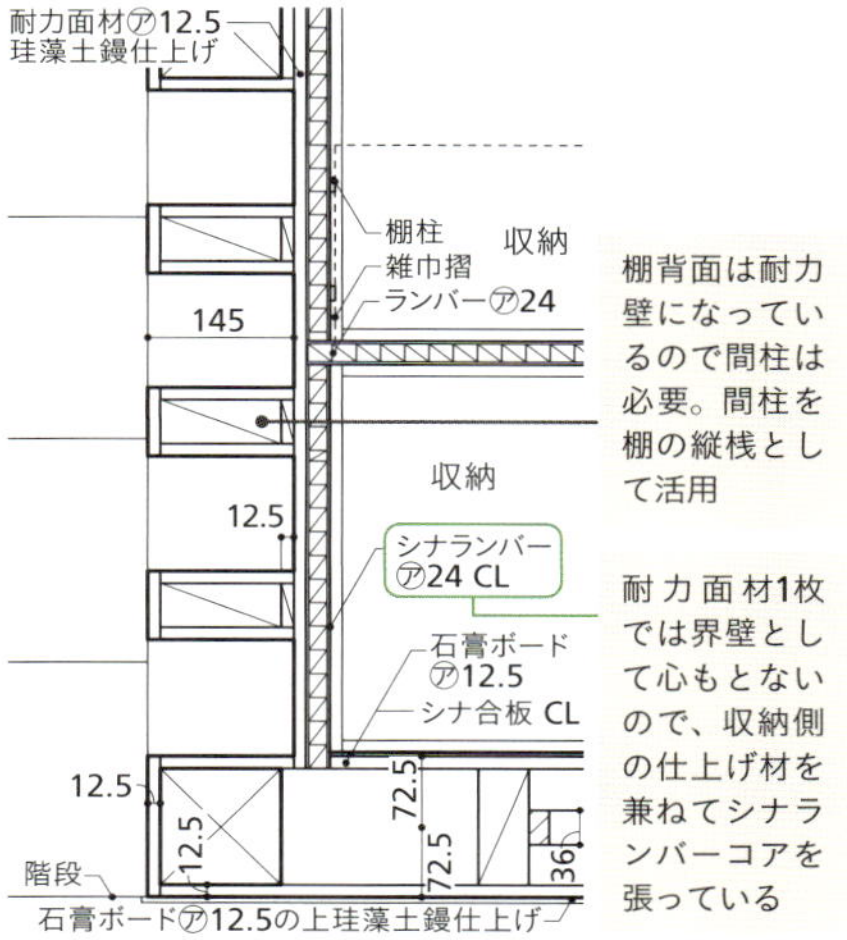

耐力面材㋐12.5
珪藻土鏝仕上げ
棚柱
雑巾摺
ランバー㋐24
収納
145
収納
12.5
シナランバー㋐24 CL
石膏ボード㋐12.5
シナ合板 CL
12.5
12.5
72.5
72.5
36
階段
石膏ボード㋐12.5の上珪藻土鏝仕上げ
棚背面は耐力壁になっているので間柱は必要。間柱を棚の縦桟として活用
耐力面材1枚では界壁として心もとないので、収納側の仕上げ材を兼ねてシナランバーコアを張っている

断面図［S=1：15］

対岳荘／根來宏典建築研究所　写真：上田宏

第4章

開口部

内と外が一体となった開放的な空間をつくる

欄間の上枠と天井の勾配をそろえる

テラスと室内が一体となった、開放的な空間を生み出すことを意図した大開口。室内の天井からテラスの軒天井へと連続して視線が抜けるよう、欄間の上枠を天井の勾配にそろえて埋め込んでいる。サッシの鴨居は極力細くするため、木鴨居に鉄骨を埋め込み、吊り材で吊り上げている。

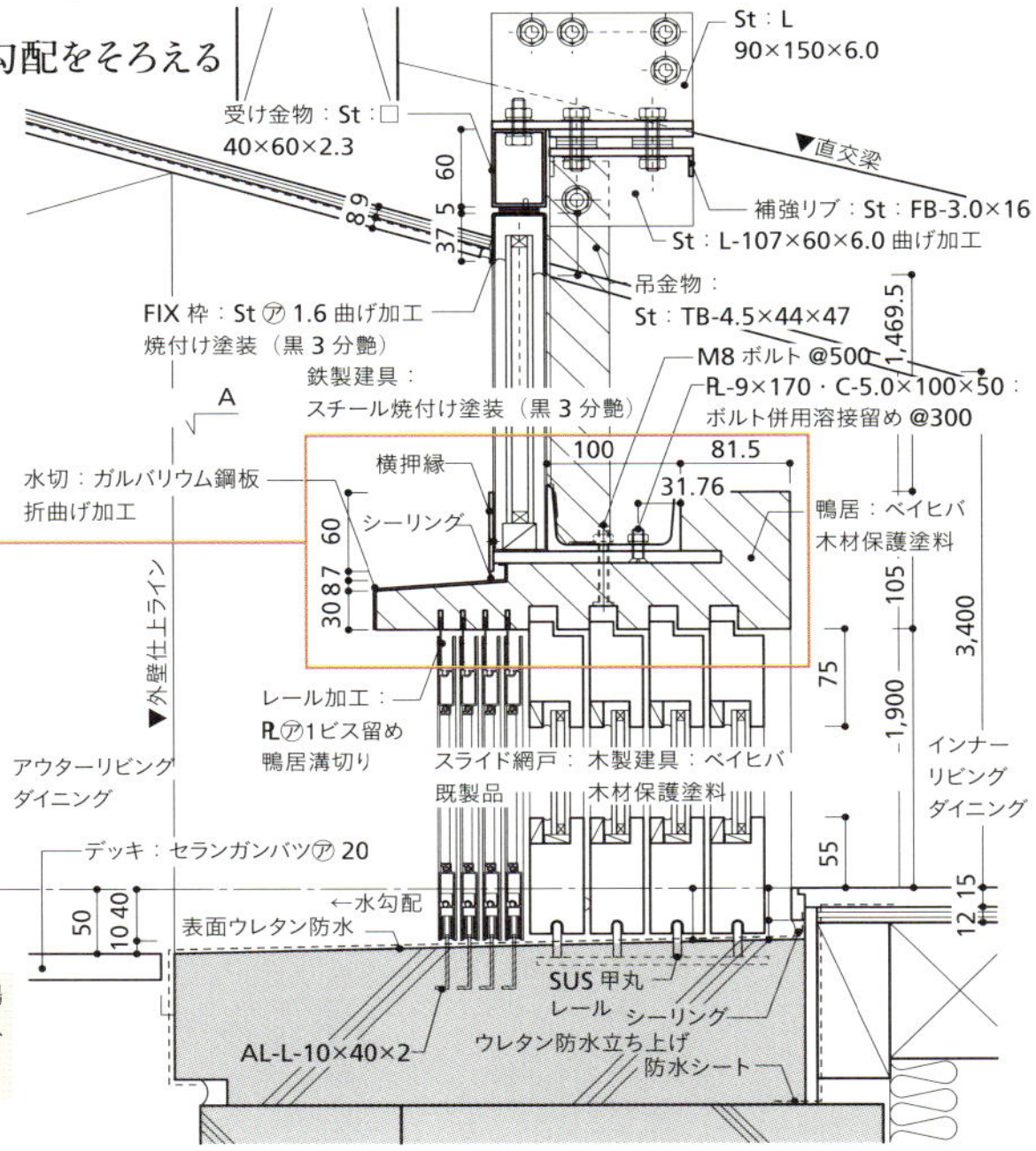

鉄骨部材で補強することで鴨居を薄くしながらも、5.2メートルスパンを実現している

断面詳細図 [S=1：10]

箱森町の家／石井秀樹建築設計事務所　写真：鳥村鋼一

木製サッシと一体にみえる引込み戸

上枠を一体にして統一感をもたせる

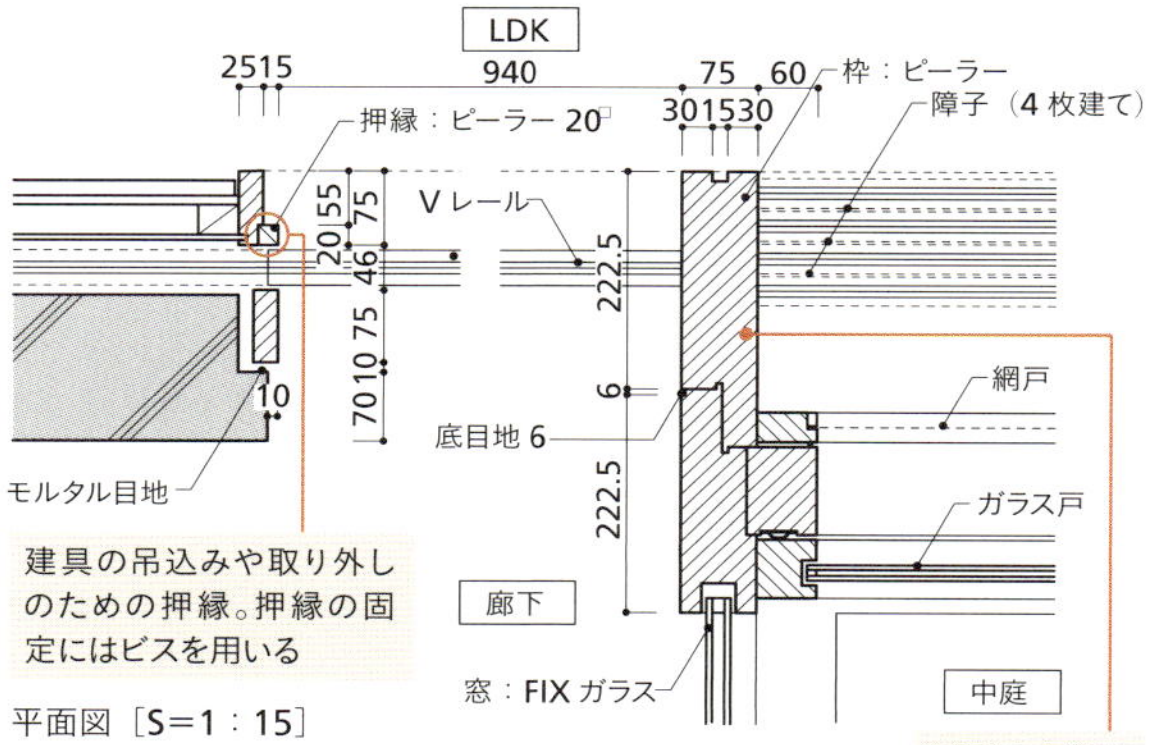

平面図［S＝1：15］

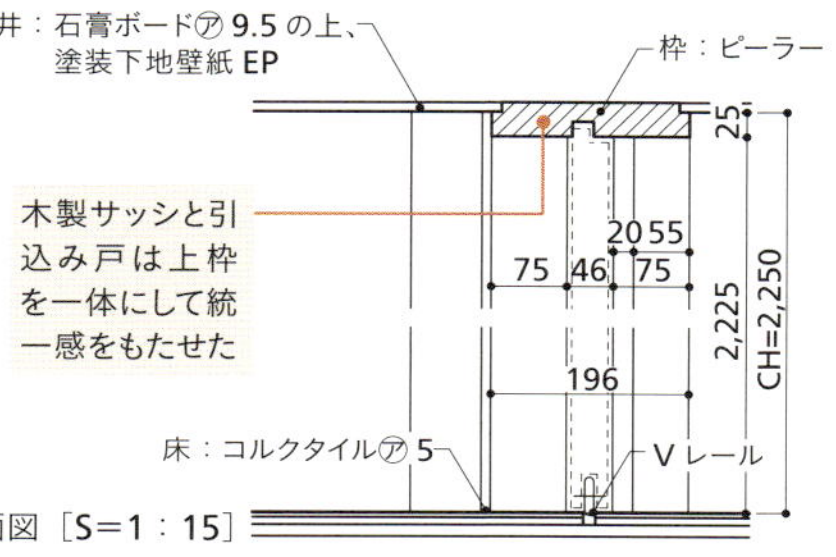

断面図［S＝1：15］

コートハウスでは中庭の周囲を移動するように暮らしが営まれる。スムーズに空間をつなげるためには、内部開口部は扉を開き戸ではなく、引戸（引込み戸）にするとよい。開けた際に戸がスッキリと袖壁（戸袋）に納まるからだ。廊下からLDKに入る引込み戸は、庭に面した大きな木製サッシに隣り合うので、木製サッシと一体に見えるようにした。

成田東のコートハウス／村田淳建築研究室　写真：村田淳建築研究室

下がり壁のない引込み戸で建具の存在感を消す

部屋を使用する時以外は開けていることが多い扉は、なるべく存在感を消したい。この事例では洗面室と階段室とのしきりに天井いっぱいの高さで引込み戸を設けた。下がり壁を設けず、枠の存在もできるだけ消している。天井の高さは、既製品アルミサッシ（外部開口部）の高さに合わせて、2.2ｍと少し低くしている。

建具を切り欠くと戸先・壁に隙間ができない

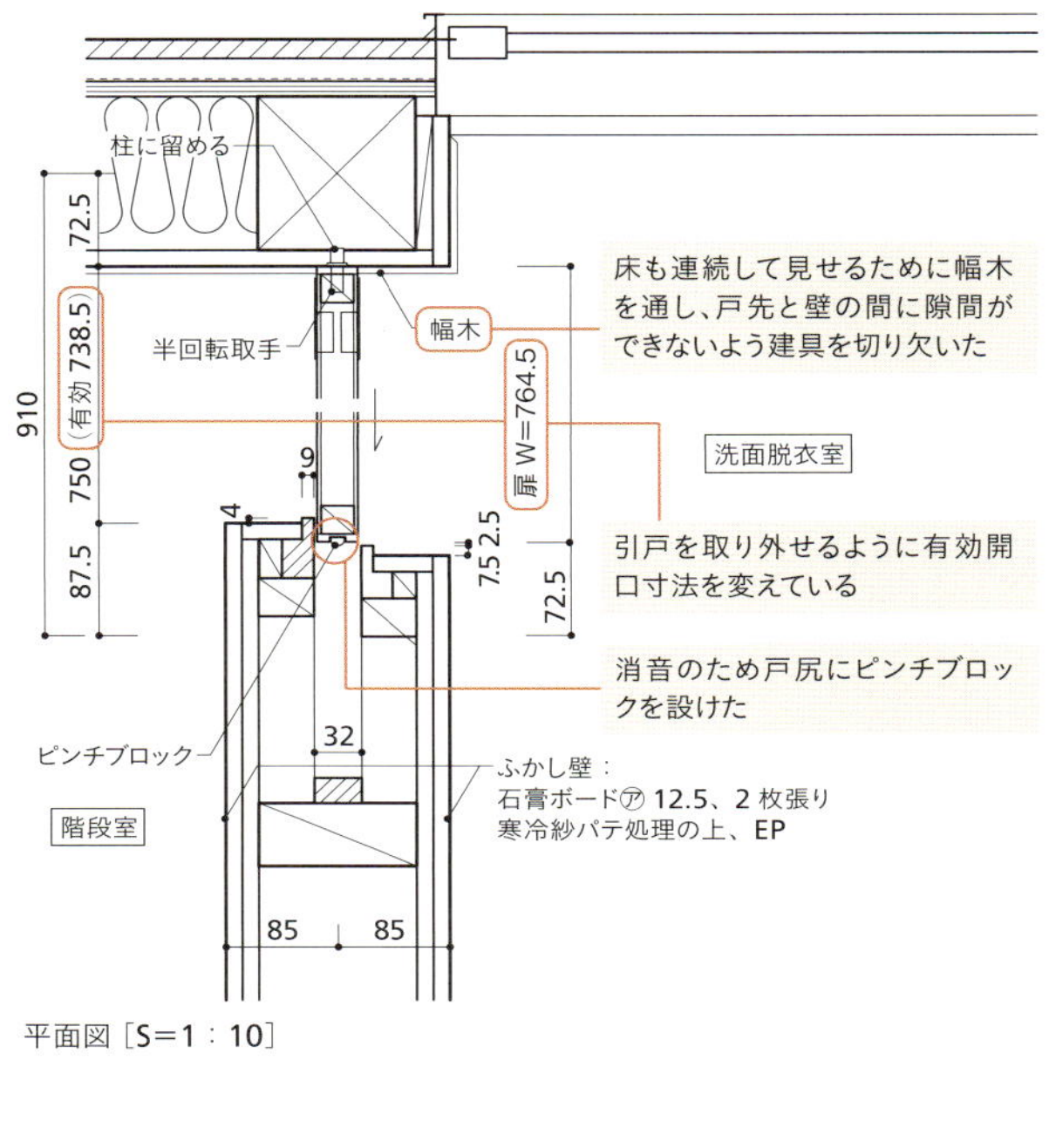
柱に留める
72.5
910
（有効 738.5）
750
87.5
半回転取手
幅木
9
4
扉 W=764.5
7.5
2.5
72.5
床も連続して見せるために幅木を通し、戸先と壁の間に隙間ができないよう建具を切り欠いた
洗面脱衣室
引戸を取り外せるように有効開口寸法を変えている
消音のため戸尻にピンチブロックを設けた
32
ピンチブロック
階段室
ふかし壁：
石膏ボード㋐12.5、2枚張り
寒冷紗パテ処理の上、EP
85
85
平面図［S＝1：10］

鉄HOUSE／根來宏典建築研究所　写真：GEN INOUE

戸袋内部をみせない工夫

障子の戸尻をL型にする

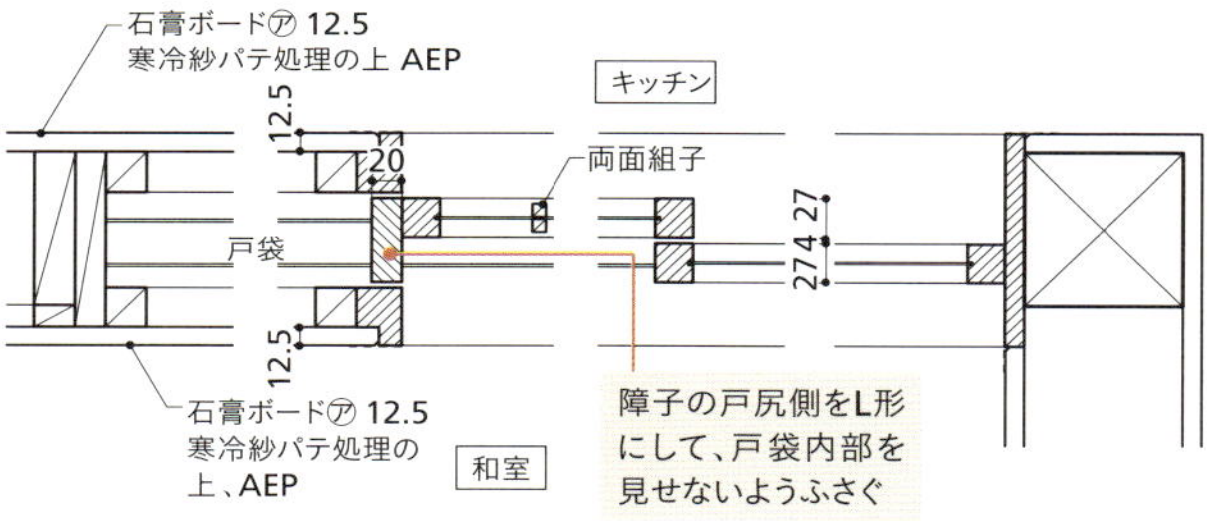

平面図［S=1：10］

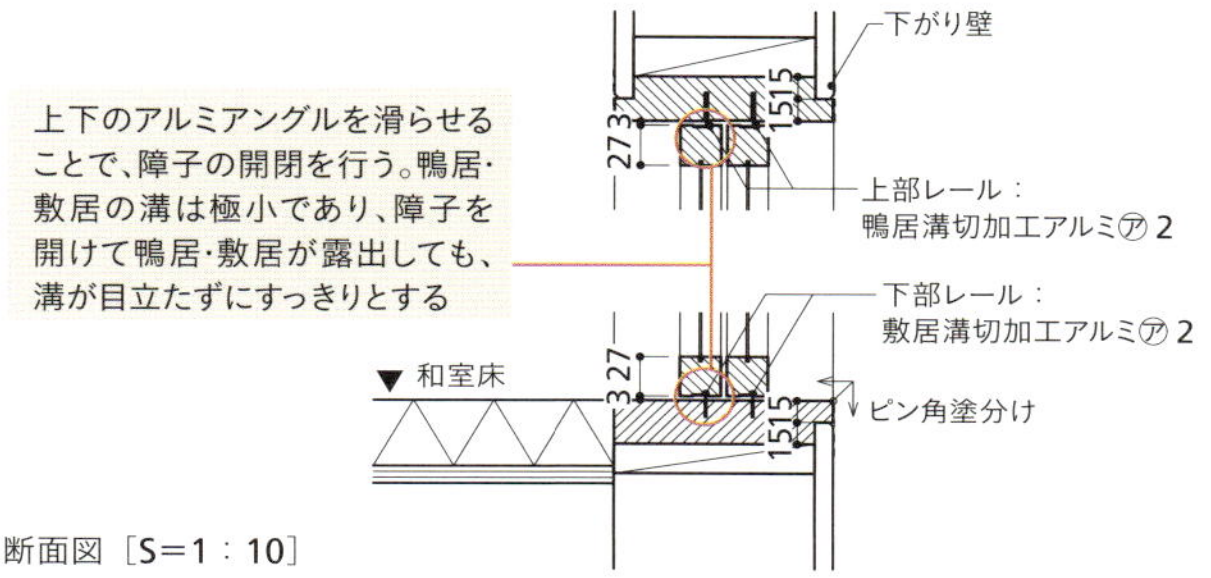

断面図［S=1：10］

複数の障子を引込みとする場合、建具を閉じた際に戸袋に隙間が空いてしまう。そこで、この事例では、閉じた際に美しく見えるように、障子の戸尻をL型にして戸袋との隙間を塞いでいる。

新浦安の家／石井秀樹建築設計事務所　写真：鳥村鋼一

出入口や収納扉を壁面のように見せる

出入りするための開口部の隣に収納などを設ける場合は、この事例のように、開き戸の枠や金具を隠して、壁面のように見せるとよい。建具と床材の割付けもそろえているため、よりすっきりと見えている。

枠や金具を隠す

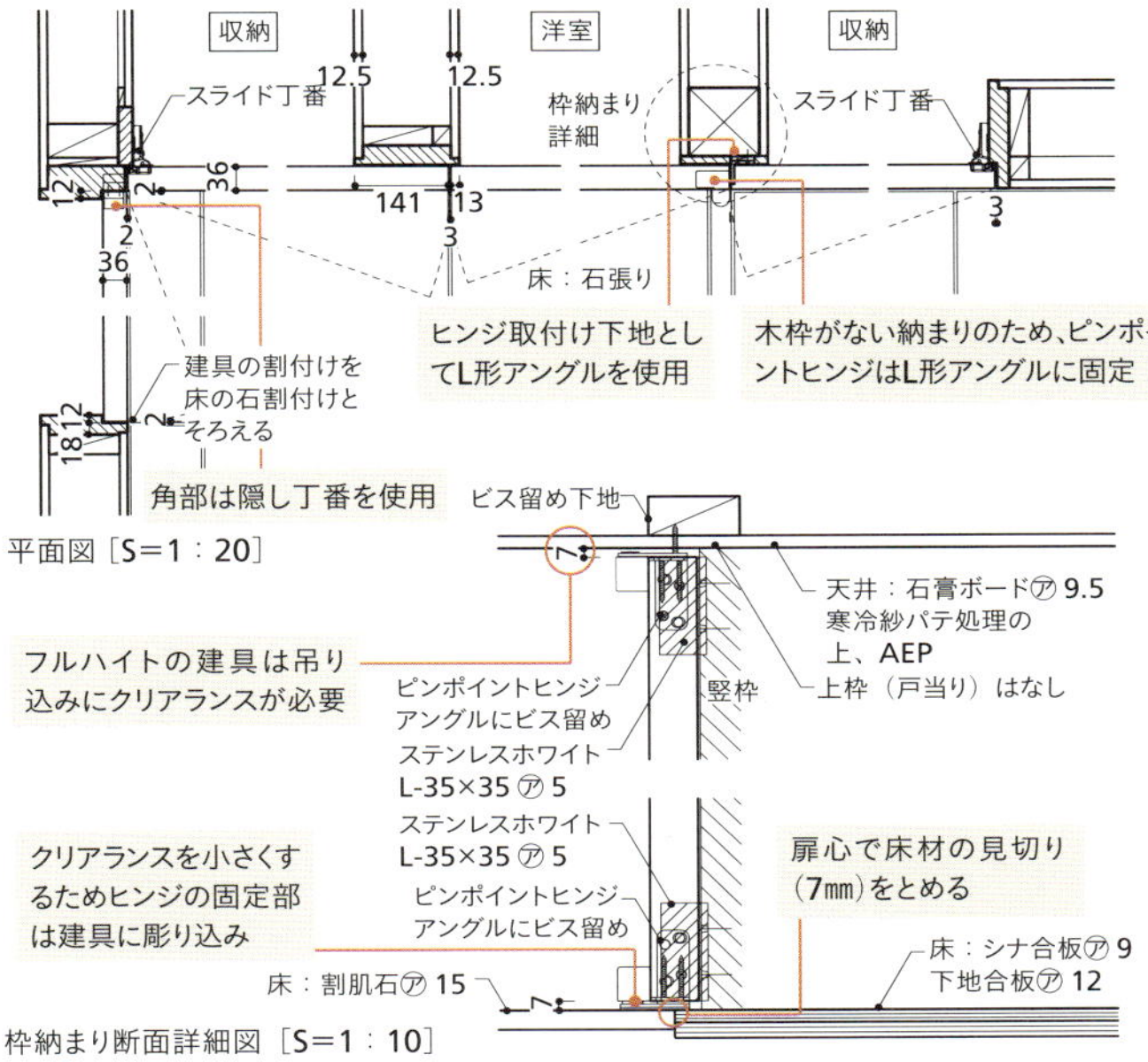

平面図［S＝1：20］

枠納まり断面詳細図［S＝1：10］

新浦安の家／石井秀樹建築設計事務所　写真：鳥村鋼一

壁と同化する開き戸

廊下などの長い壁に建具を設ける場合は、この事例（両側の面）のように建具の寸法を壁仕上げ材の羽目板割りで決定するとよい。開き戸を壁に一体化させることで、フラットな見え方となる。

壁材の割付けにそろえる

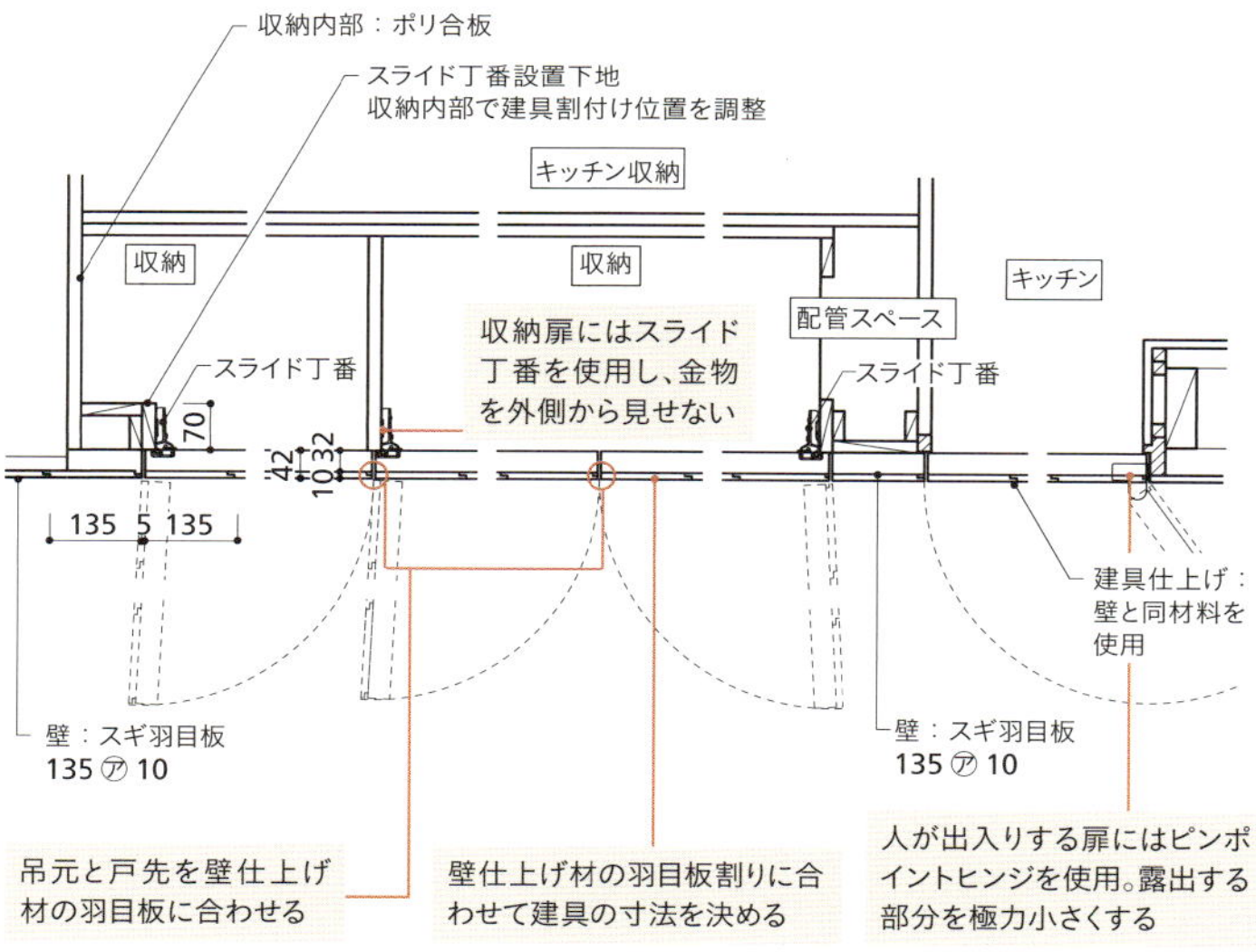

収納内部：ポリ合板
スライド丁番設置下地
収納内部で建具割付け位置を調整
キッチン収納
収納
収納
キッチン
配管スペース
スライド丁番
スライド丁番
収納扉にはスライド丁番を使用し、金物を外側から見せない
70
42
32
10
135 5 135
建具仕上げ：壁と同材料を使用
壁：スギ羽目板
135 ㋐ 10
壁：スギ羽目板
135 ㋐ 10
吊元と戸先を壁仕上げ材の羽目板に合わせる
壁仕上げ材の羽目板割りに合わせて建具の寸法を決める
人が出入りする扉にはピンポイントヒンジを使用。露出する部分を極力小さくする

平面図［S＝1：20］

富士見が丘の家／石井秀樹建築設計事務所　写真：鳥村鋼一

閉じても光を通過する引戸

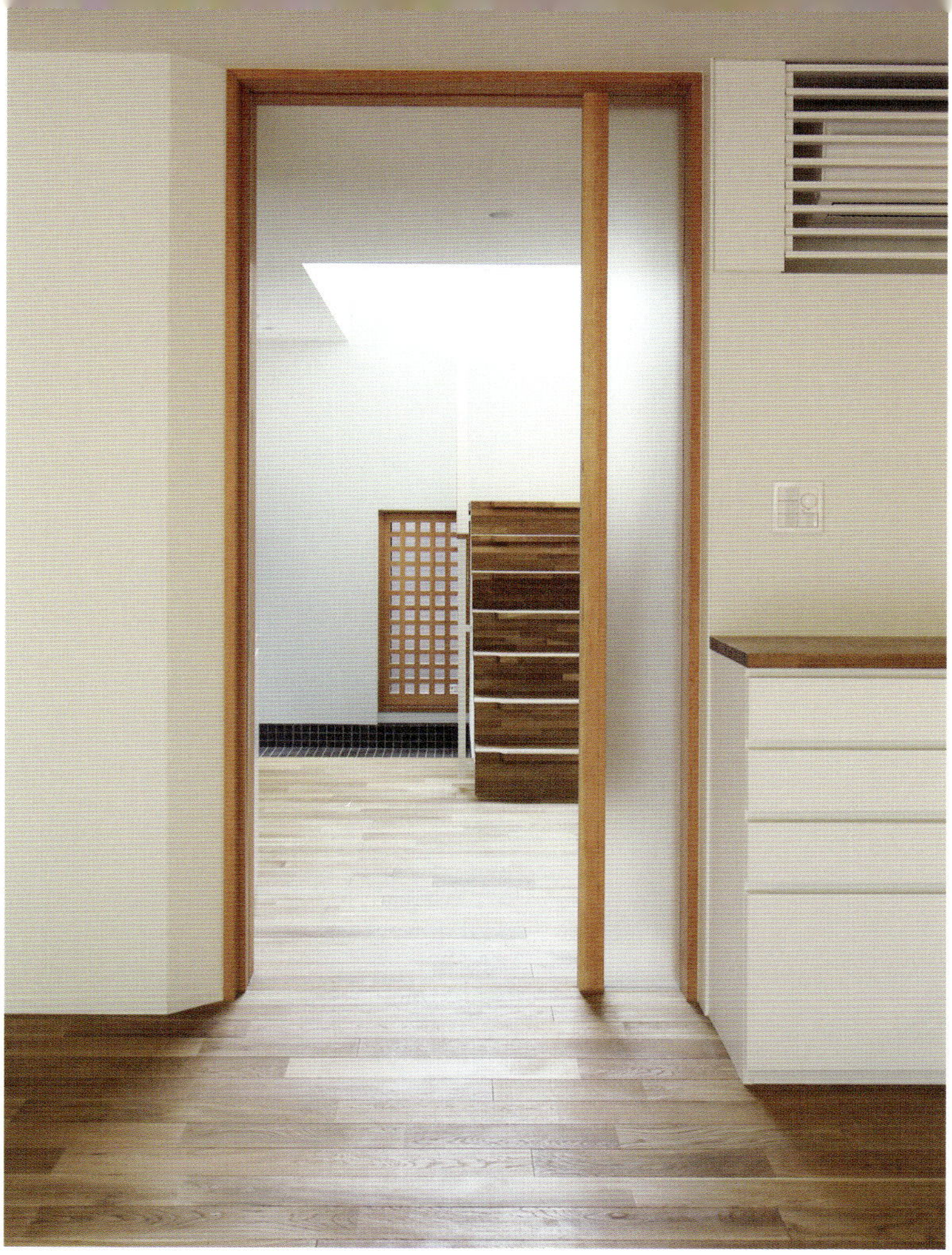

玄関から室内を不用意に覗かれないために玄関ホールとＬＤＫの間に引込み戸を設けた。開口部脇にＦＩＸで設けた磨りガラスにより、扉を閉じていても光を届けることができる。また、玄関ホールからはＬＤＫ越しに庭の緑の雰囲気を感じられる。

扉の脇壁にガラスを仕込む

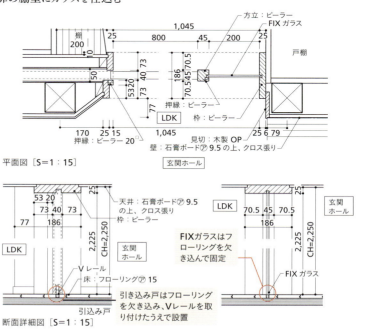

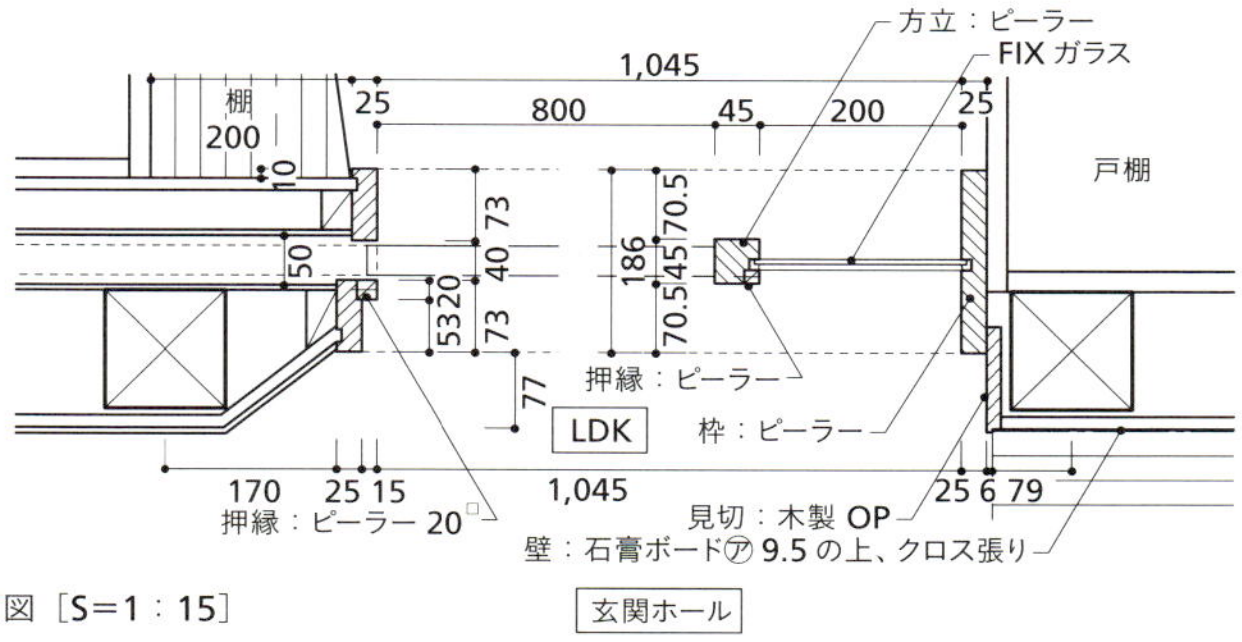

平面図［S＝1：15］

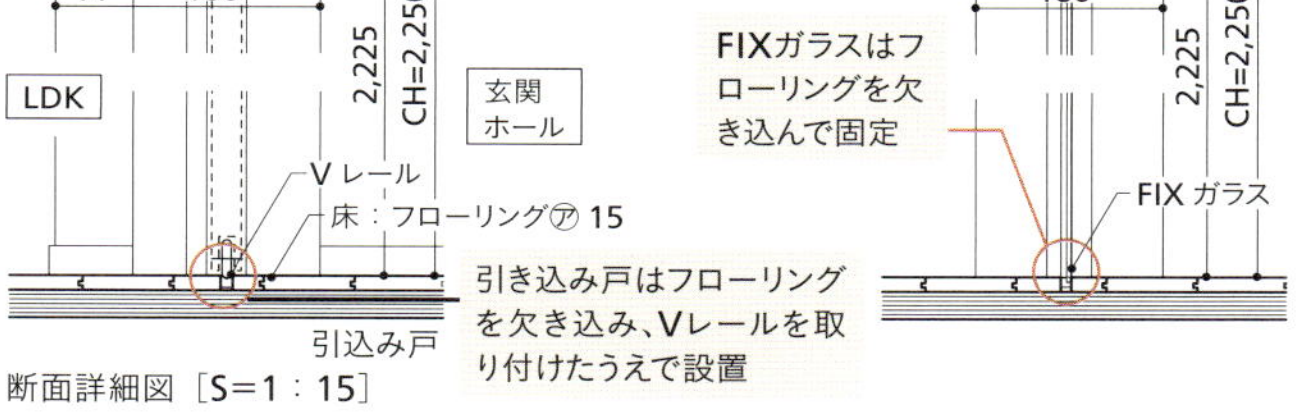

断面詳細図［S＝1：15］

浦和の2つの家／村田淳建築研究室　写真：村田淳建築研究室

閉じていても開放的な木製建具

可動部を減らして縦桟を減らす

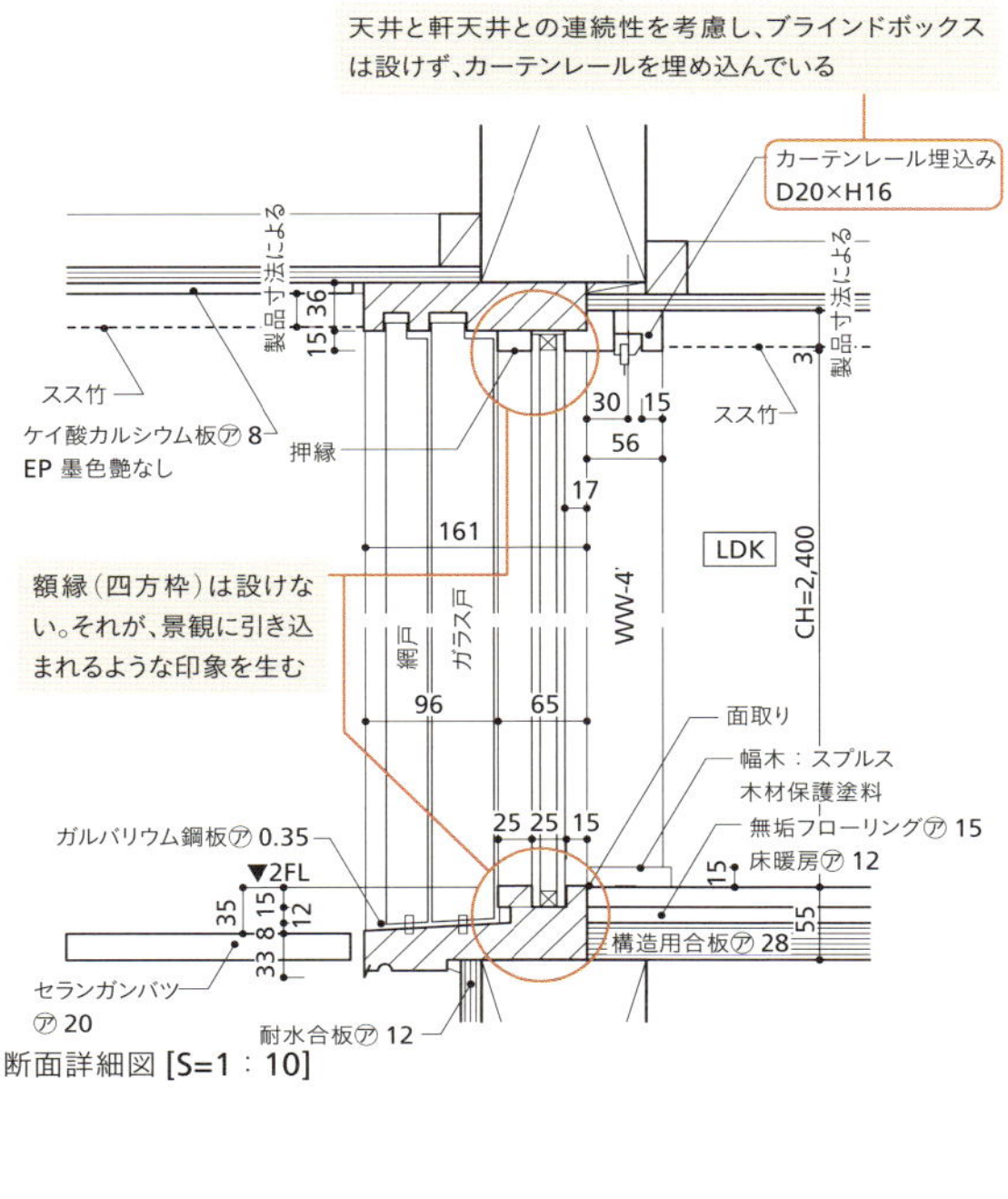

断面詳細図 [S=1：10]

9尺のFIX窓と3尺の引戸を組み合わせた木製建具。3尺の4枚建ても考えられるが、開いた状態では気持ちのよい景色を得られるものの、閉じた状態では縦桟が多くなってしまい、室内からの景観が損なわれる。可動部分を少なくすることは、気密性向上や反りのリスク軽減といったメリットにもつながる。

庭の風景を存分に楽しむ

庭に雁行した連窓をつくる

コーナーをガラスとすることで、内と外のつながりを強めた窓。庭の風景を楽しむために、大きなＦＩＸ窓と片引き窓のシンプルな構成とした。構造柱と方立を兼用することで、すっきりとした納まりと大開口を実現した。また、季節に応じて使い分ける建具（夏は簾戸・冬は障子）を壁に引き込むことですっきりとした意匠と快適な熱環境を両立している。

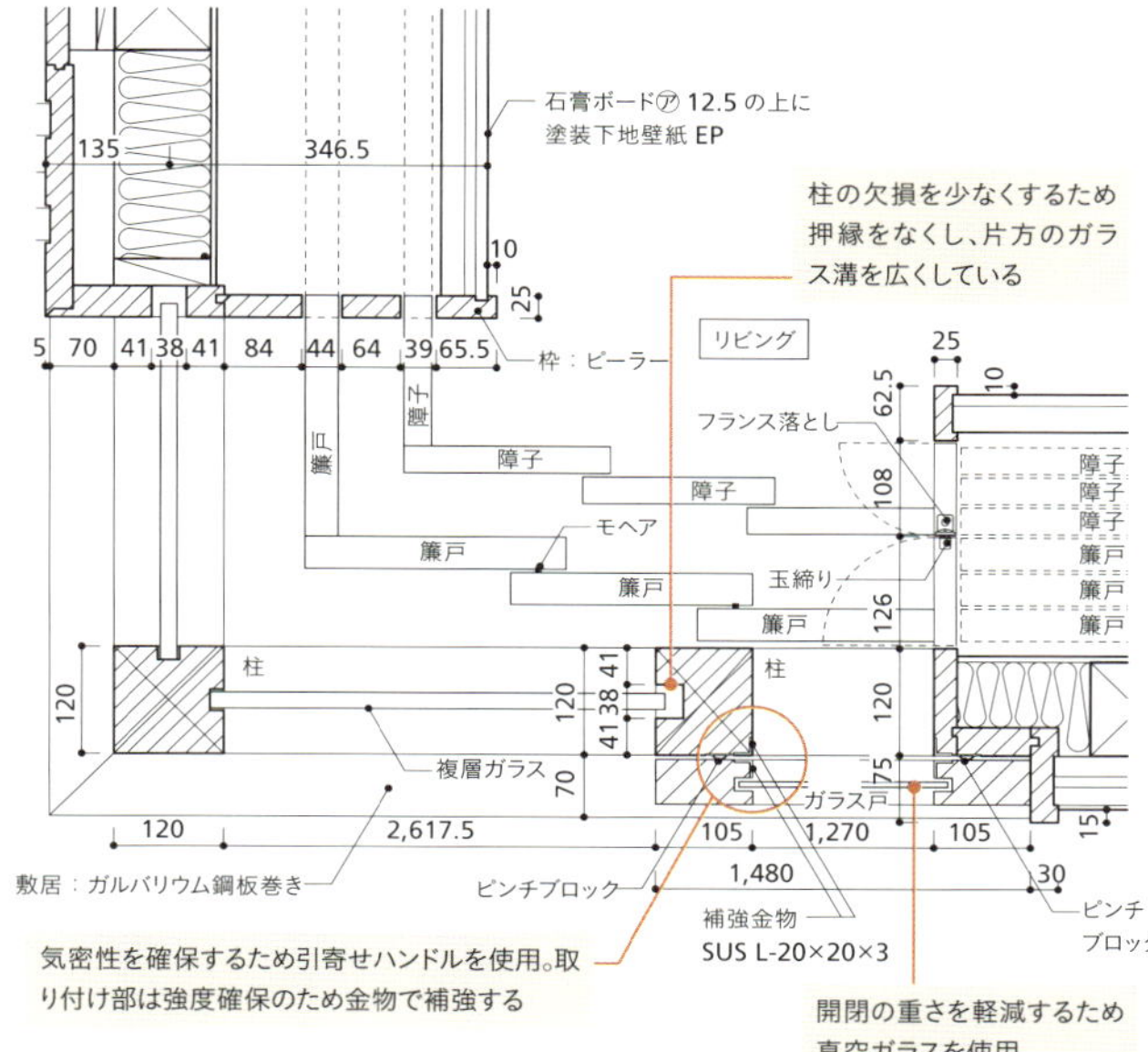

平面詳細図 [S=1：15]

上野毛の家／村田淳建築研究室　写真：田中宏明＋田中宏明写真工房

サッシの存在を消してしまう大開口

サッシを戸袋に納める

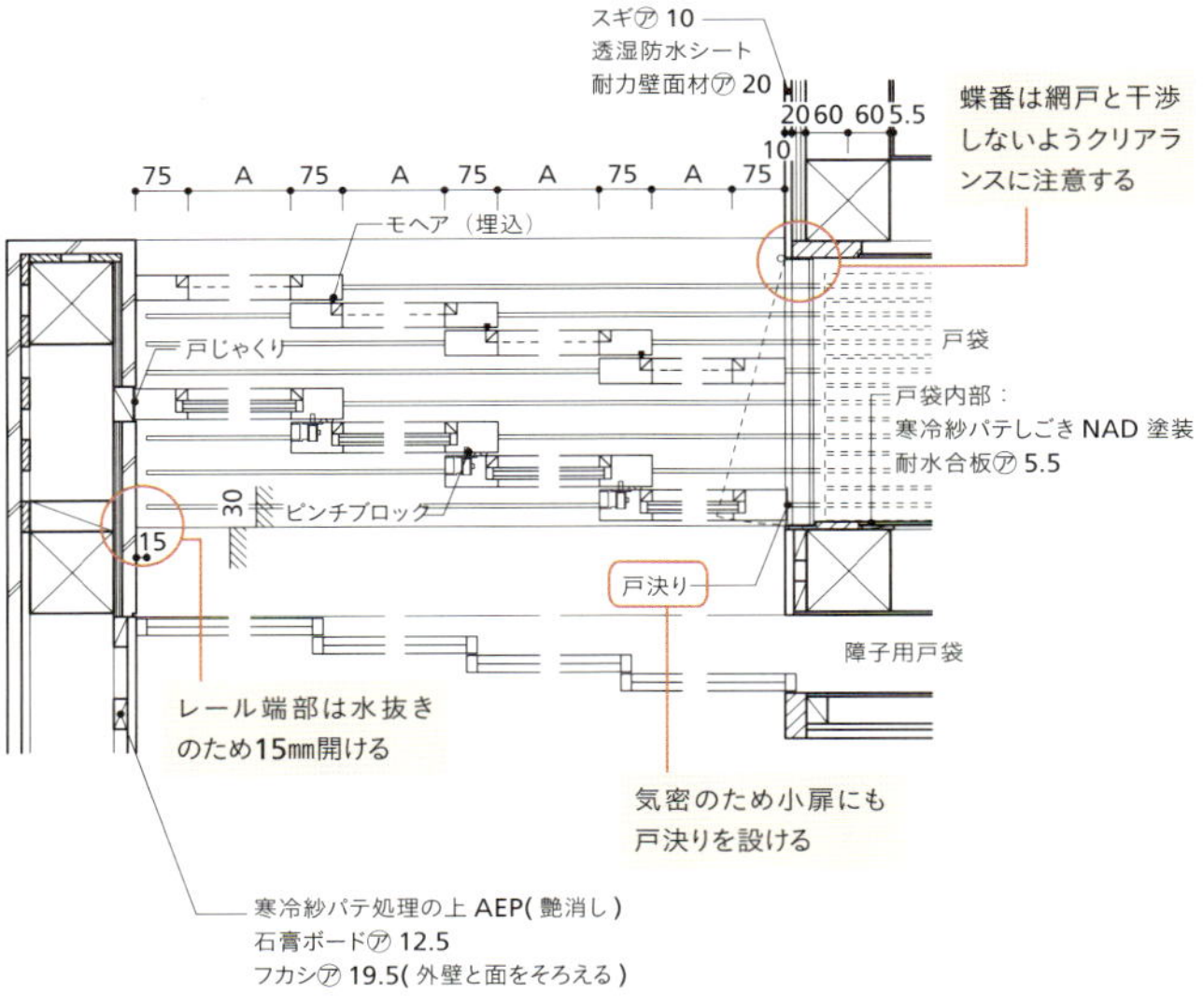

平面詳細図 [S=1：20]

4枚のサッシ、4枚の網戸をすべて戸袋に収納する大開口。内部と外部が文字どおり一体となり、開放感をもたらしている。一般的に、大開口は敷居レールが長くなるため、取り付けの際、レールごとの間隔調整に注意が必要である。ここでは、全ねじボルトを使用してレール設置の際に微調整を行っている。サッシや網戸など建具の数が増えると、戸袋のスペースも大きくなる。そのため、水抜きを設けるといった配慮も必要になる。

浜北の家／石井秀樹建築設計事務所　写真：鳥村鋼一

主張しない引戸

引戸は片側に寄せる

15尺の大きな開口部に対し、4枚の建具を設けた事例。建具を片側に引き寄せてその存在感を消し、外部との一体感を生んでいる。できるだけすっきりした開口部にするため、枠は四方とも見せない納まりにしている。網戸は1枚とし、虫が気になる季節や時間帯には、1カ所だけ開けて通風を確保できるようにしている。

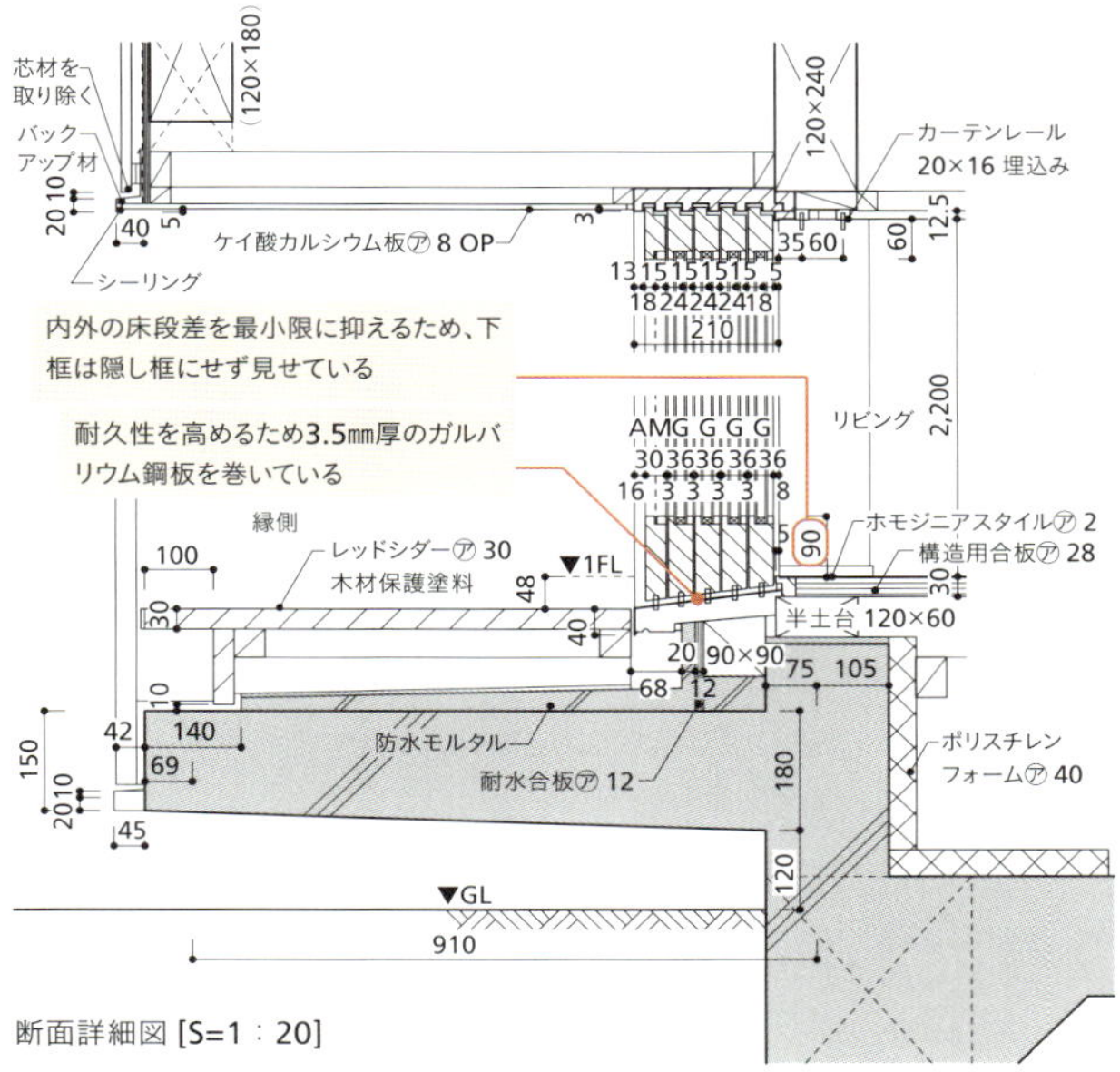

断面詳細図 [S=1：20]

角の浮いた白い家／根來宏典建築研究所　写真：GEN INOUE

建具の存在が消えるコーナー窓

建具はそれぞれ戸袋に引き込む

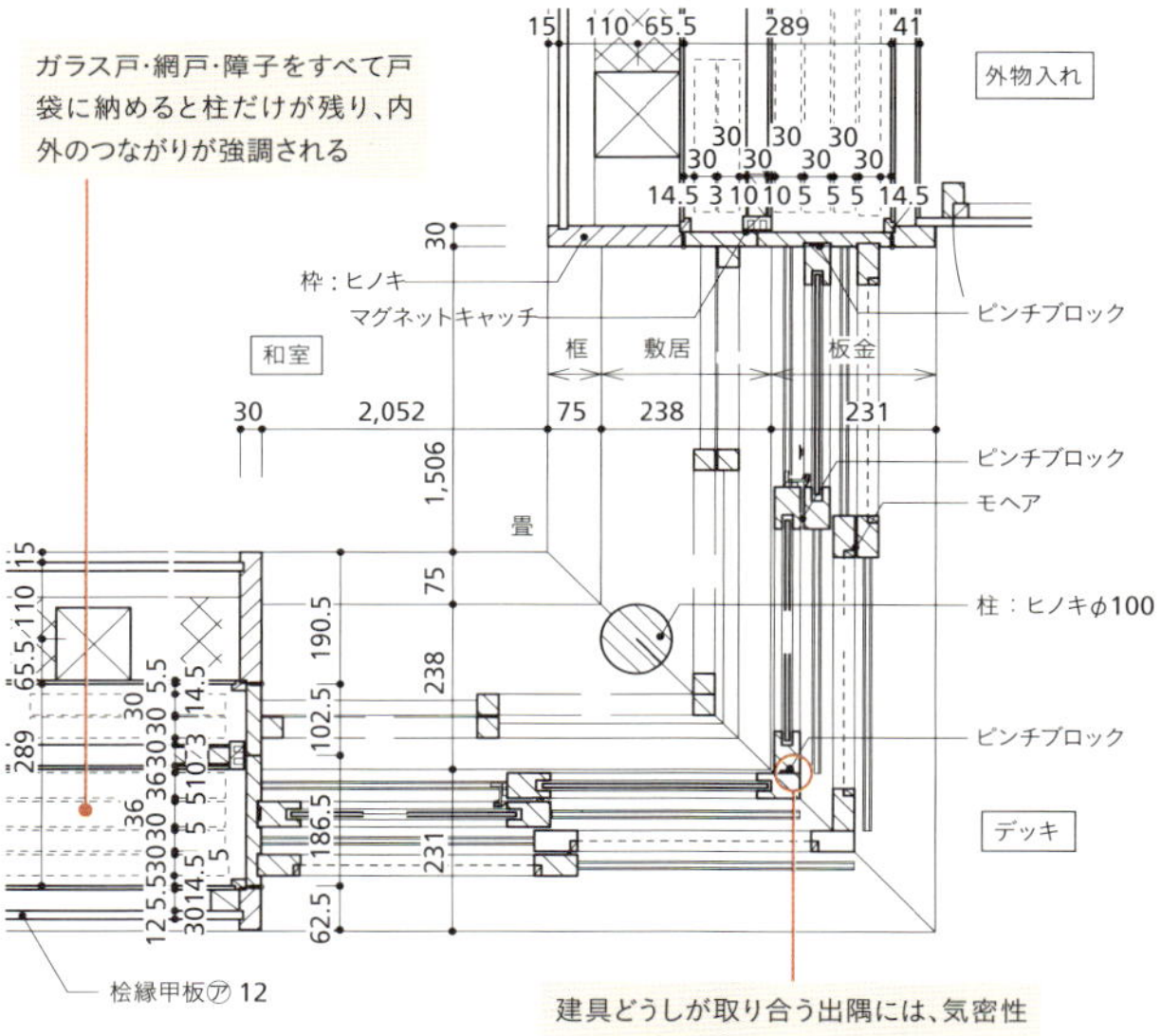

ガラス戸・網戸・障子をすべて戸袋に納めると柱だけが残り、内外のつながりが強調される
外物入れ
枠：ヒノキ
マグネットキャッチ
和室
框
敷居
板金
畳
ピンチブロック
ピンチブロック
モヘア
柱：ヒノキφ100
ピンチブロック
デッキ
桧縁甲板㋐ 12
建具どうしが取り合う出隅には、気密性向上のためピンチブロックを設ける

平面詳細図 [S=1：20]

コーナーを大きく開け放つことで、内外の一体感を強めた窓。複数種の建具をまとめて戸袋に引き込むことで、出隅部には柱だけが残るようにした。敷居は、水仕舞のためにガラス戸と障子の間に段差を付けるが、パッシブソーラーの暖気を床下から吹き出させるため、さらに框と敷居に段差を付けている。物理的な境がなくなることで、内部と外部が渾然一体となる。

浦和の２つの家／村田淳建築研究室　写真：村田淳建築研究室

閉じた状態でも内外一体の空間が実現する連窓

構造の柱割に合わせて連窓の大開口を計画、サッシを閉じた状態でも内外が一体となる空間を実現した。サッシの存在感を消すために、縦框は柱サイズにそろえて柱で隠している。内外の床、天井に框と同寸の段差を設け、室内から上下の框が見えないようにしている。連窓の端部はFIXとして枠を壁に埋め込み、内外の壁を連続させている。サッシの存在感を消すさまざまな工夫によって、内外一体の空間が実現した。

柱の割付けを利用する

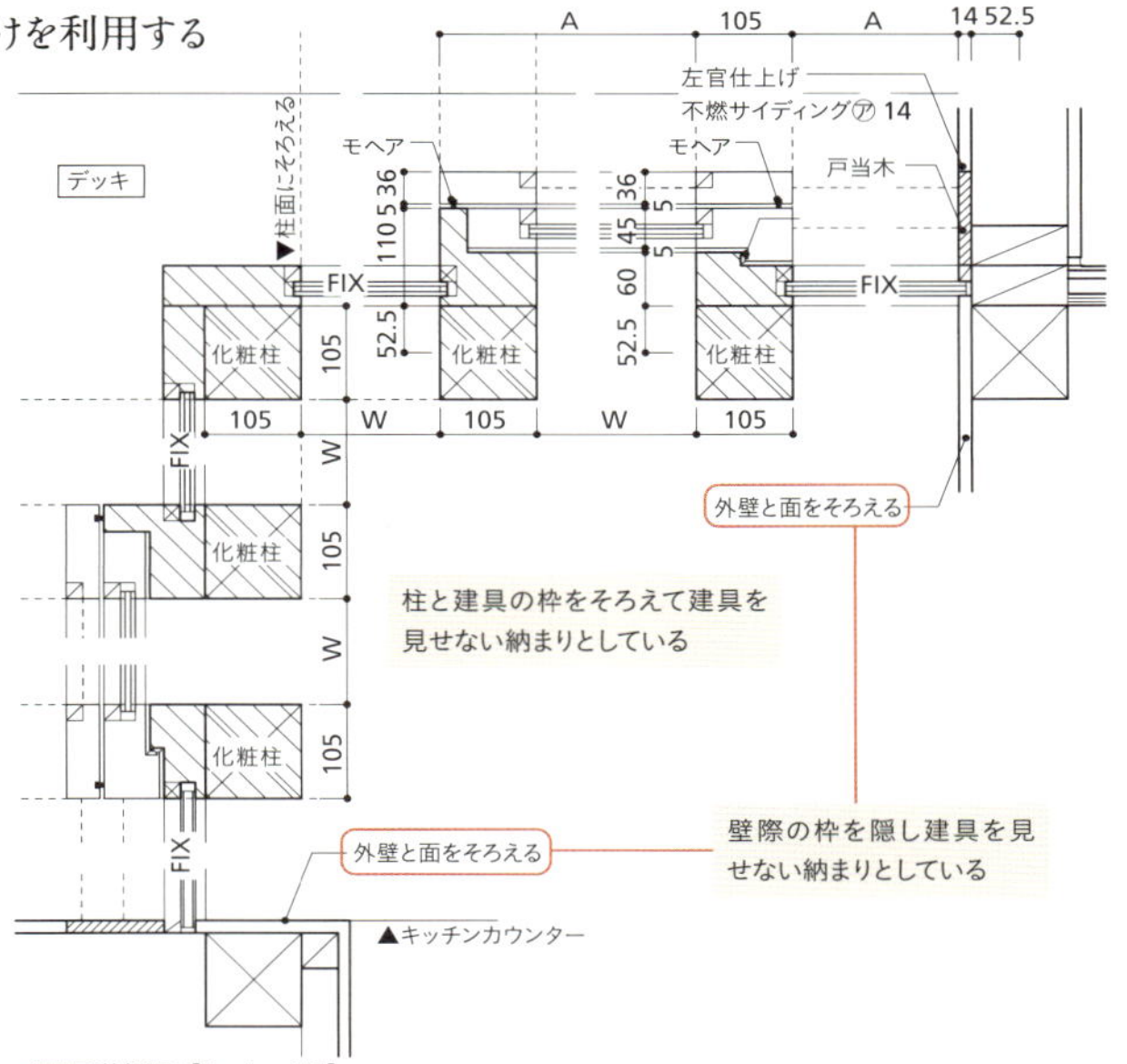
A
105
A
14
52.5
左官仕上げ
不燃サイディング㋐14
モヘア
戸当木
デッキ
▼柱面にそろえる
FIX
化粧柱
110
5
36
52.5
45
60
W
外壁と面をそろえる
柱と建具の枠をそろえて建具を見せない納まりとしている
壁際の枠を隠し建具を見せない納まりとしている
▲キッチンカウンター

平面詳細図 [S=1：15]

鶴ヶ島の家／石井秀樹建築設計事務所 写真：鳥村鋼一

木製ルーバーで意匠性と防犯性を高める

開口部より大きな竪格子でアルミサッシを隠す

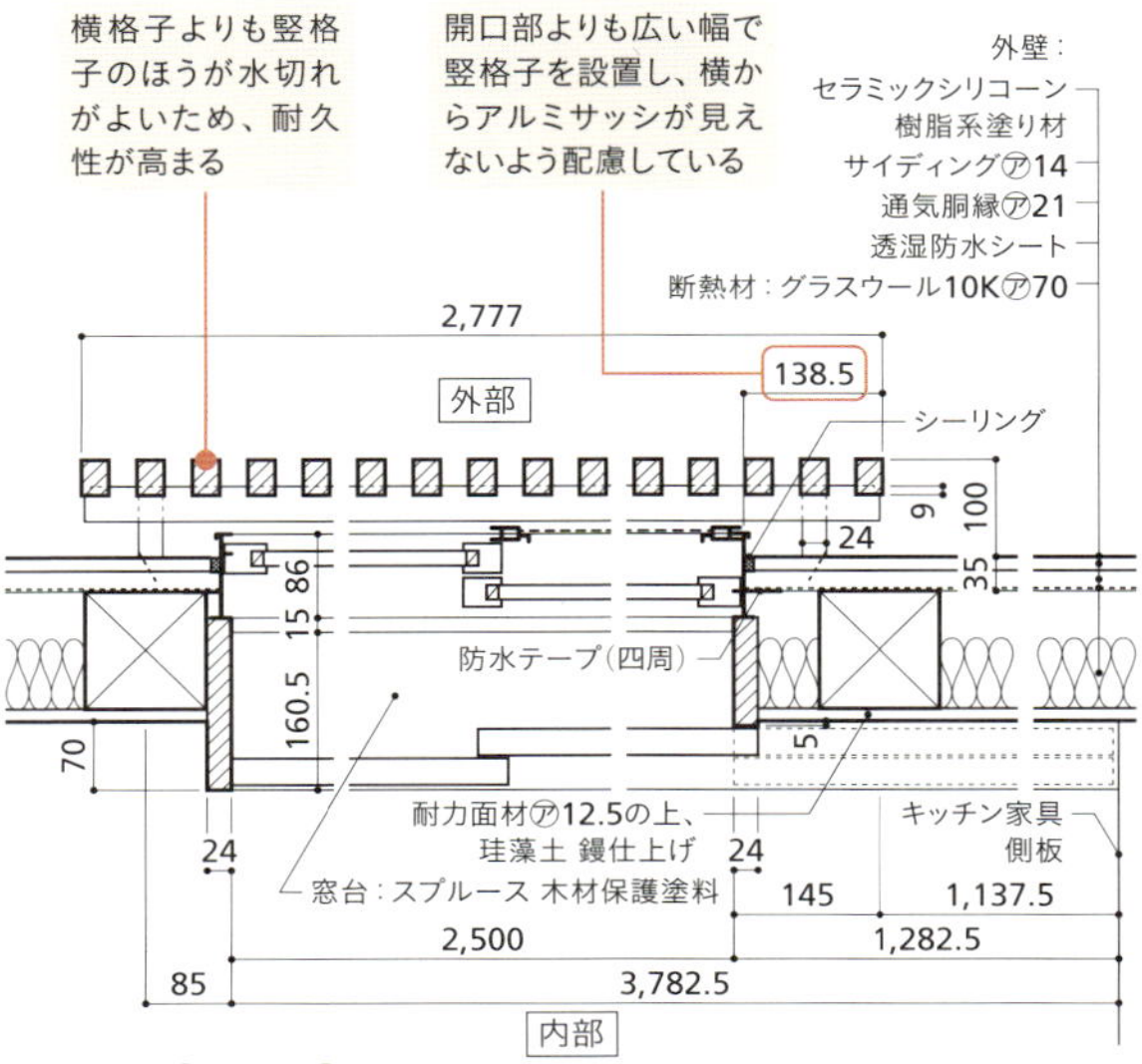

平面詳細図［S=1：15］

固定ルーバーは意匠的に美しいだけでなく、防犯性を高め、採光や通風も確保できる。気密性や耐久性でアルミサッシを選びがちだが、木製ルーバーを用いたことで柔らかな印象のファサードとなり、街並みとの調和を図ることもできた。

対岳荘／根來宏典建築研究所　写真：上田宏

シンメトリーな開口部でファサードをまとめる

まとまった印象のファサードとするため、シンメトリーに配置した個室の開口部を、枠で一体として見せている。ガラリ戸は、使わない時は中央に引き寄せておく。室内のブラインドだけでなく外側にもガラリ戸を設置することで、厳しい西日をやわらげ、熱負荷を軽減している。

ガラリ戸で熱の侵入を防ぐ

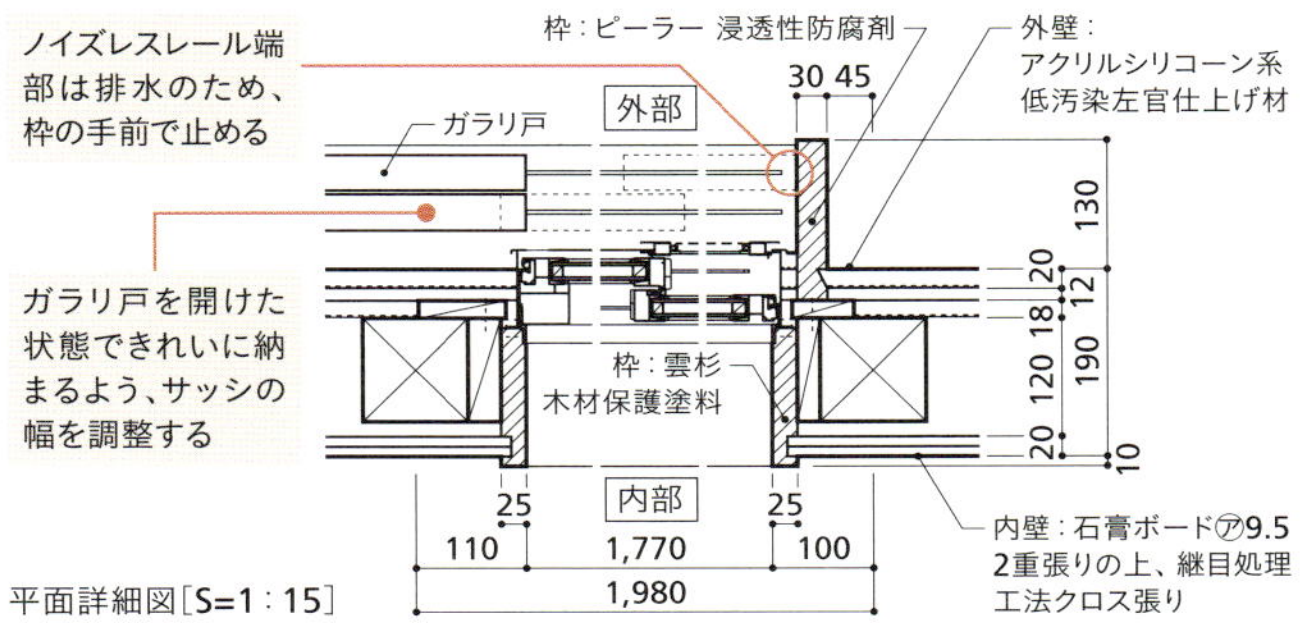

平面詳細図［S=1：15］

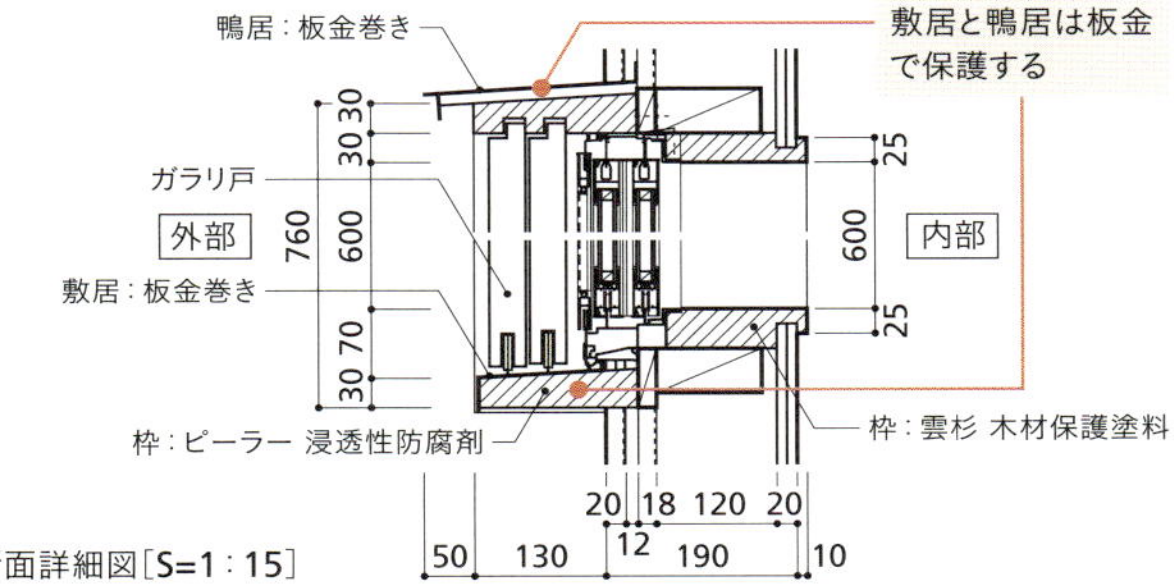

断面詳細図［S=1：15］

北町の方形／村田淳建築研究室　写真：村田淳建築研究室

エキスパンドメタルで通風と採光を得る

可動式エキスパンドメタルの吊り引戸を用いる

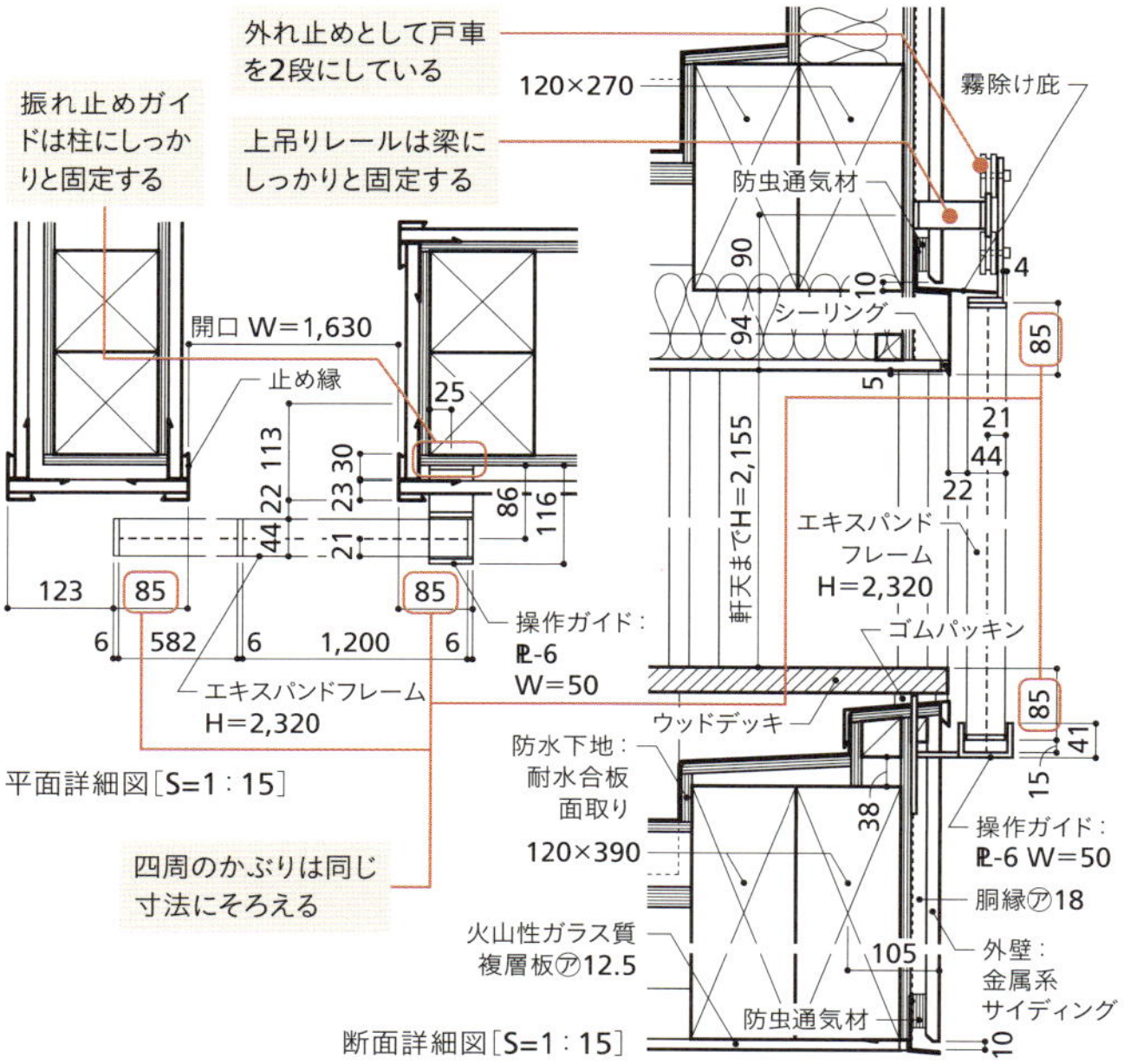

2階バルコニーの開口部にエキスパンドメタルの吊り引戸を設け、プライバシーの保護と採光・通風を両立している。日中は室外のほうが明るいため、室内の様子は見えない。また、大きな荷物の搬入・搬出時には、引戸を開閉して作業を行える。

うなぎの寝床／根來宏典建築研究所　写真：上田宏

ピクチャーウィンドウと通風窓は両立できる

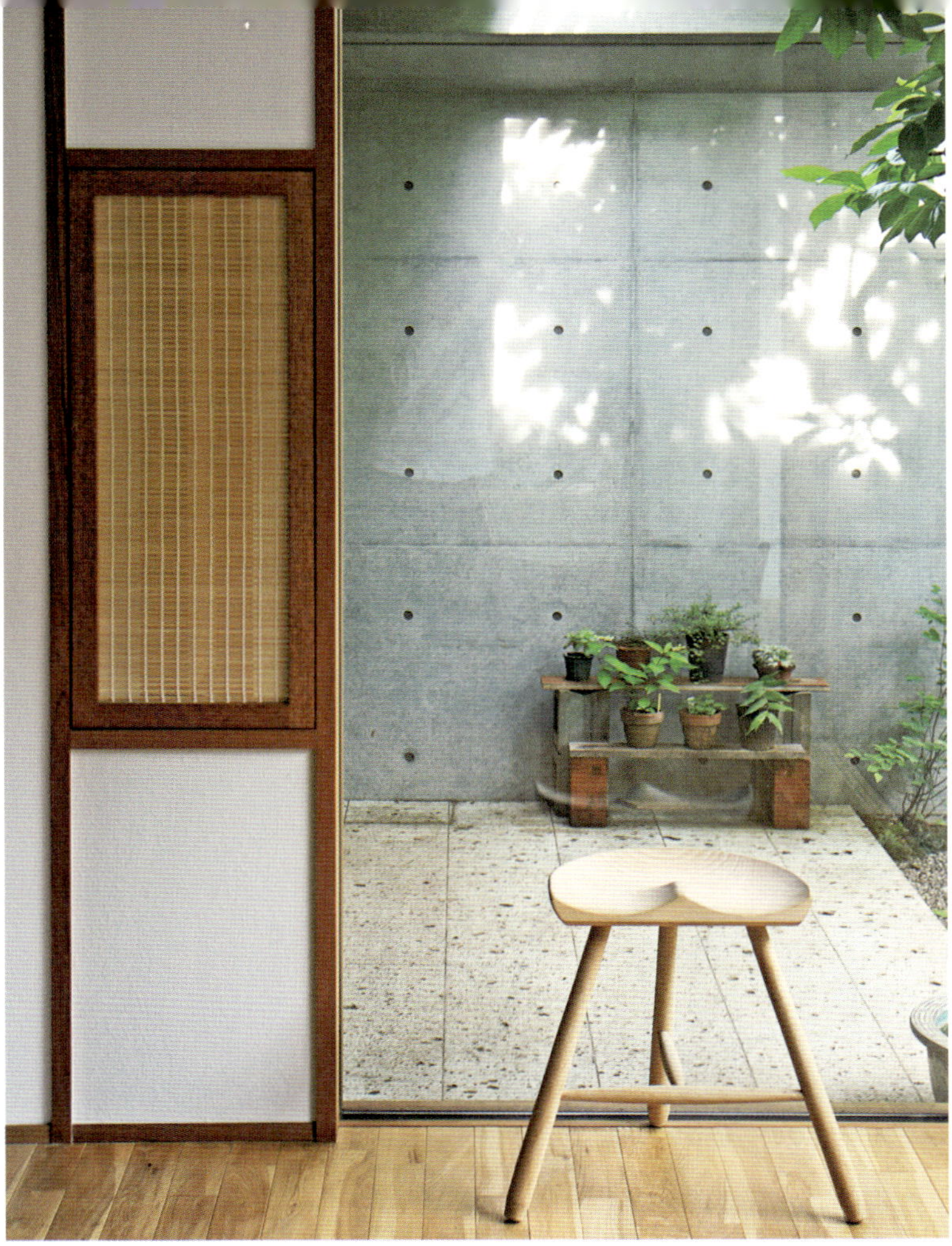

「庭の風景を楽しむ」ためのはめ殺し窓と、「通風」のための簾戸の組み合わせ。窓の機能を分けて考え、再構成している。簾戸は外壁と一体になるフラッシュ戸と組み合わせて使う。通風時には内側の簾戸を網戸として使用する。

FIX窓と簾戸を組み合わせる

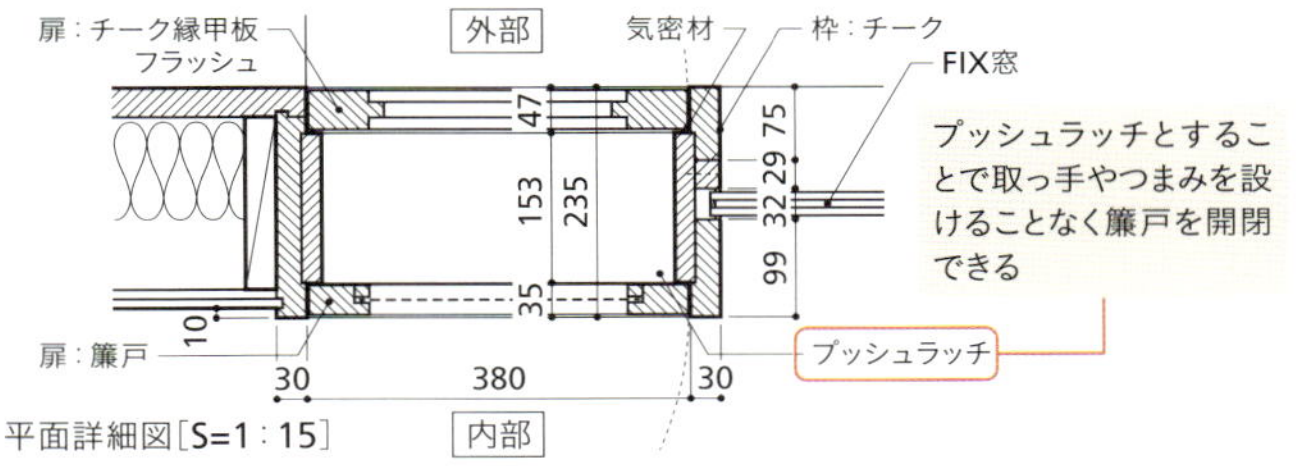

平面詳細図［S＝1：15］

深い軒の下にあるため、あえて鴨居と敷居に板金を巻かないことでチーク張りの壁と一体感を出している

プッシュラッチとすることで取っ手やつまみを設けることなく簾戸を開閉できる

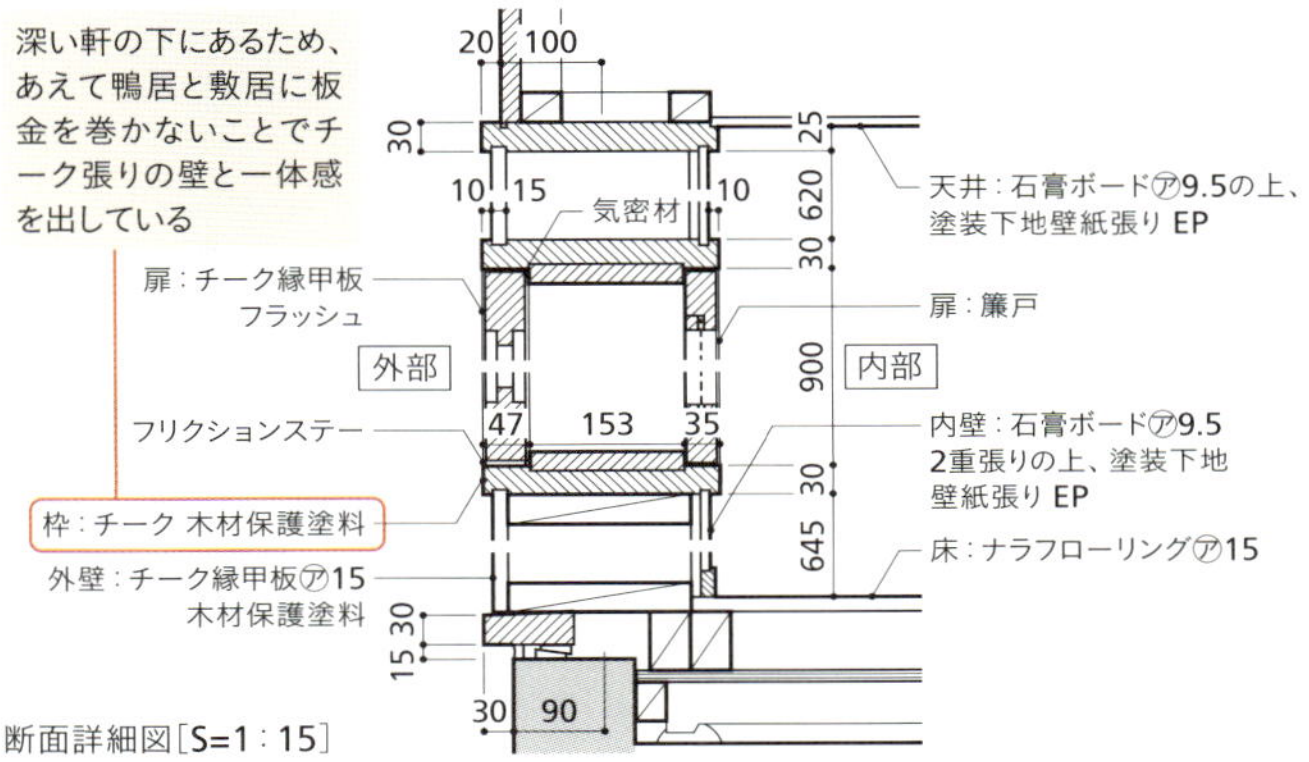

断面詳細図［S＝1：15］

桜新町・緑庭の平屋／村田淳建築研究室　写真：村田淳建築研究室

眺望と通風を両立した大開口

FIX窓と縦辷り出し窓を組み合わせる

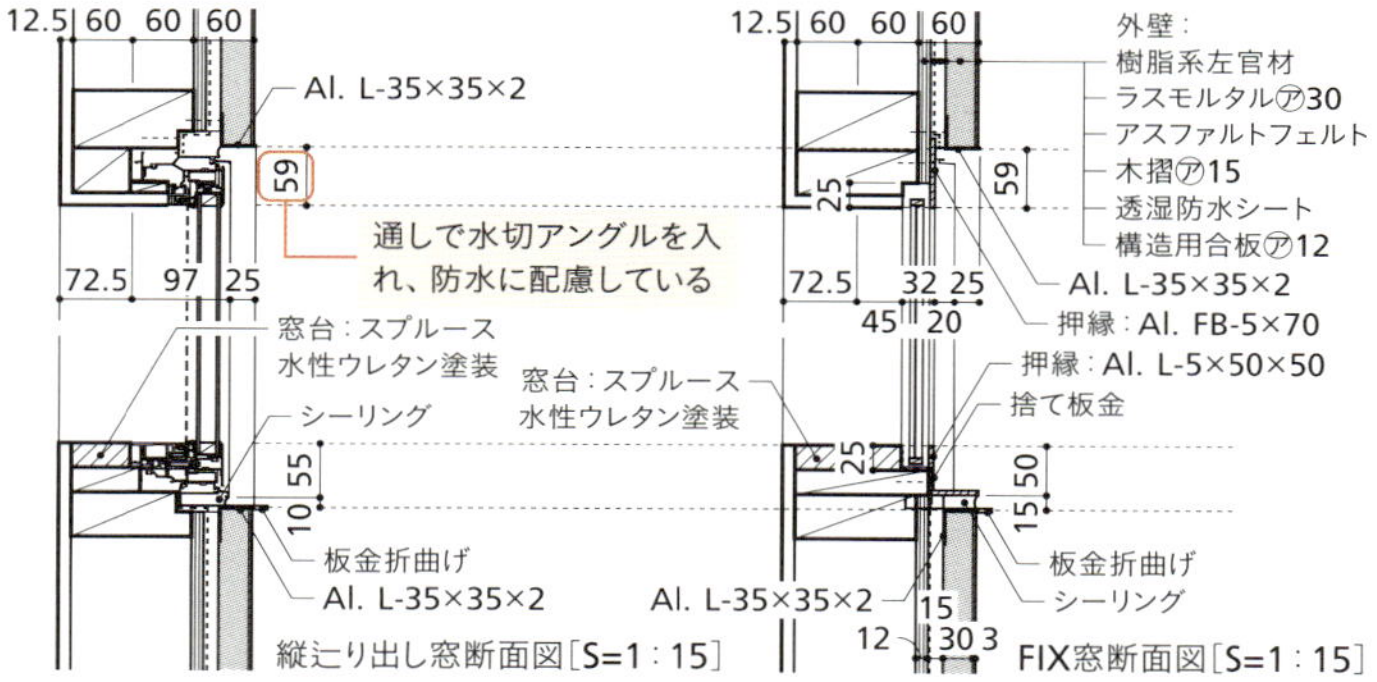

縦辷り出し窓断面図［S=1：15］

FIX窓断面図［S=1：15］

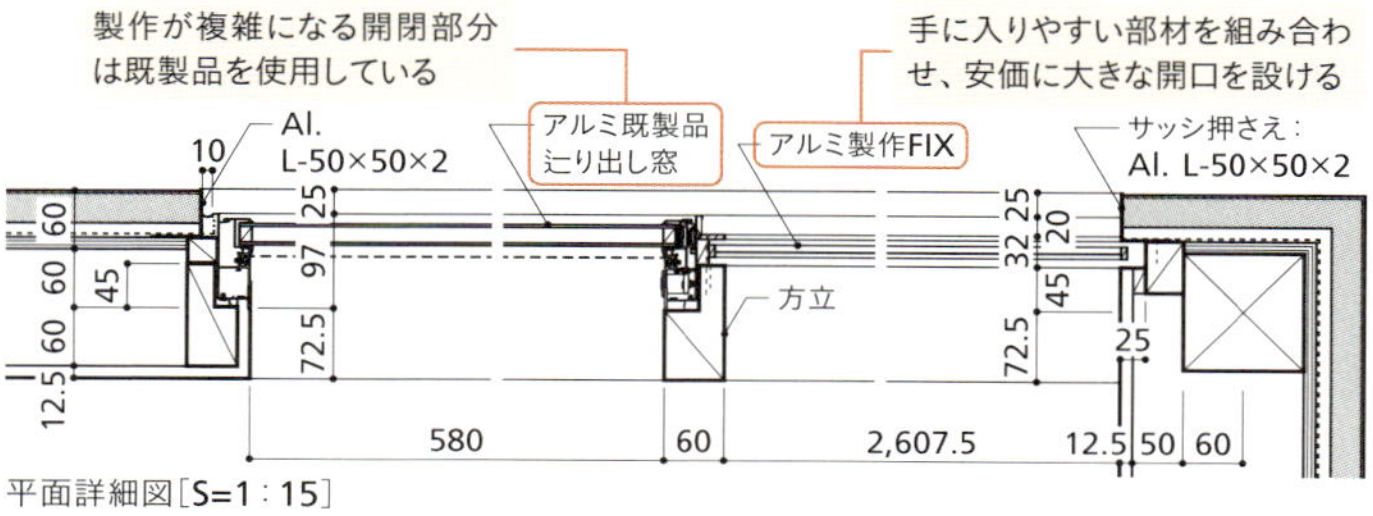

平面詳細図［S=1：15］

「採光・眺望」のためのFIX窓と、「通気」のための縦辷り出し窓を組み合わせ、大開口としている。フレームが視界を妨げないようFIX部はアルミ製作とした一方で、縦辷り出し窓は気密性・操作性を考慮して既製品のアルミサッシを採用している。

鷺沼の家／石井秀樹建築設計事務所　写真：鳥村鋼一

視線の抜けをつくるハイサイドライト

袖壁・垂壁を設けずガラスを納める

外壁の仕上げを室内まで帯状に連続させて、内外の空間が逆転したかのように見せるため、ガラスのフレームを隠している。開口部は、台形のガラスとなっており、下辺は斜めになっているので、現場での調整代は少なく、慎重に採寸を行う必要がある。また、高窓のため、結露水は水抜き孔を設けて、外へと排水できるように配慮している。

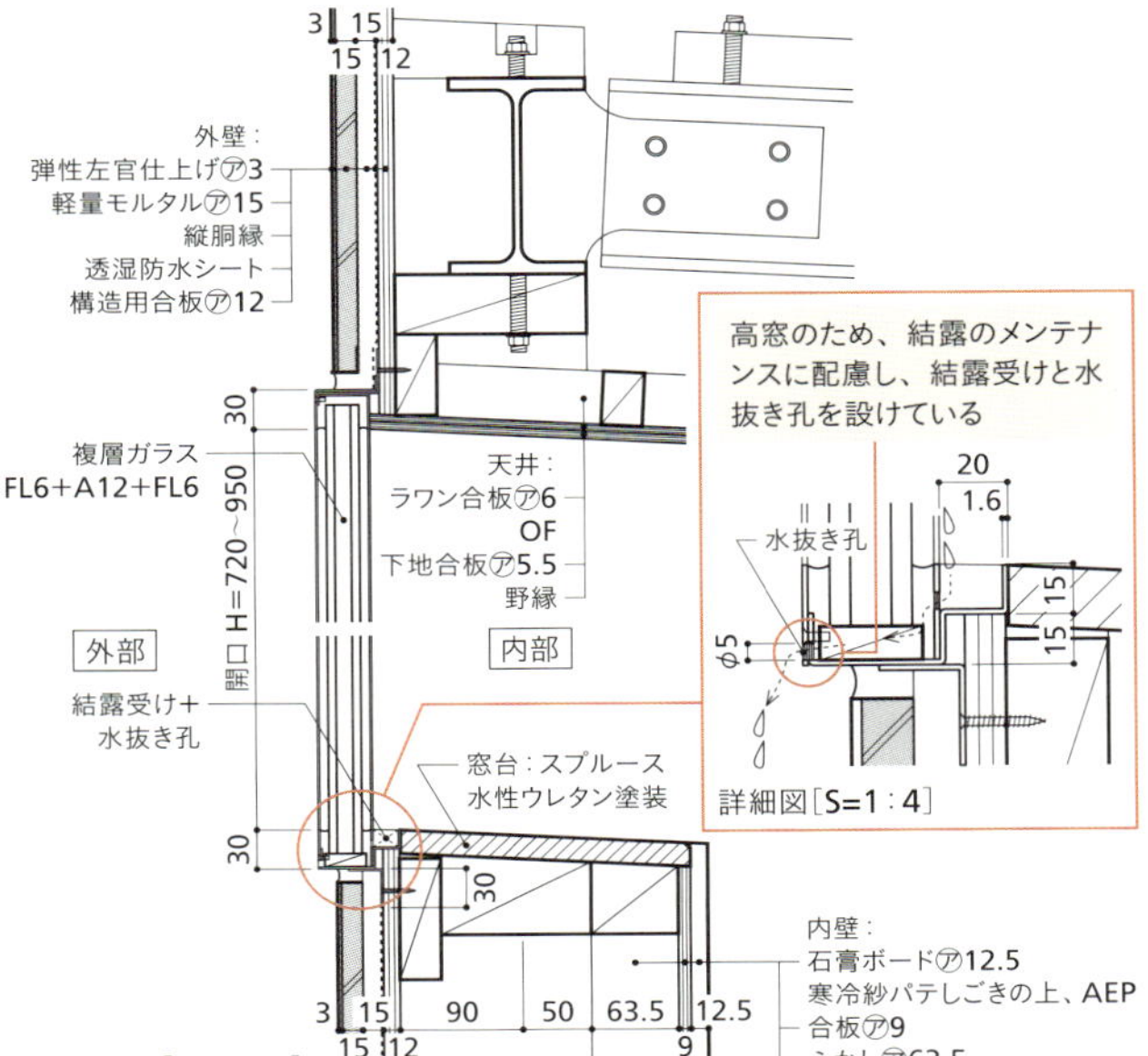

3
15
15
12
外壁：
弾性左官仕上げ㋐3
軽量モルタル㋐15
縦胴縁
透湿防水シート
構造用合板㋐12
30
複層ガラス
FL6+A12+FL6
開口H=720～950
天井：
ラワン合板㋐6
OF
下地合板㋐5.5
野縁
外部
内部
結露受け+
水抜き孔
窓台：スプルース
水性ウレタン塗装
30
30
高窓のため、結露のメンテナンスに配慮し、結露受けと水抜き孔を設けている
20
1.6
水抜き孔
φ5
15
15
詳細図[S=1：4]
内壁：
石膏ボード㋐12.5
寒冷紗パテしごきの上、AEP
合板㋐9
ふかし㋐63.5
3
15
90
50
63.5
12.5
15
12
9

断面詳細図[S=1：10]

東村山の家／石井秀樹建築設計事務所　写真：鳥村鋼一

道路に面した採光窓

切り込んだような小さな採光窓を設ける

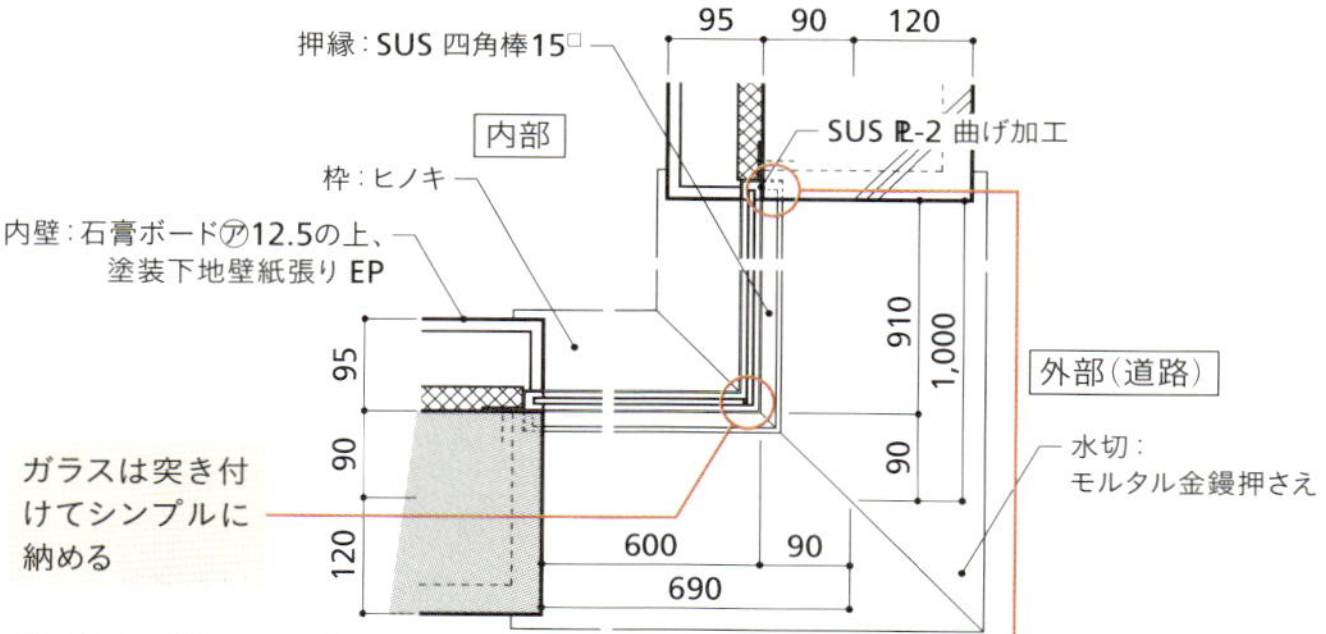

95
90
120
押縁：SUS 四角棒15□
内部
SUS ℙ-2 曲げ加工
枠：ヒノキ
内壁：石膏ボードⓅ12.5の上、
塗装下地壁紙張り EP
910
1,000
外部（道路）
95
90
120
ガラスは突き付けてシンプルに納める
90
水切：
モルタル金鏝押さえ
600
90
690
外部（ポーチ）

平面詳細図[S=1：15]

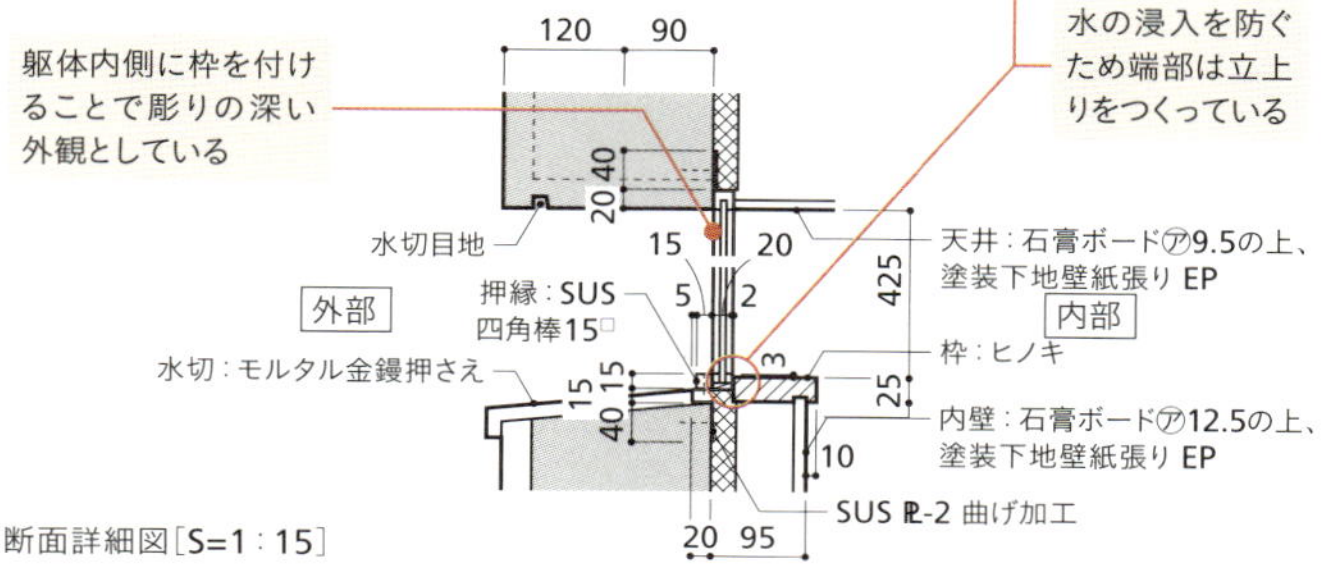

120
90
躯体内側に枠を付けることで彫りの深い外観としている
水の浸入を防ぐため端部は立上りをつくっている
40
20
水切目地
15
20
天井：石膏ボードⓅ9.5の上、
塗装下地壁紙張り EP
押縁：SUS
四角棒15□
5
2
425
外部
内部
3
枠：ヒノキ
水切：モルタル金鏝押さえ
15
15
40
25
内壁：石膏ボードⓅ12.5の上、
塗装下地壁紙張り EP
10
SUS ℙ-2 曲げ加工
20
95

断面詳細図[S=1：15]

道路に面した和室の採光窓。プライバシーを考慮した大きさのエッチングガラスを使用したため、柔らかな光が入る。臨海地区のため、枠はステンレスとし、来客の視線が道路から玄関ポーチへと誘われるようにL形とした。常時利用する部屋ではないので、シングルガラスを採用し、コーナーは突付けでシンプルに納めている。

中海岸のコートハウス／村田淳建築研究室　写真：村田淳建築研究室

空間を緩やかに区分する

二世帯住宅の共有アプローチから両世帯のプライベートエリアを緩やかに区分するため、格子戸を設けた事例。格子戸で空間を緩やかに区分している。ルーバー部材の寸法と取り付けピッチは、視線・風・光の透過具合で決定した。ルーバーの最大の魅力は、寸法やピッチを調整することで空間の共有度合を変えられる点。ルーバーの透過方向に対して建物の開口を直交させ、共有部からの視線が室内に通らないよう配慮した。

格子の引戸を設ける

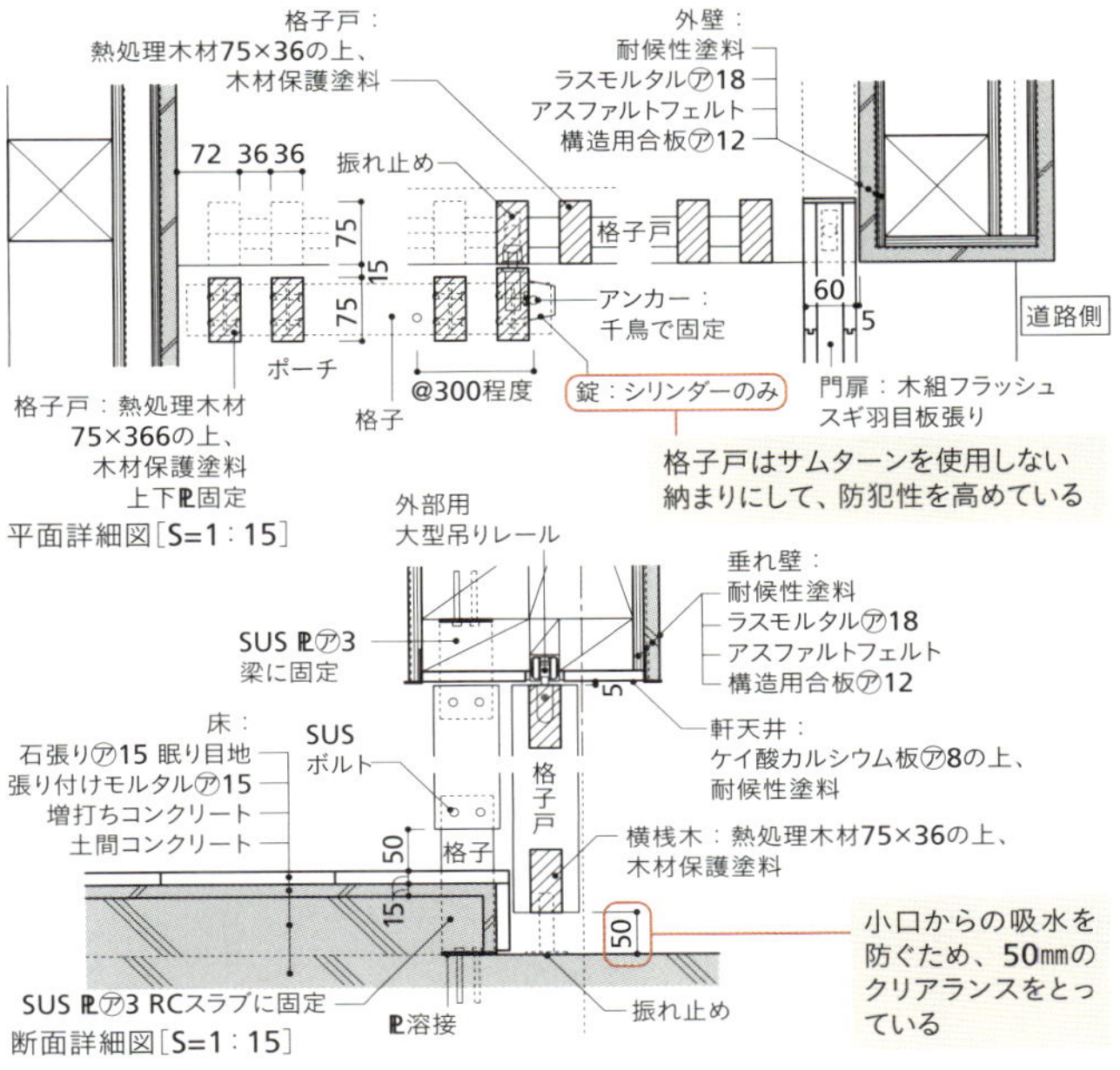

平面詳細図［S=1：15］

断面詳細図［S=1：15］

砧の家／石井秀樹建築設計事務所　写真：鳥村鋼一

コートハウスの中庭に通風を確保する

中庭に植栽を施す場合には、蒸れを防ぐため、四方の壁のうち一辺を開けられるようにし、通風を確保するとよい。ここでは、一辺を引違いの格子戸とすることで、通風を確保しつつ、隣家の通路からの視線を防いでいる。植栽の手入れを植木屋に依頼する場合、職人は、通常外から庭に直接出入りするため、その際の出入口としても機能する。格子戸は耐久性を考慮して鋼製建具とした。

上部のみ格子の引戸を用いる

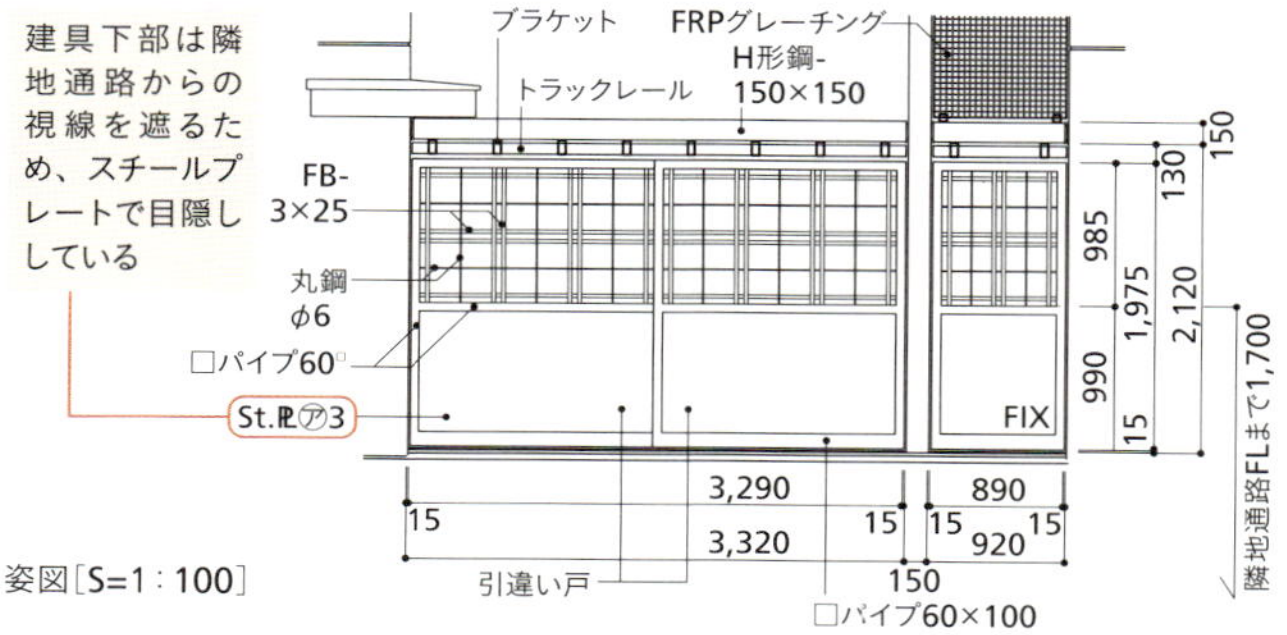

姿図[S=1：100]

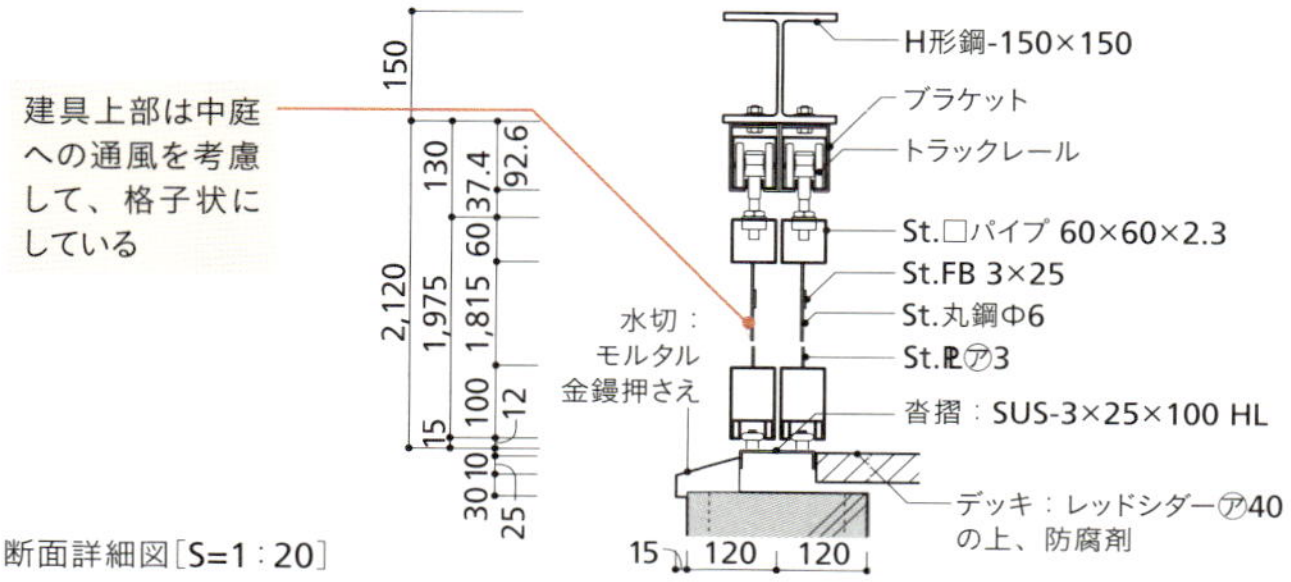

断面詳細図[S=1：20]

中海岸のコートハウス／村田淳建築研究室　写真：村田淳建築研究室

電動ロールスクリーンを天井に仕込む

奥行きのあるリビングの採光を確保するために大きなハイサイドライトを設けた。ガラス面では冬期にコールドドラフトが発生するので、ガイド付きのロールスクリーンを設けて空気の動きの抑制を試みている。また、高所に設置しているため電動として、操作性にも配慮している。

ロールスクリーンで空気層をつくる

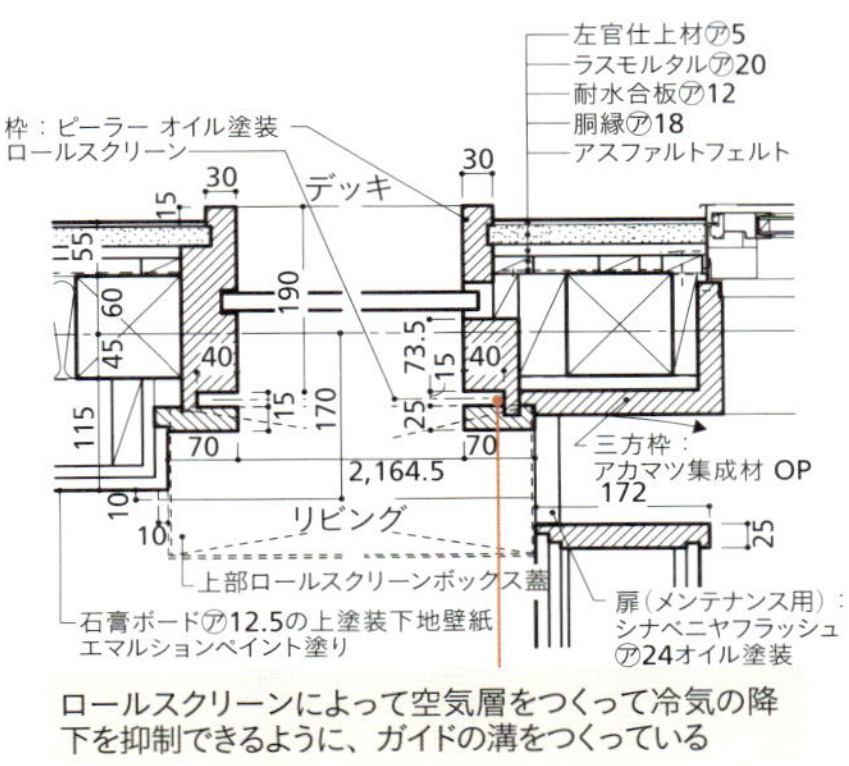

平面図［S＝1：15］

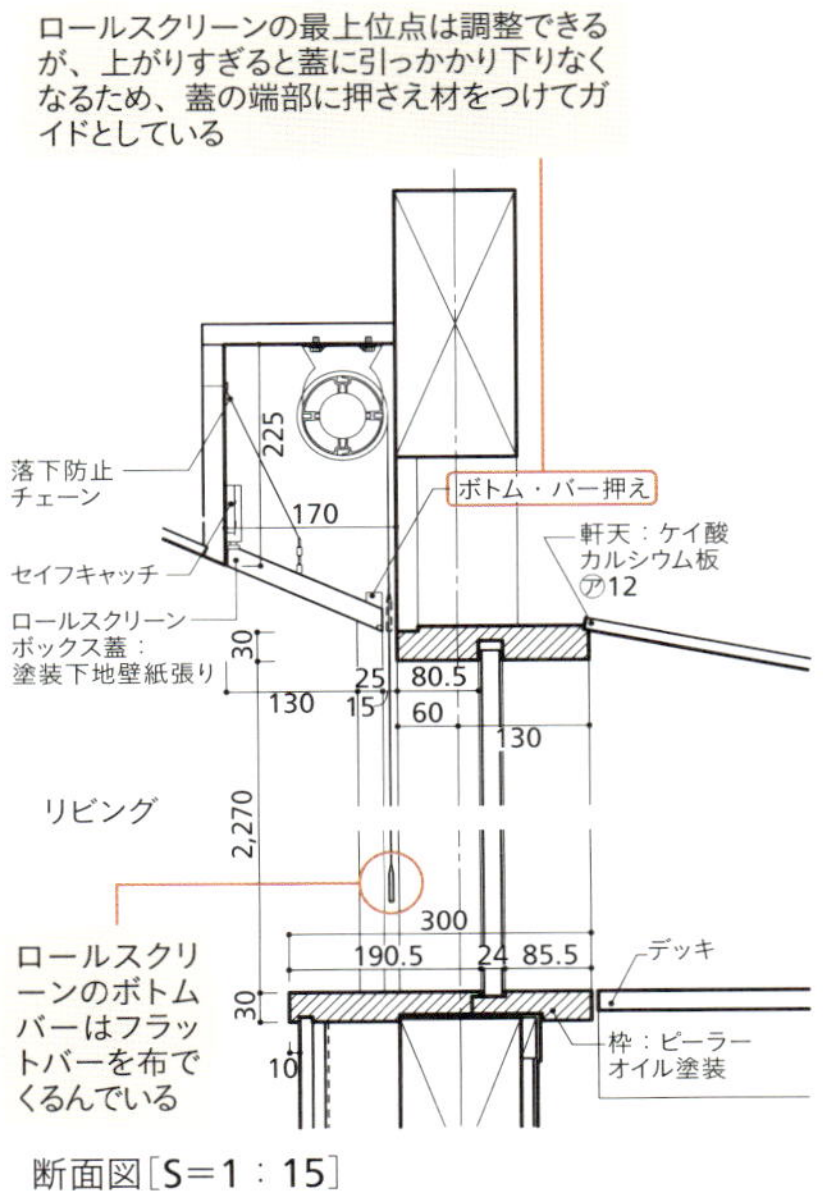

断面図［S＝1：15］

上野毛の家／村田淳建築研究室　写真：村田淳建築研究室

ロールスクリーンの存在が消えたFIX窓

凹状のロールスクリーンボックスを設ける

ロールスクリーンの存在感を消すために凹状につくったロールスクリーンボックス。天井の仕上材をそのまま内部まで連続させている。取付けのためにビスの効く下地（構造用合板）とする

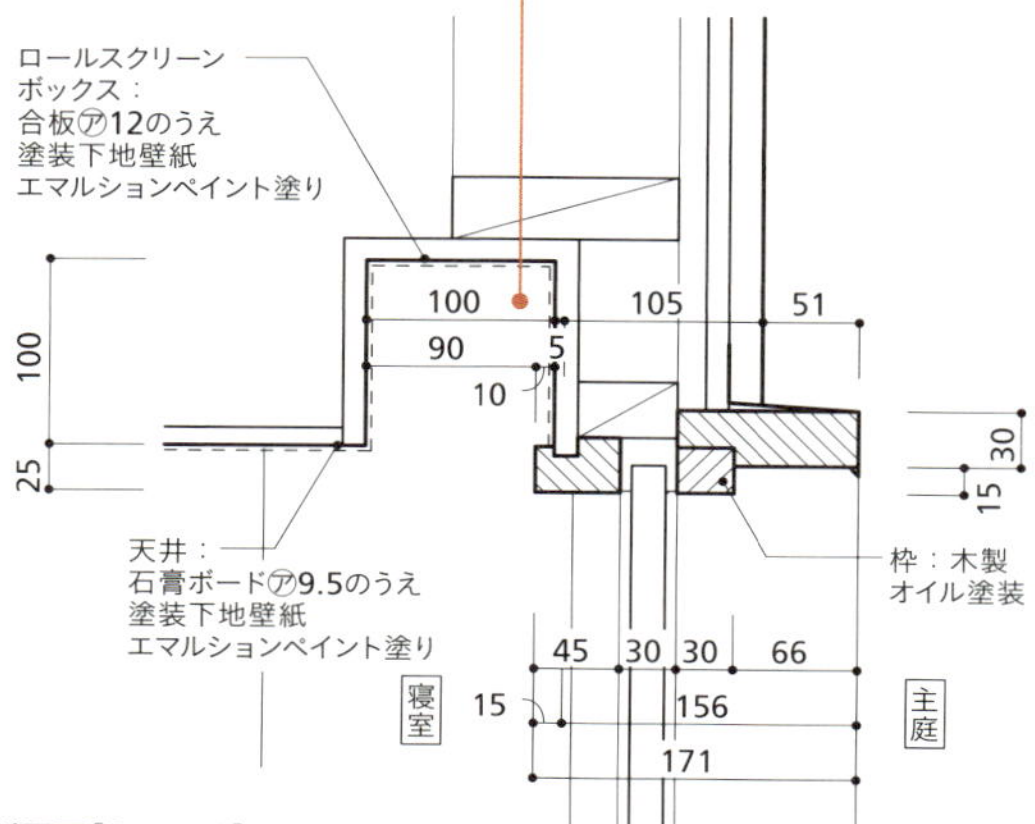
ロールスクリーンボックス：
合板㋐12のうえ
塗装下地壁紙
エマルションペイント塗り
100
25
100
105
51
90
5
10
30
15
天井：
石膏ボード㋐9.5のうえ
塗装下地壁紙
エマルションペイント塗り
枠：木製
オイル塗装
45
30
30
66
15
156
171
寝室
主庭

断面図［S＝1：8］

植栽を眺めるピクチャーウィンドウは、余分な要素を排してシンプルにしたい。庭に面した寝室のFIX窓は緑を楽しむピクチャーウィンドウであり天井内にボックスを設けて収納時に隠れるようにすることで余分な線の見えないシンプルな窓としている。

荘子田の家／村田淳建築研究室　写真：村田淳建築研究室

勾配のある天井で ロールスクリーンの存在を消す

蓋で隠す

美しい眺望を望むため、天井・壁いっぱいに開口部を設置した。眺望の妨げにならないよう、余分な要素は目に入らないよう配慮したい。ロールスクリーンとプロジェクターのスクリーンは天井面に納めているが、天井が勾配で下がっているので、スクリーンボックスの掘り込み自体が目についてしまう。そこで、スクリーンボックスに蓋をつけて、天井面が連続するように見せた。蓋の金物が露出しないよう、スライド丁番とマグネットキャッチを採用している。マグネットの耐荷重に配慮して蓋を長さ方向に3分割している。

スクリーンの取付けおよび動作に配慮してボックス天板面は水平としている

スライド丁番の動作に配慮して側面は天井面に対して垂直としている

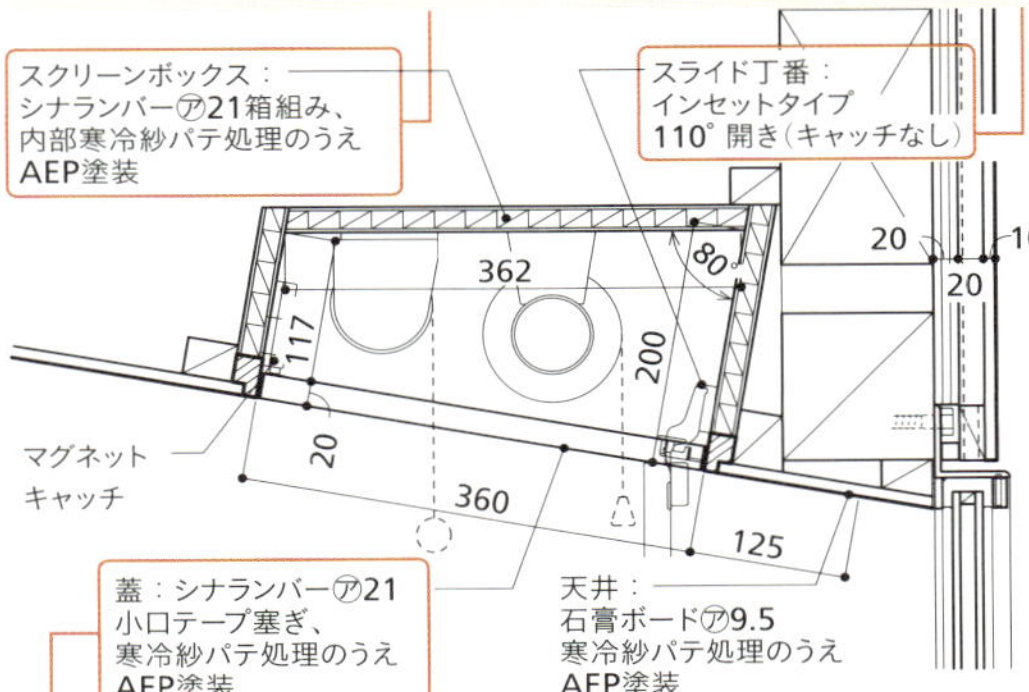
スクリーンボックス：シナランバー㋐21箱組み、内部寒冷紗パテ処理のうえAEP塗装
スライド丁番：インセットタイプ110°開き（キャッチなし）
362
80°
117
200
20
20
10
20
マグネットキャッチ
360
125
蓋：シナランバー㋐21小口テープ塞ぎ、寒冷紗パテ処理のうえAEP塗装
天井：石膏ボード㋐9.5寒冷紗パテ処理のうえAEP塗装

ロールスクリーンはプロジェクタースクリーン使用時の光塞ぎ用のため、普段は使用されない。そこで、普段は天井面をすっきりとさせて、景色をきれいに切り取るように天井面同面納まりの蓋を設けている

断面図［S=1：8］

富士見が丘の家／石井秀樹建築設計事務所　写真：鳥村鋼一

第5章

キッチン・水廻り

空間に広がりをもたらす浴室の設え

床には段差を設ける

洗面・脱衣室と浴室を一体の空間として設え、そのままドライエリアへと連続させることで空間に広がりを与えている。壁・天井・床はそれぞれの仕上げの表情をそろえ、仕切りを強化ガラスとすることで、一体感を高めた。床には水返しとして30㎜の段差を設けている。直接水が流れてこない場合でも、ガラス面についた水滴が流れ落ちるので、ガラスで仕切る場合には床に段差を設ける必要がある。

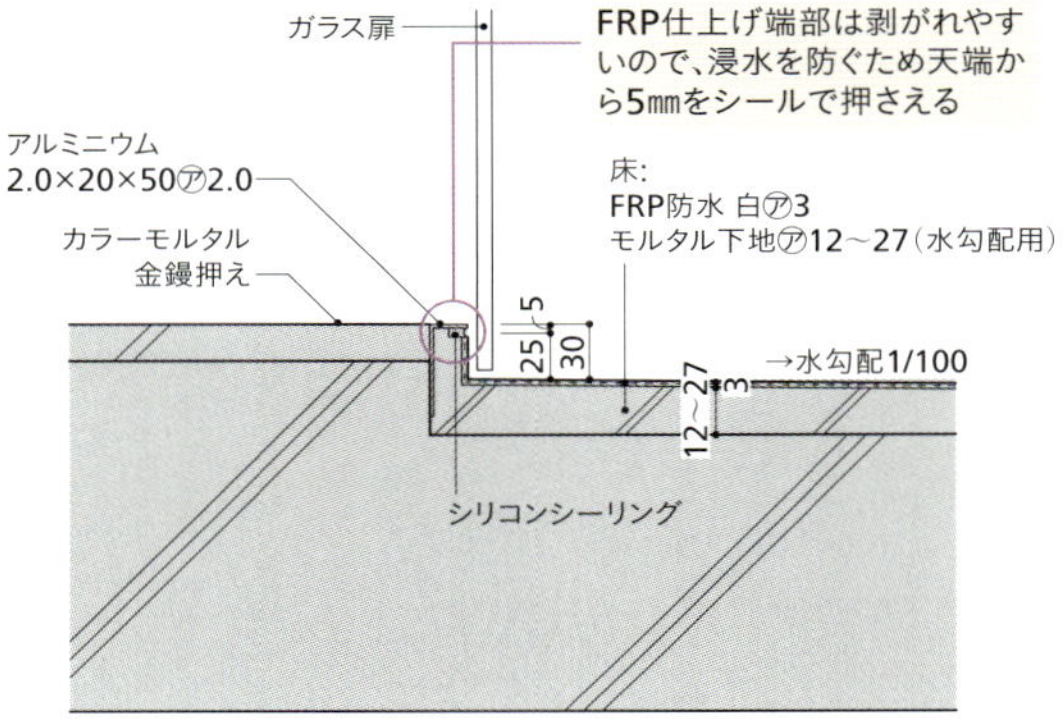

断面図［S=1：8］

所沢の家／石井秀樹建築設計事務所　写真：鳥村鋼一

機能性と借景を両立する洗面収納

鏡収納は洗面台正面に取り付けられる事が一般的だが、正面の坪庭を眺められるように、ここは脇の壁面に埋め込んで計画している。収納扉の裏面が鏡となっているため、収納内部の物を使用する際には扉を開けたまま鏡が使えるので非常に機能性が高い。鏡を張ると扉が重くなるため、扉の垂れ予防としてスライド蝶番を上方に2個所取り付けた。鏡収納の扉高さは、水栓高さとの干渉を見落とすことのないよう注意して設定したい。

鏡収納を壁面に埋め込む

洗面台脇の壁面収納の扉裏面が鏡となっている。洗面使用時には扉を開いて鏡として利用する。収納の内部のものを使用する際は扉が開かれて内部のものが取りだしやすく、同時に鏡を使用するので機能性も高い

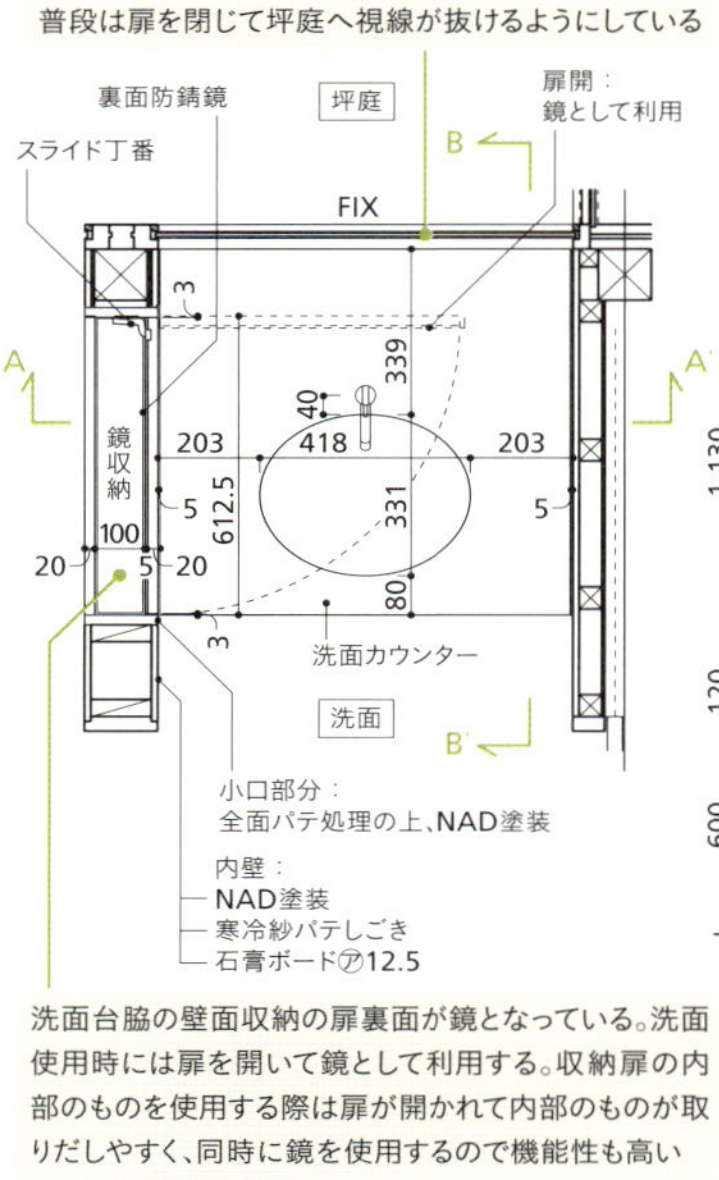

平面図 [S=1：30]　　A-A' 断面図 [S=1：40]　　B-B' 断面図 [S=1：40]

鋸南の家／設計者：石井秀樹建築設計事務所

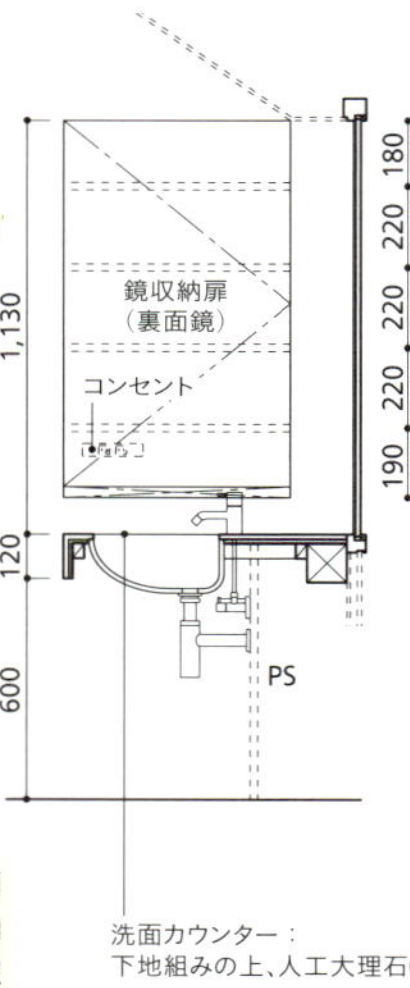

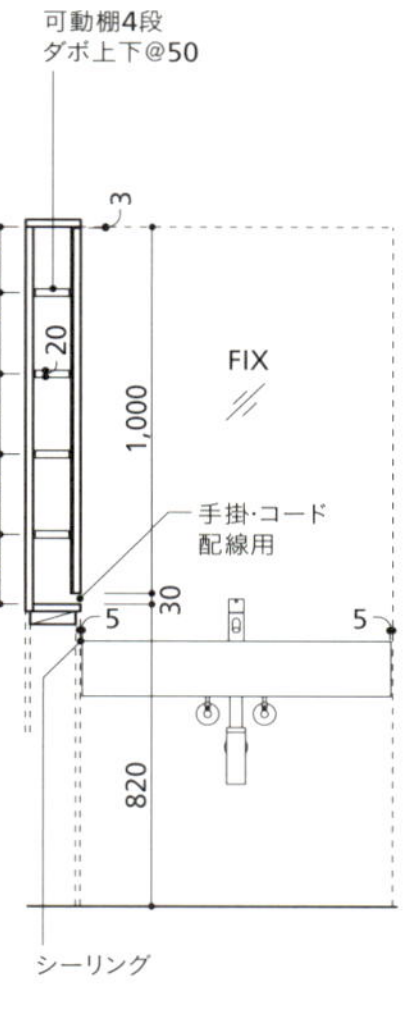

軽やかな印象の洗面収納

小さな空間は、なるべくすっきりと見せたい。本事例では、洗面台下に設けた収納を床から浮かせて軽やかな印象の箱とした。また、扉厚を見せないように、出角部分の扉に留め納まり用のスライド丁番を採用した。カウンターの上がスッキリと片付くように、コンセントを鏡収納の内部に設けて、充電機器が露出しないように配慮している。

鏡収納+洗面台を造り付ける

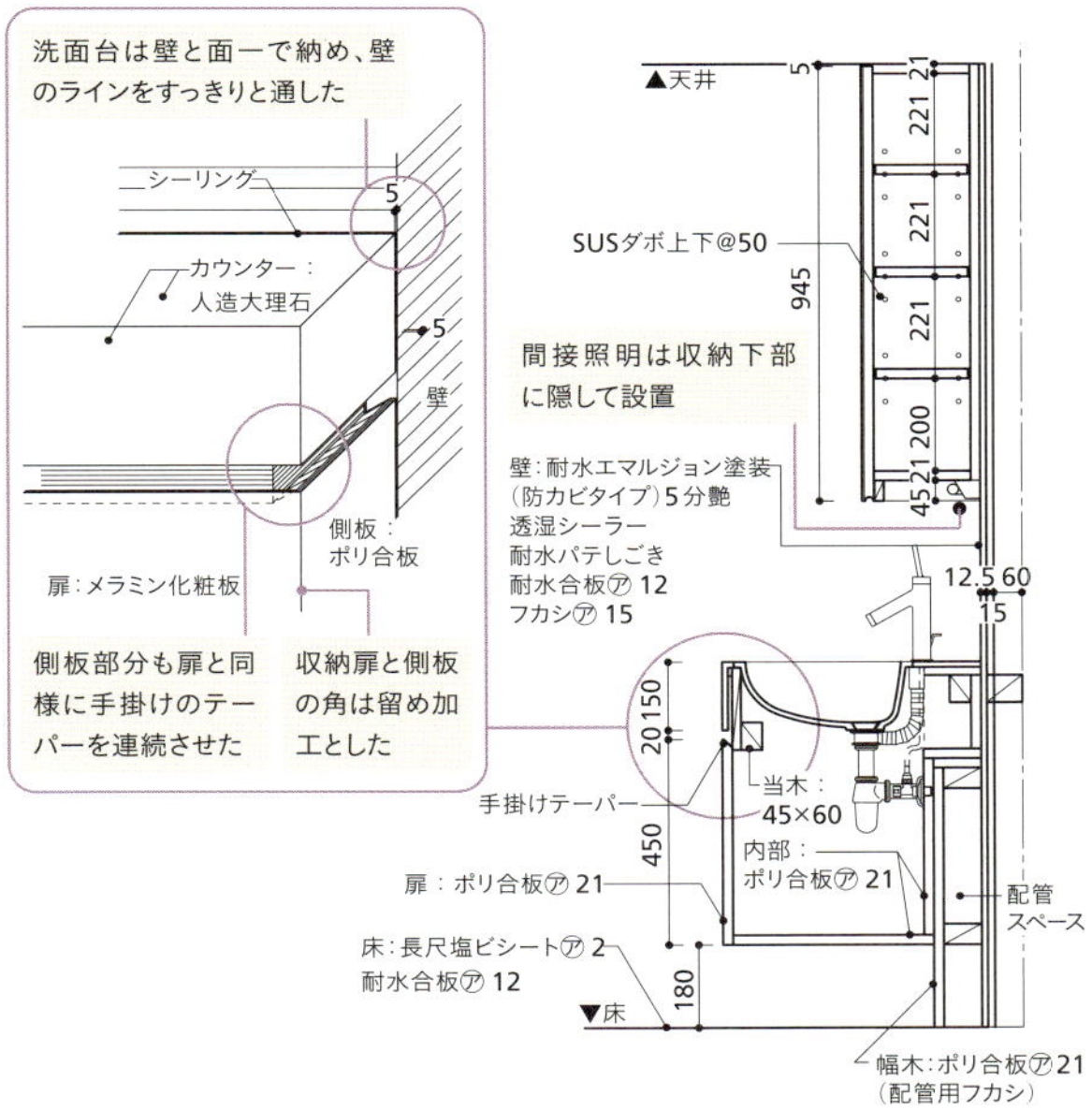

断面図［S=1：30］

守谷の家／石井秀樹建築設計事務所　写真：鳥村鋼一

フラットバーを持ちだす

浴室で木製引戸を設ける

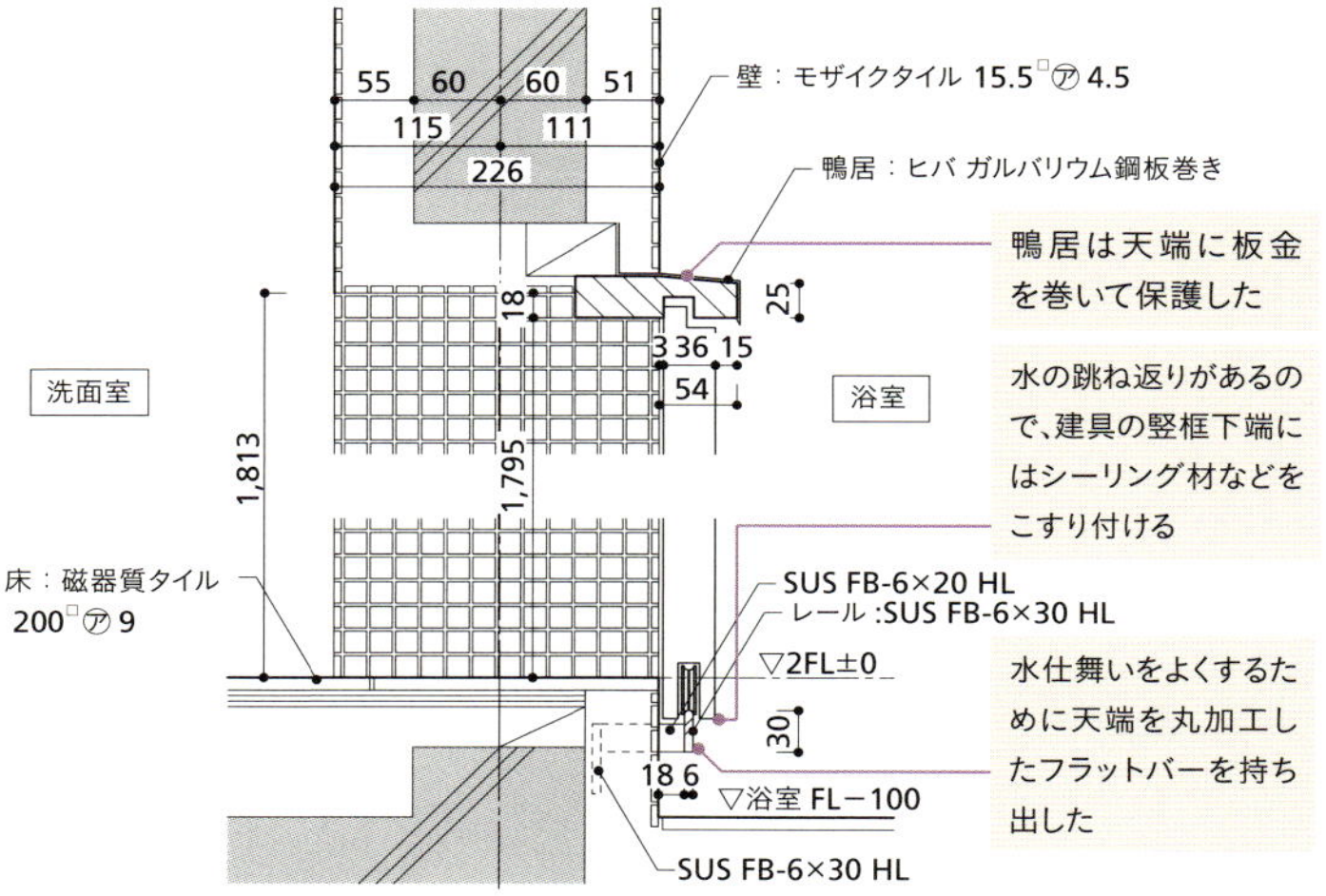

断面図［S=1：10］

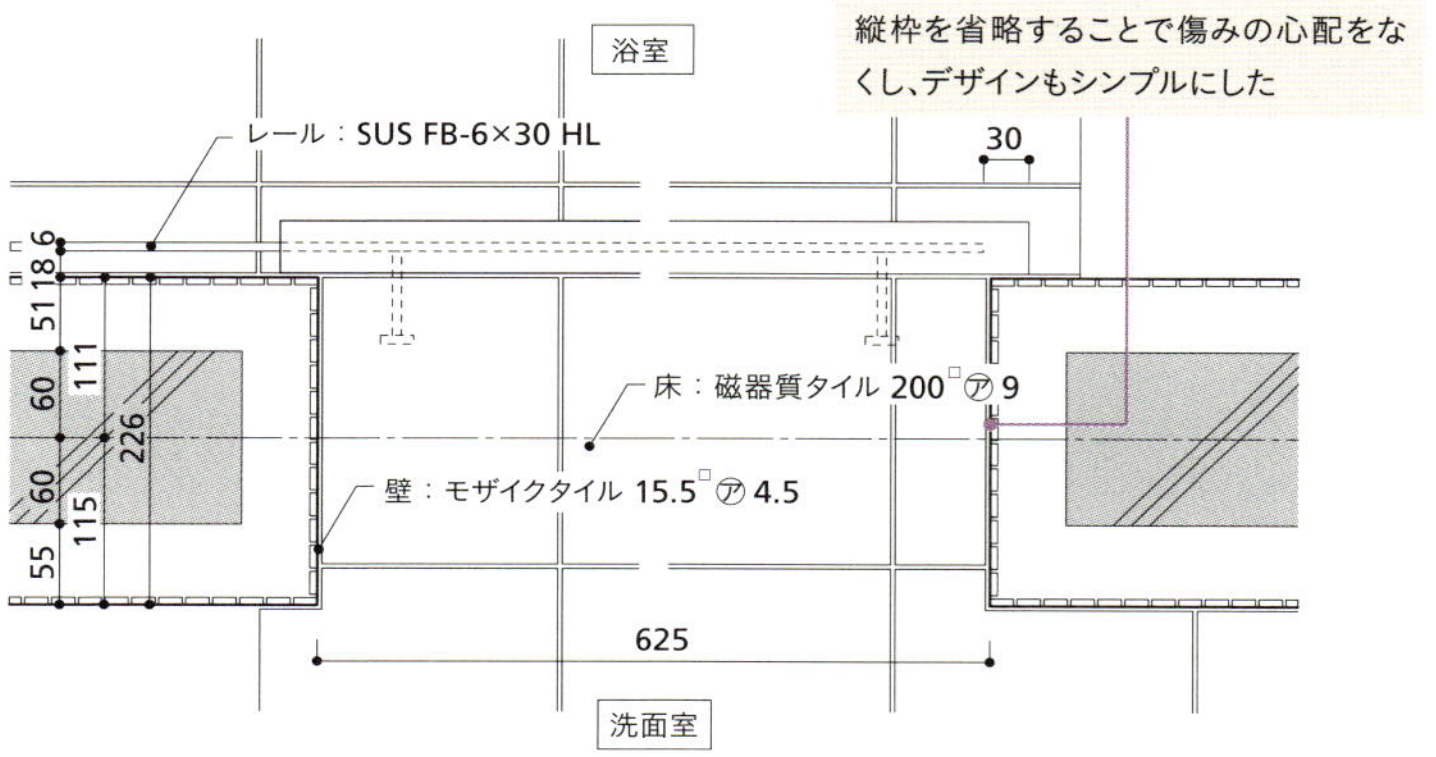

平面図［S=1：10］

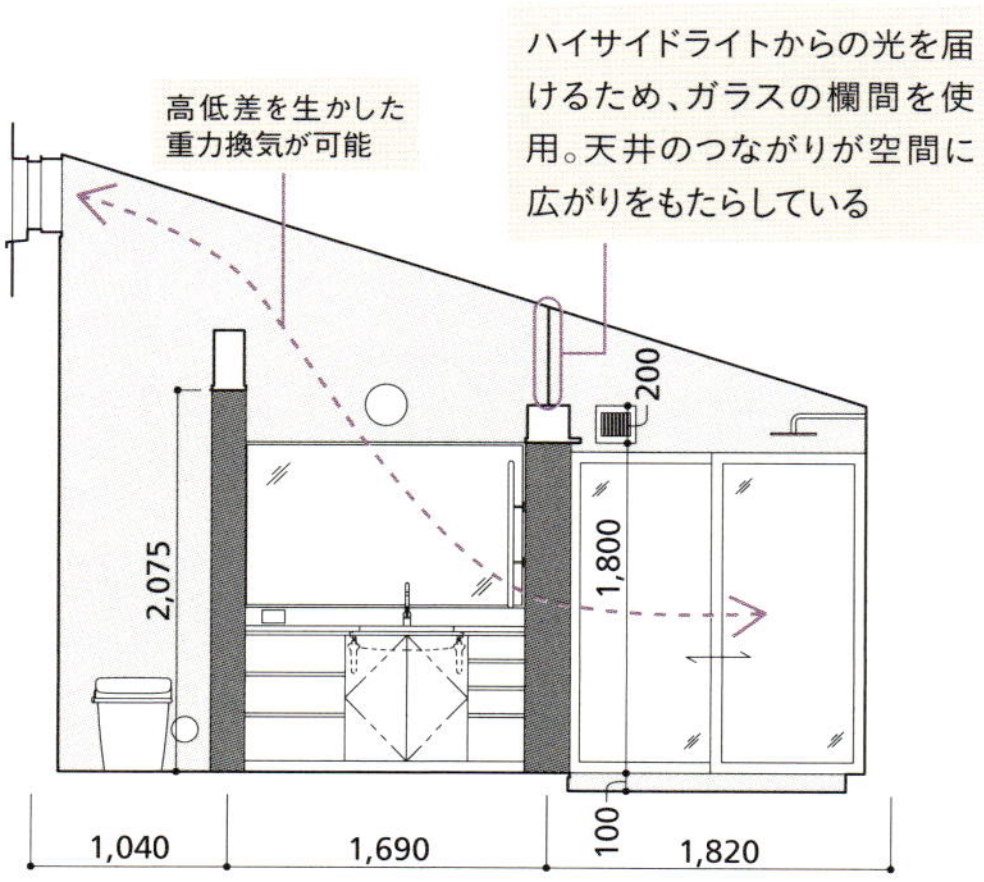

展開図［S=1：80］

浴室と洗面室の間に勾配のついた敷居を設けると、戸と敷居の隙間の水切れが悪くなる。そこで、フラットバーを加工したレールを壁から持ち出して敷居とした。水仕舞いを工夫することで、木材の致命的な欠陥である腐れに配慮した納まりである。

成田東のコートハウス／村田淳建築研究室　写真：村田淳建築研究室

既製品を美しく見せる

浴室と洗面・脱衣室間の建具のコストを抑えたい場合には、既製のアルミサッシを採用するとよい。本事例では、既製品を用いつつも空間に一体感をもたせるために、サッシの高さを天井高とし、余計な垂壁を設けずにすっきりと見せた。

サッシの高さと天井高をそろえる

断面図［S＝1：12］

角の浮いた白い家／根來宏典建築研究所　写真：GEN INOUE

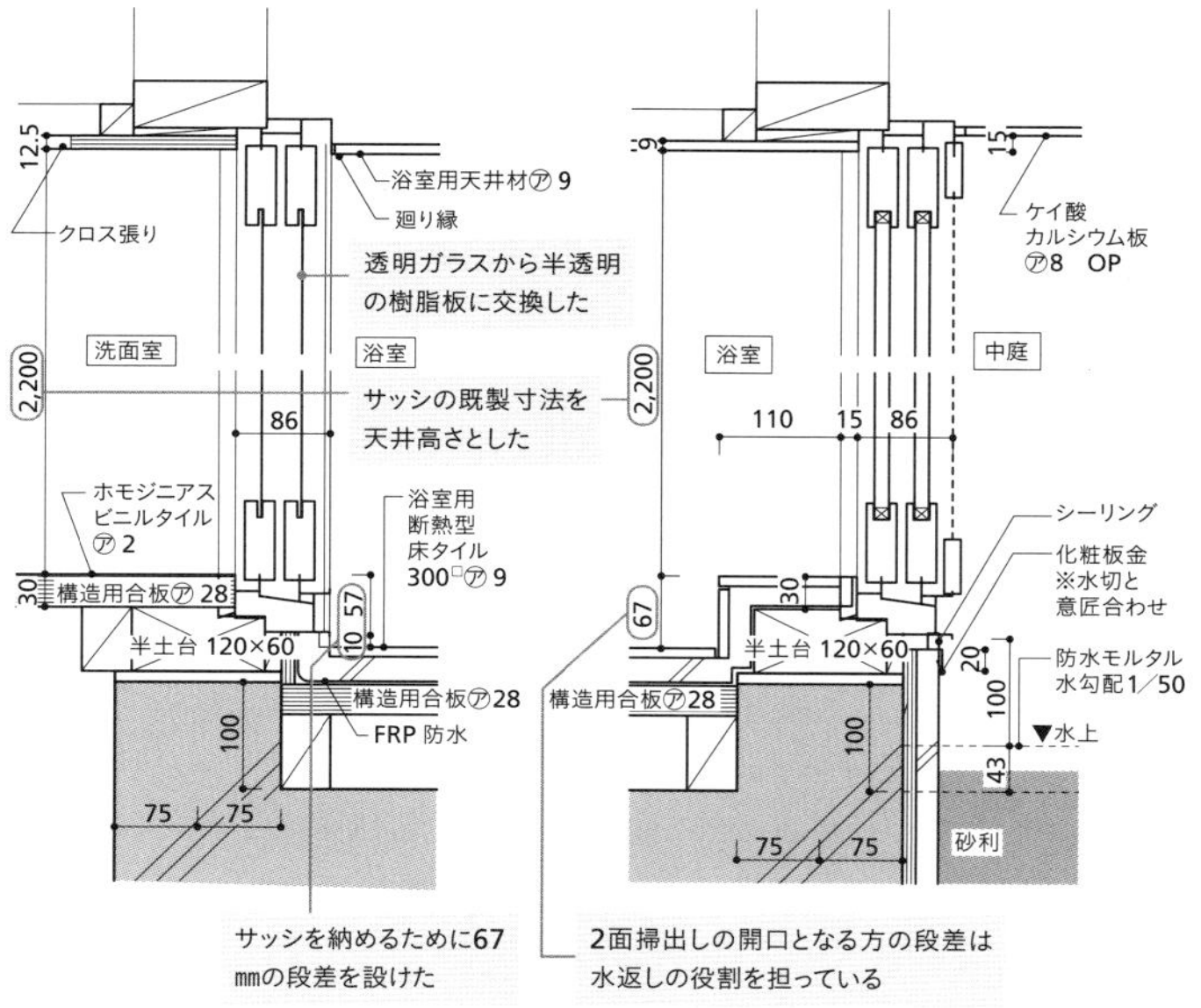

シンプルにつなぐ開き戸で仕切る

シンプルな空間とするには、余計な部材を見せないことが重要だ。本事例では、床・壁・開き戸の素材感を強調するため、見切部の納まりに注力した。浴室と洗面室の間には防水上の段差を設けたので、丁番の回転軸の関係でガラスに欠込みを施した。

強化ガラスの開き戸を製作する

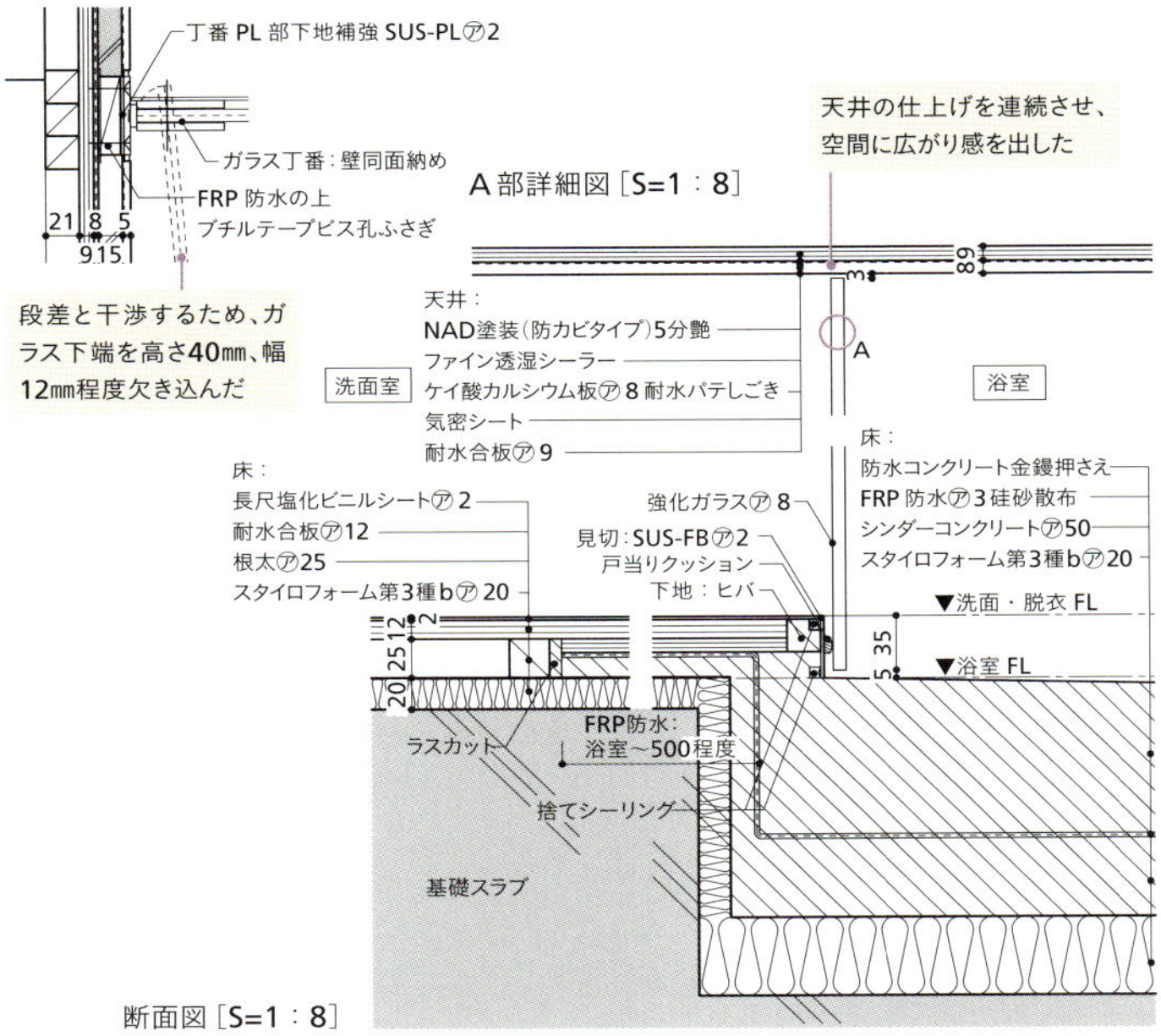

守谷の家／石井秀樹建築設計事務所　写真：鳥村鋼一

内外の連続性を強調した浴室

内外の天井を木でそろえる

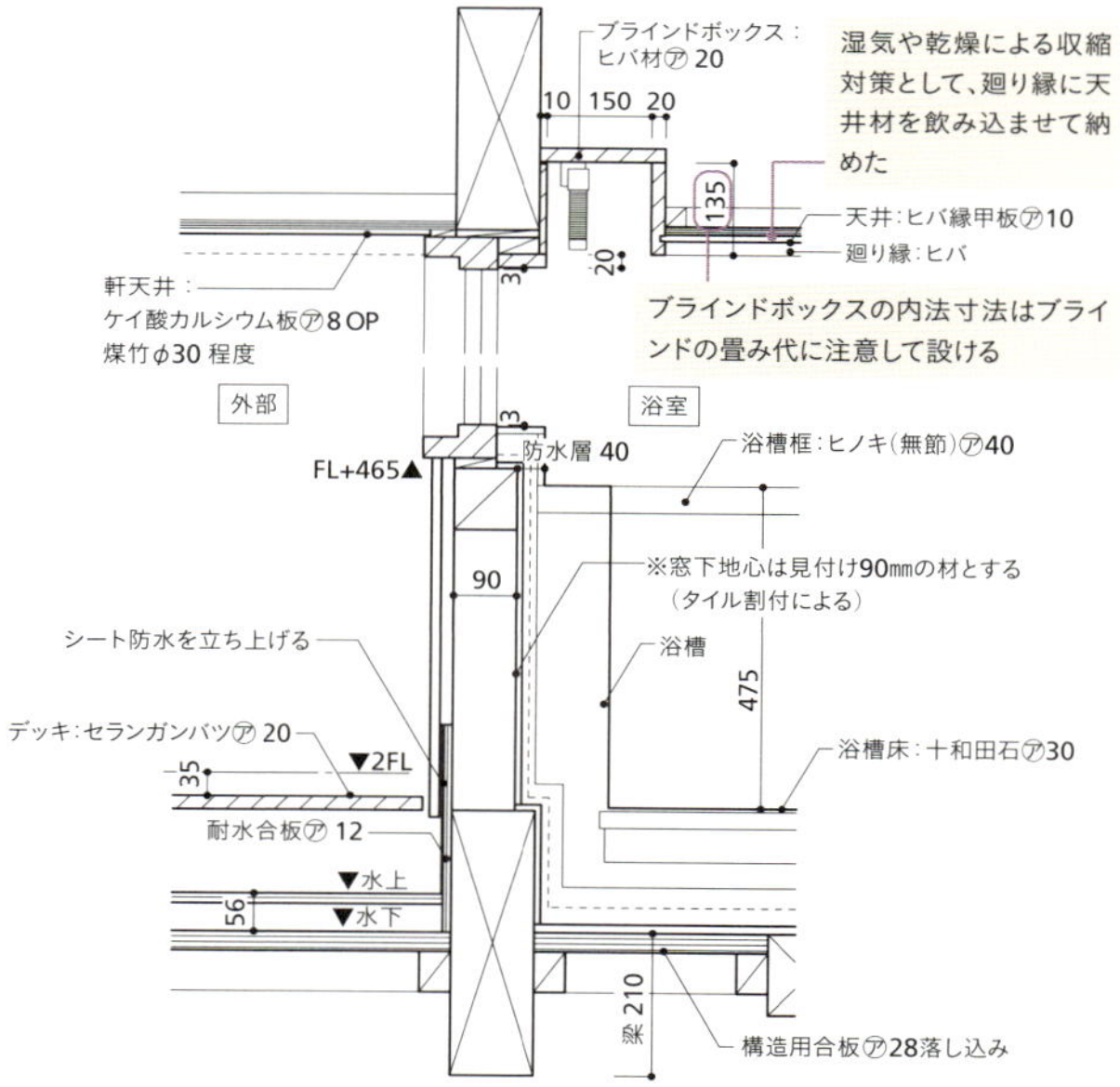
ブラインドボックス：
ヒバ材㋐20
10 150 20
湿気や乾燥による収縮対策として、廻り縁に天井材を飲み込ませて納めた
135
天井：ヒバ縁甲板㋐10
廻り縁：ヒバ
20
3
軒天井：
ケイ酸カルシウム板㋐8 OP
煤竹φ30 程度
ブラインドボックスの内法寸法はブラインドの畳み代に注意して設ける
外部
浴室
3
防水層 40
FL+465▲
浴槽框：ヒノキ（無節）㋐40
90
※窓下地心は見付け90㎜の材とする
（タイル割付による）
シート防水を立ち上げる
浴槽
475
デッキ：セランガンバツ㋐20
▼2FL
35
浴槽床：十和田石㋐30
耐水合板㋐12
▼水上
56
▼水下
梁210
構造用合板㋐28落し込み
断面図［S=1：20］

内部空間と外部空間との連続性を強調するには、仕上げの雰囲気を統一するとよい。本事例では、浴室天井は水や湿気に強いヒバ材を張り、バルコニーの軒天井は煤竹を張った。水廻りであることを考慮し、開口部には木製建具ではなく、耐久性の高い特注でオーダーできる木製サッシを採用している。

対岳荘／根來宏典建築研究所　写真：上田宏

壁と天井を木で仕上げる

縁甲板（ヒバ）とタイルを使い分ける

壁の腰から下部をタイル張りとし、上部と天井をヒバの縁甲板張りにした浴室。木材は、小口から水を吸い込むことで傷みが早まるので小口が露出する部分には水切を設けるなど、納まりに配慮した。

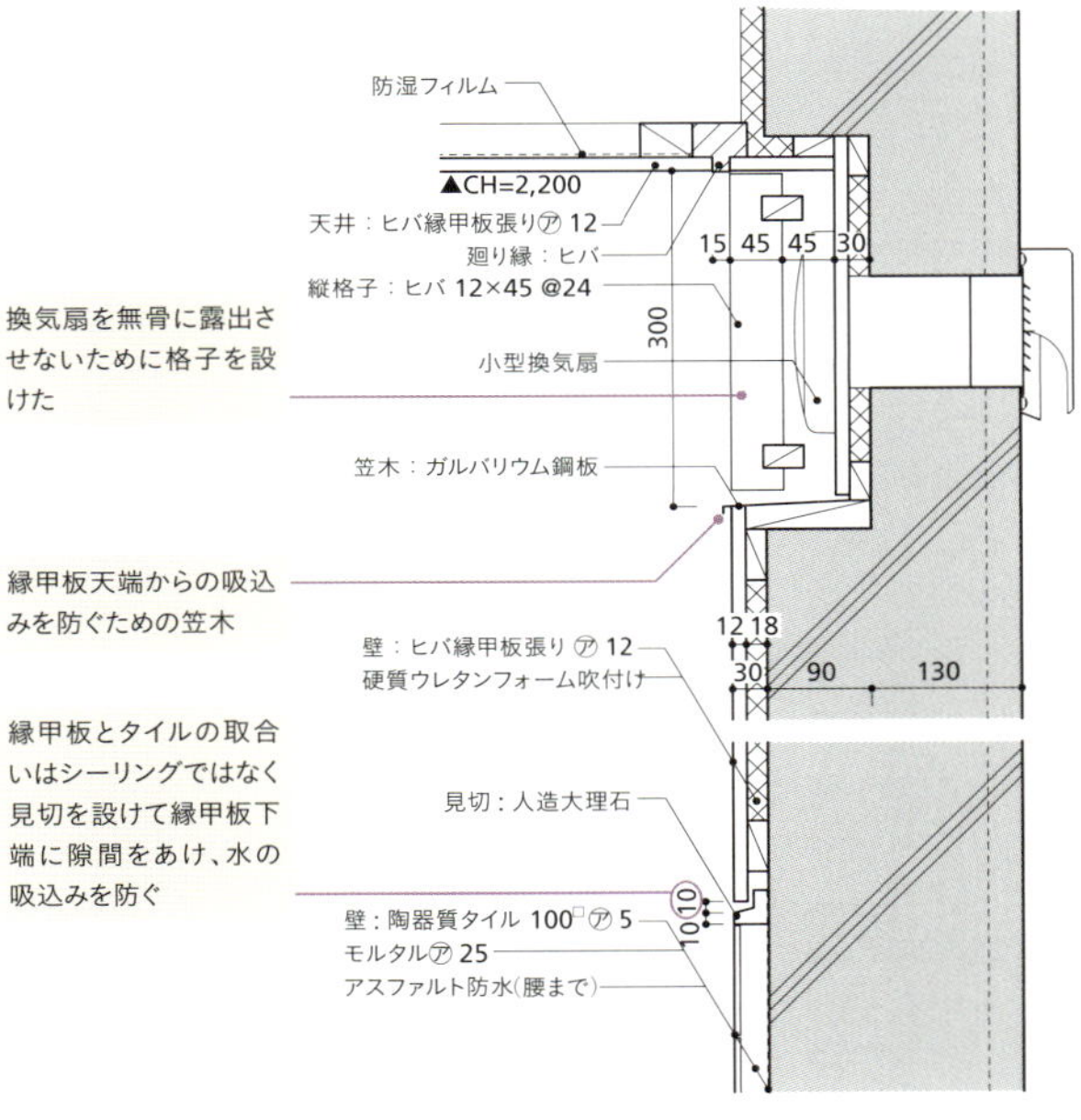

防湿フィルム
▲CH=2,200
天井：ヒバ縁甲板張り㋐12
廻り縁：ヒバ
縦格子：ヒバ 12×45 @24
15 45 45 30
300
換気扇を無骨に露出させないために格子を設けた
小型換気扇
笠木：ガルバリウム鋼板
縁甲板天端からの吸込みを防ぐための笠木
12 18
壁：ヒバ縁甲板張り ㋐ 12
硬質ウレタンフォーム吹付け
30 90 130
縁甲板とタイルの取合いはシーリングではなく見切を設けて縁甲板下端に隙間をあけ、水の吸込みを防ぐ
見切：人造大理石
10 10
壁：陶器質タイル 100□ ㋐ 5
10
モルタル㋐25
アスファルト防水（腰まで）

断面図［S=1：12］

中海岸のコートハウス／村田淳建築研究室　写真：畑拓（彰国社）

上階に配した浴室の給水管の納め方

上階に浴室を配置した場合、浴室の四周には梁があることが多く、壁内での給水管の立ち上げが困難となる。こうしたケースでは、ライニング（配管スペース）を設けるとよい。エプロンと高さをそろえることで統一感が生まれ、シャンプーなどを置くスペースにもなる。

ライニングを設ける

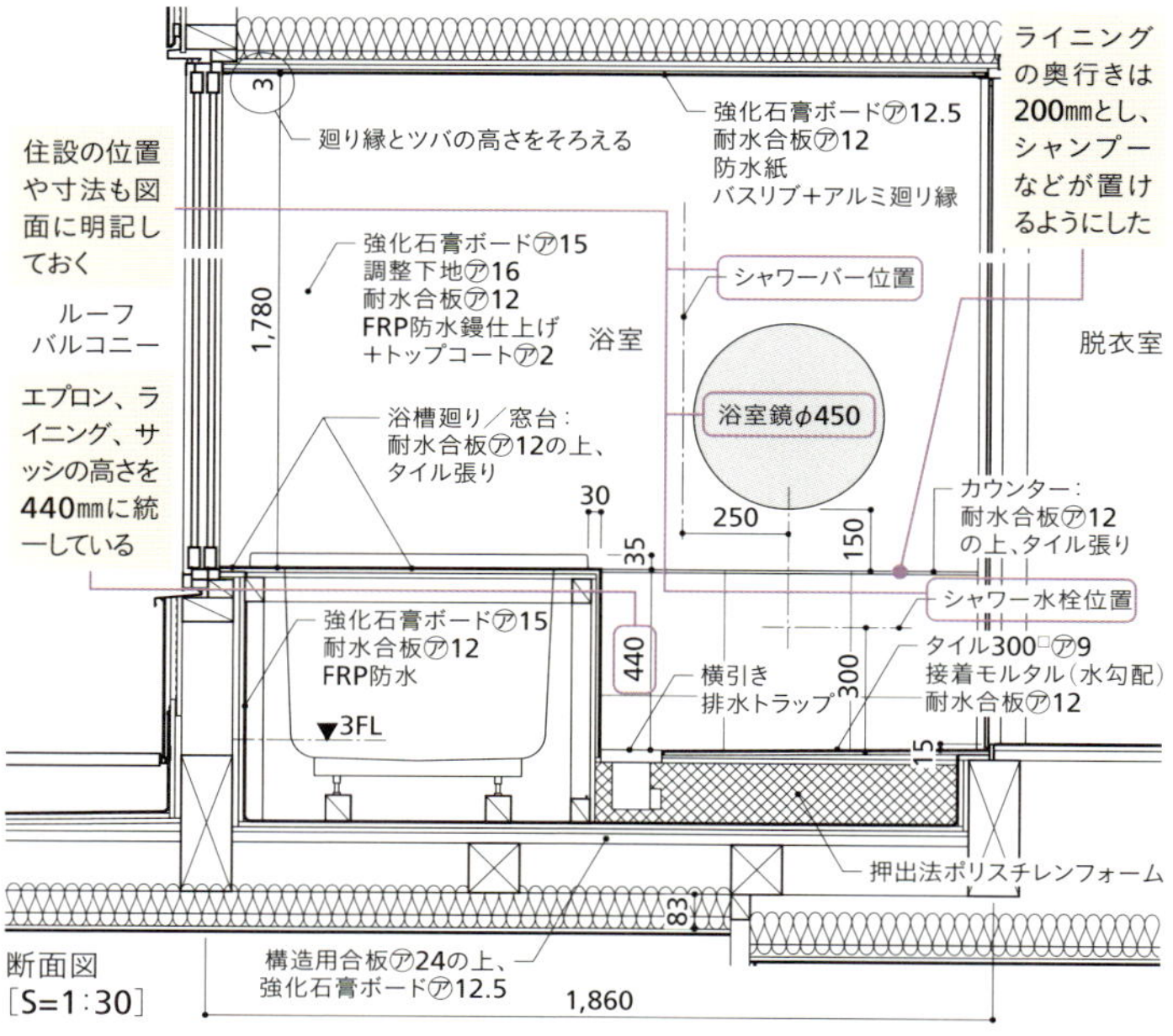

ライニングの奥行きは200㎜とし、シャンプーなどが置けるようにした
3
廻り縁とツバの高さをそろえる
強化石膏ボード㋐12.5
耐水合板㋐12
防水紙
バスリブ+アルミ廻り縁
住設の位置や寸法も図面に明記しておく
強化石膏ボード㋐15
調整下地㋐16
耐水合板㋐12
FRP防水鍍仕上げ
+トップコート㋐2
シャワーバー位置
1,780
ルーフバルコニー
浴室
脱衣室
エプロン、ライニング、サッシの高さを440㎜に統一している
浴槽廻り／窓台：
耐水合板㋐12の上、
タイル張り
浴室鏡φ450
30
250
150
35
カウンター：
耐水合板㋐12
の上、タイル張り
シャワー水栓位置
強化石膏ボード㋐15
耐水合板㋐12
FRP防水
440
横引き
排水トラップ
300
タイル300□㋐9
接着モルタル（水勾配）
耐水合板㋐12
▼3FL
15
押出法ポリスチレンフォーム
83
構造用合板㋐24の上、
強化石膏ボード㋐12.5
1,860

断面図
[S=1:30]

旗竿地の白い家／根來宏典建築研究所　写真：上田宏

寝室に手洗い場を設ける

化粧台に手洗いを埋め込む

設備を取り付ける際は、室内の雰囲気を壊さないようにしたい。本事例では、寝室に設けた小さな手洗いを木調の化粧台に埋め込んだ。配管をボトルトラップ（壁排水）にする、家具の角を留めで納めるなどによりすっきりさせ、なるべく存在感を消すように配慮した。

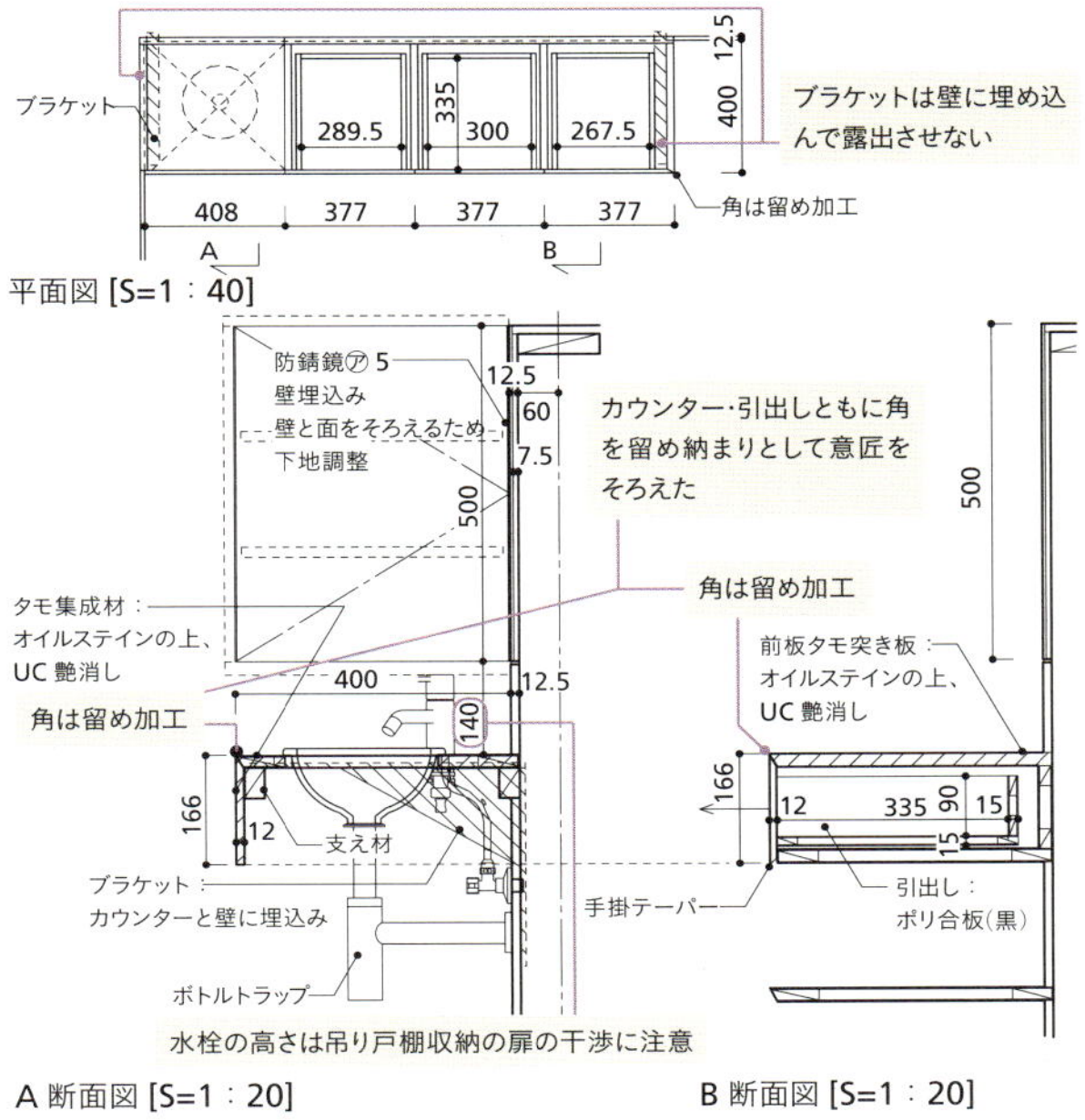

平面図［S=1：40］

A 断面図［S=1：20］

B 断面図［S=1：20］

守谷の家／石井秀樹建築設計事務所　写真：鳥村鋼一

キッチン収納の前面をそろえる

背面収納の裏に収納を設ける

土間側の収納と組み合わせて奥行を調整し、収納と冷蔵庫の前面をそろえた

間接照明は収納下とベンチ下を連続させている

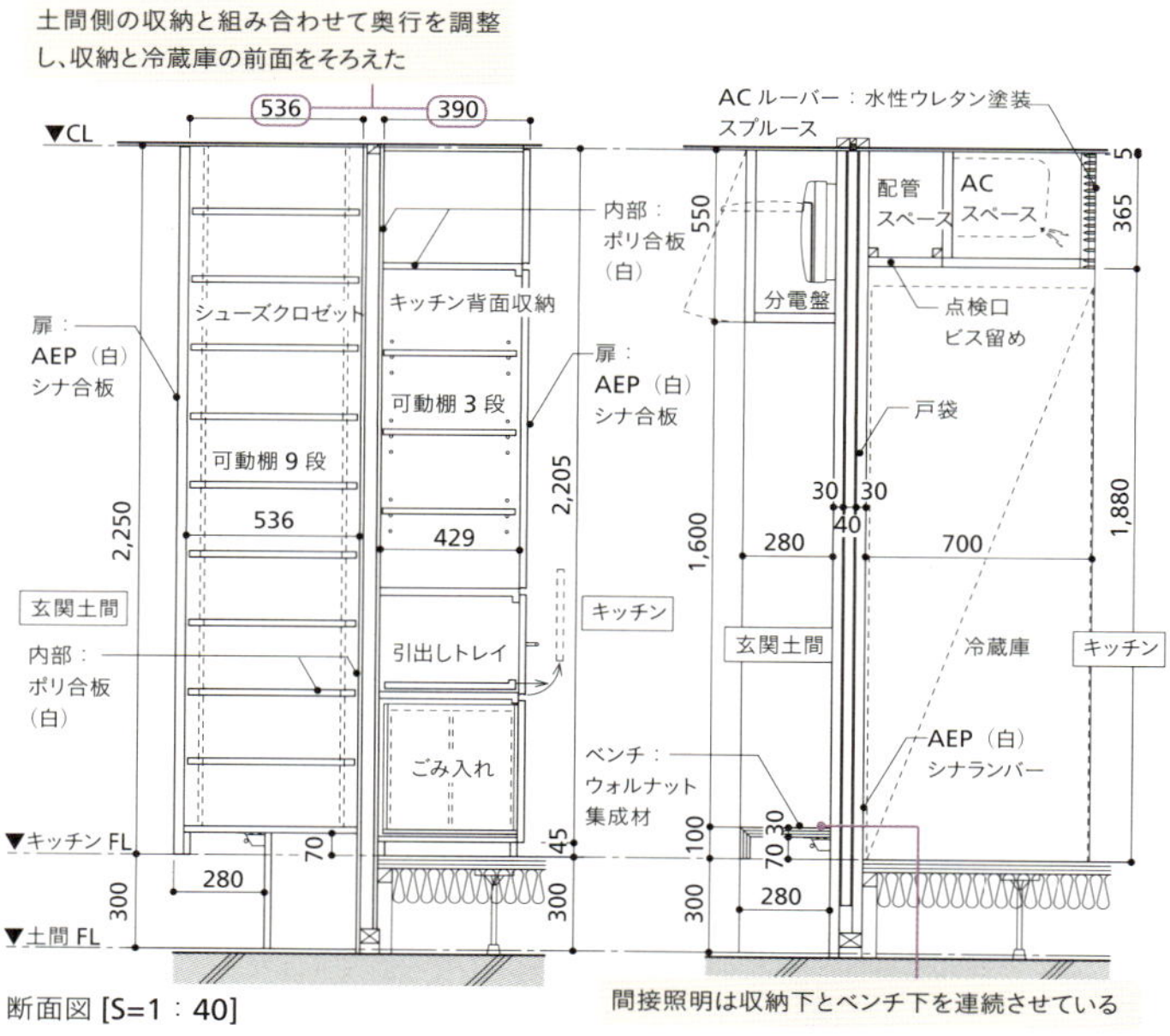

断面図 [S=1：40]

キッチンの背面収納と冷蔵庫は奥行き寸法が異なる。本事例では、背面収納の背後をシューズクロゼットとして冷蔵庫の奥行き寸法と一致させて、前面をそろえた。また、冷蔵庫上部のエアコンの幅は冷蔵庫の幅と合わないが、冷蔵庫脇に細いトールストッカーを納め、ラインを整理した。

浜北の家／石井秀樹建築設計事務所　写真：鳥村鋼一

扉を開いたままでよい吊戸棚

吊り戸棚を高い位置に設けると、物の出し入れが不便になる。本事例では、大きめな吊戸棚を計画し、位置を下げた。キッチン台よりも奥行きを狭めたので、前屈みの姿勢でも頭をぶつける心配はないが、開き扉ではなくスイングアップ・ダウンの扉として使いやすさに配慮した。

奥行きを狭く設定する

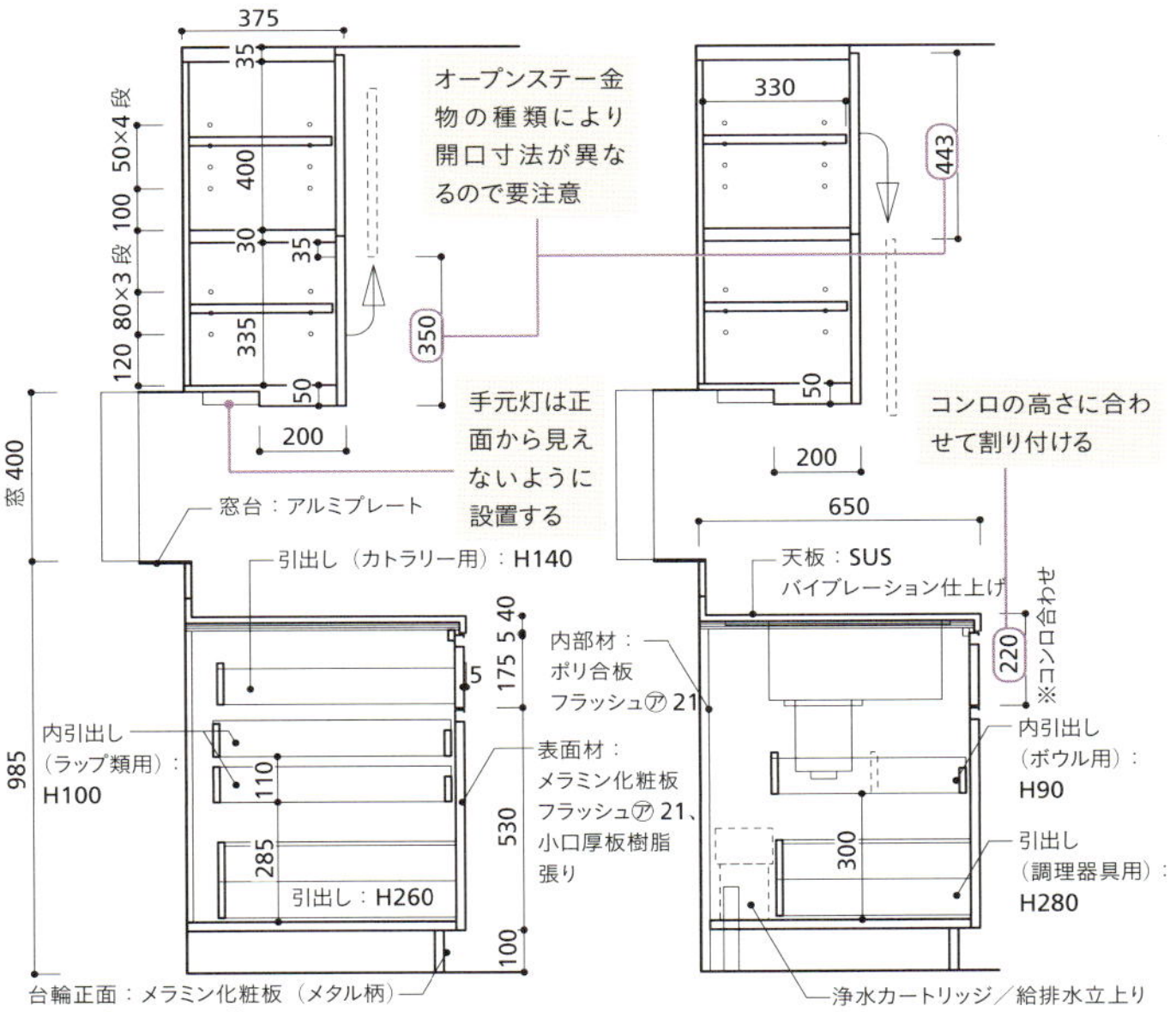

断面図［S=1：30］

うなぎの寝床／根來宏典建築研究所　写真：上田宏

多用途に使える
キッチンカウンター

省スペースを図るなら、キッチンは調理の場となるだけでなく、軽食コーナーや子どもの勉強スペースなどの多用途を兼ねたい。ここでは、キッチンは壁付けとし、部屋の中心に長さ1.9mのキッチンカウンター兼カウンターテーブルを設置した。

キッチンカウンターとキッチンテーブルを兼ねる

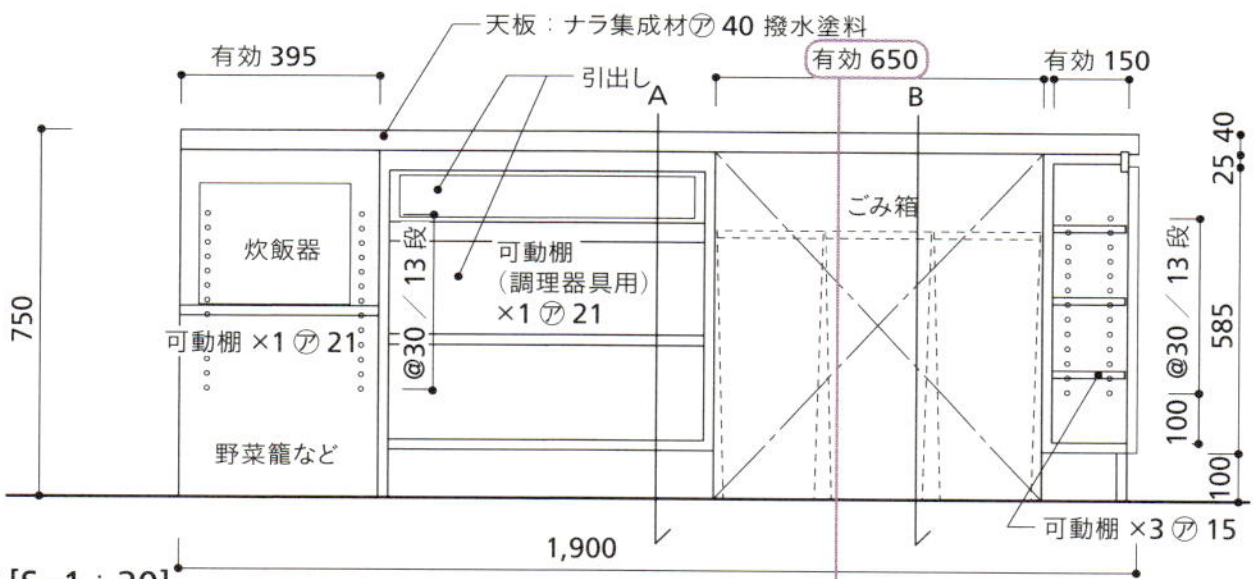

断面図 [S=1：30]

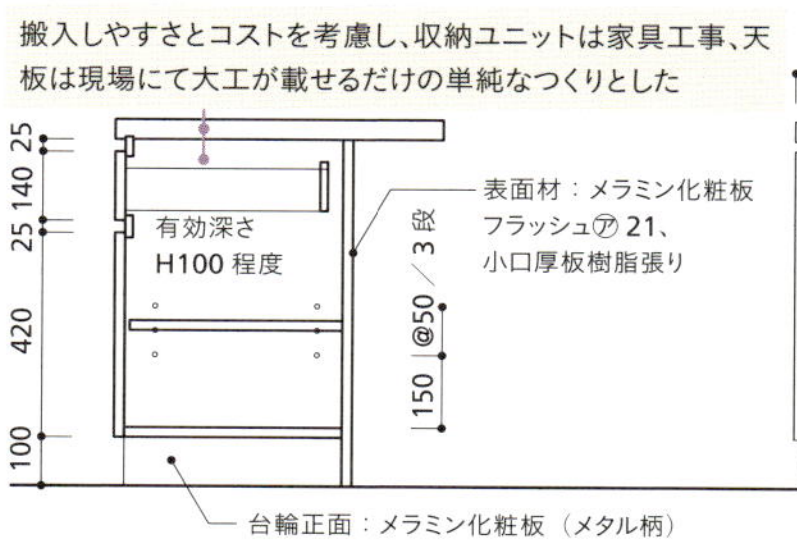

A 部断面 [S=1：30]

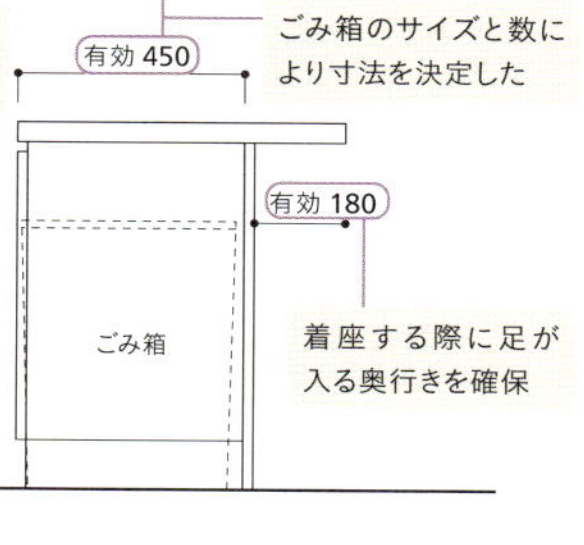

B 部断面 [S=1：30]

うなぎの寝床／根來宏典建築研究所　写真：上田宏

キッチンカウンターを隠す

立ち上がりで手元を隠す

キッチン台を露出したくない場合は、調理台の前面に立上りを設けて手元隠しとする。調理台から300mmほどの高さに天板を載せてカウンターとし、裏側にはパイプを取り付けて布巾掛けやまな板の収納スペースとした。

断面図 [S=1：20]

水栓器具や手元がリビング側から見えないようにカウンターの高さを設定した

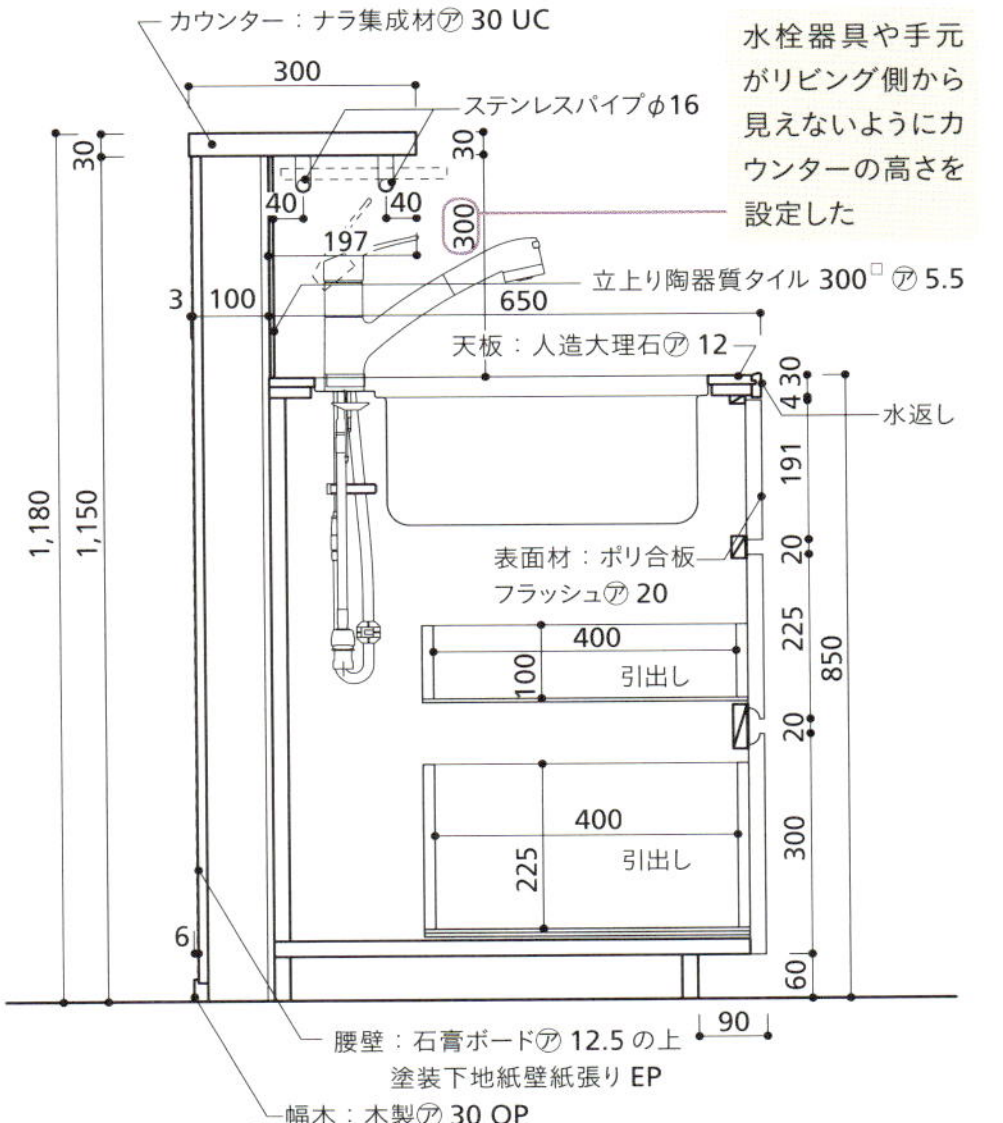

大型家電を隠す

カウンターに収納する

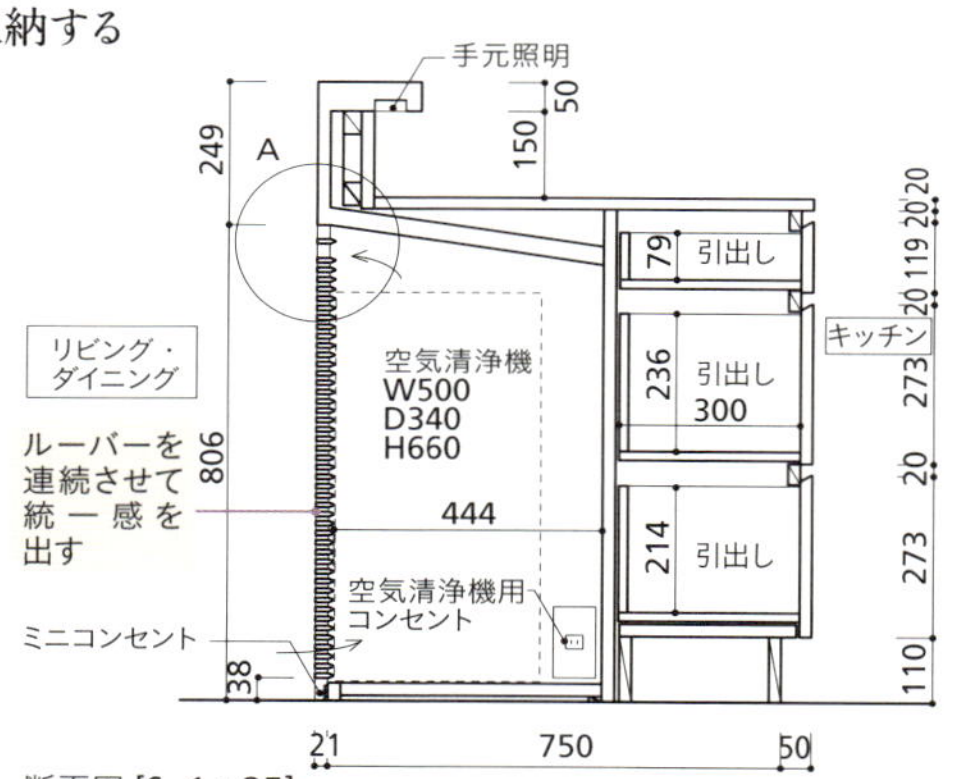

断面図 [S=1：25]

ルーバー詳細図 [S=1：15]　A部詳細図 [S=1：15]

家電は年々大型化の傾向にある。リビングダイニングに置く空気清浄機も同様で、取り扱いが難しい。ここでは、キッチンカウンター下の収納に隠蔽し、空気の流れに配慮したルーバーを設けた。キッチン側から使用する収納の背面もルーバーで覆い、意匠を統一している。

守谷の家／石井秀樹建築設計事務所　写真：石井秀樹建築設計事務所

レンジフードを隠す

壁に埋め込む

すっきりとしたオープンキッチンを設計したい際にネックとなるのは、レンジフードの存在感だ。本事例では、アルコーブ状のレンジ台を設けて、レンジフードを上部にすっぽりと納めた。既製の換気扇に製作のステンレスフードを被せている。

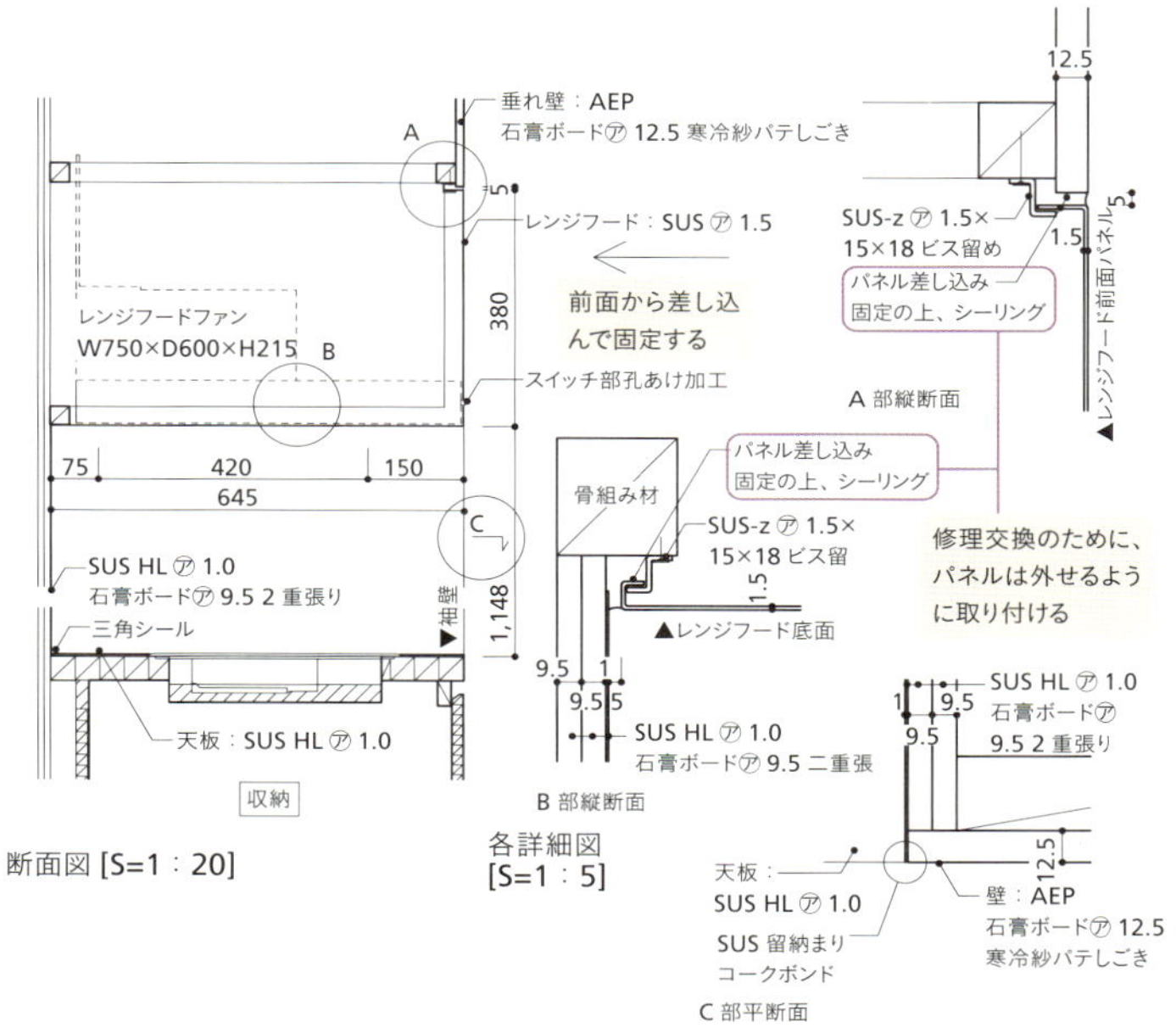

東村山の家／石井秀樹建築設計事務所　写真：鳥村鋼一

壁・天井に溶け込むレンジフード

インテリアの基調色とそろえる

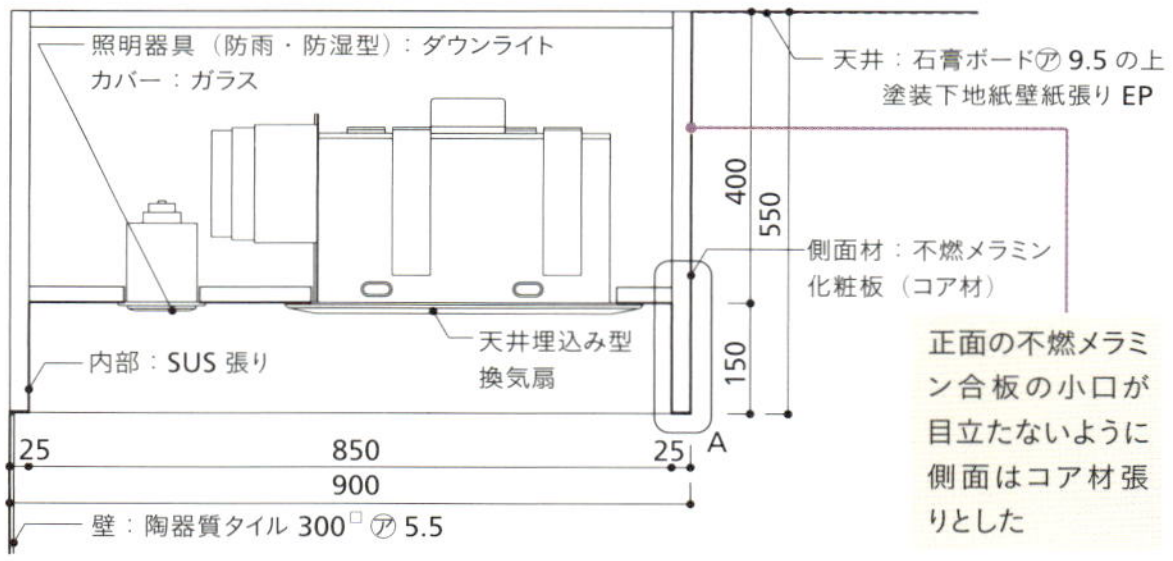

断面図 [S=1：20]

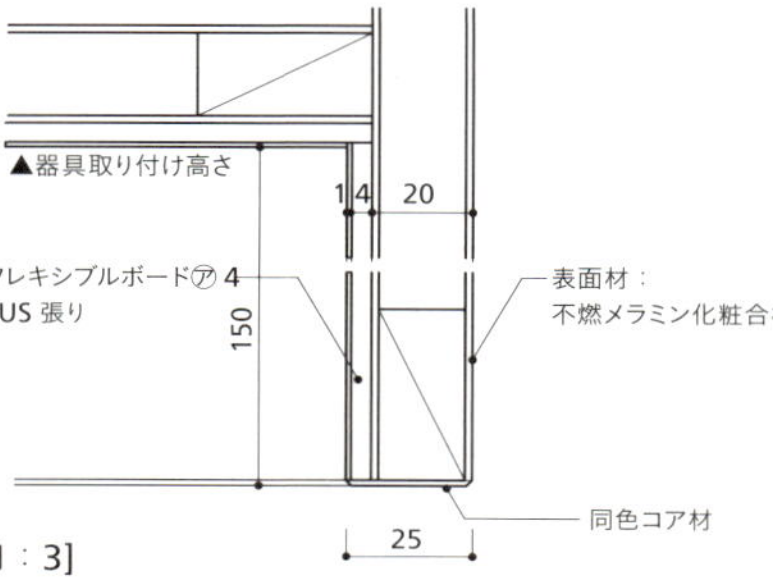

A部詳細図 [S=1：3]

デザイン性の高い既製のステンレス製レンジフードも多々ある。しかし、インテリアに溶け込ませたい場合は、インテリアの基調色にそろえるとよい。本事例では、白い不燃メラミンの箱を制作し、キッチン用の天井扇と照明器具を組み込んでシンプルに設けた。

浦和の２つの家／村田淳建築研究室　写真：村田淳建築研究室

室内の連続性を損なわないキッチン

キッチンパネルと壁を同面で納める

キッチンのガス台脇の壁は油飛びや汚れに配慮してキッチンパネルを取りつける。オープンキッチンの場合、キッチン脇の壁も室内の連続した壁の一部として見えるため、室内壁の連続性を損なわないよう、壁の色味に近いキッチンパネルを壁と同面に埋め込んで納めた。キッチンカウンター、レンジフードのラインとそろえることで、スッキリとした印象に仕上げている。

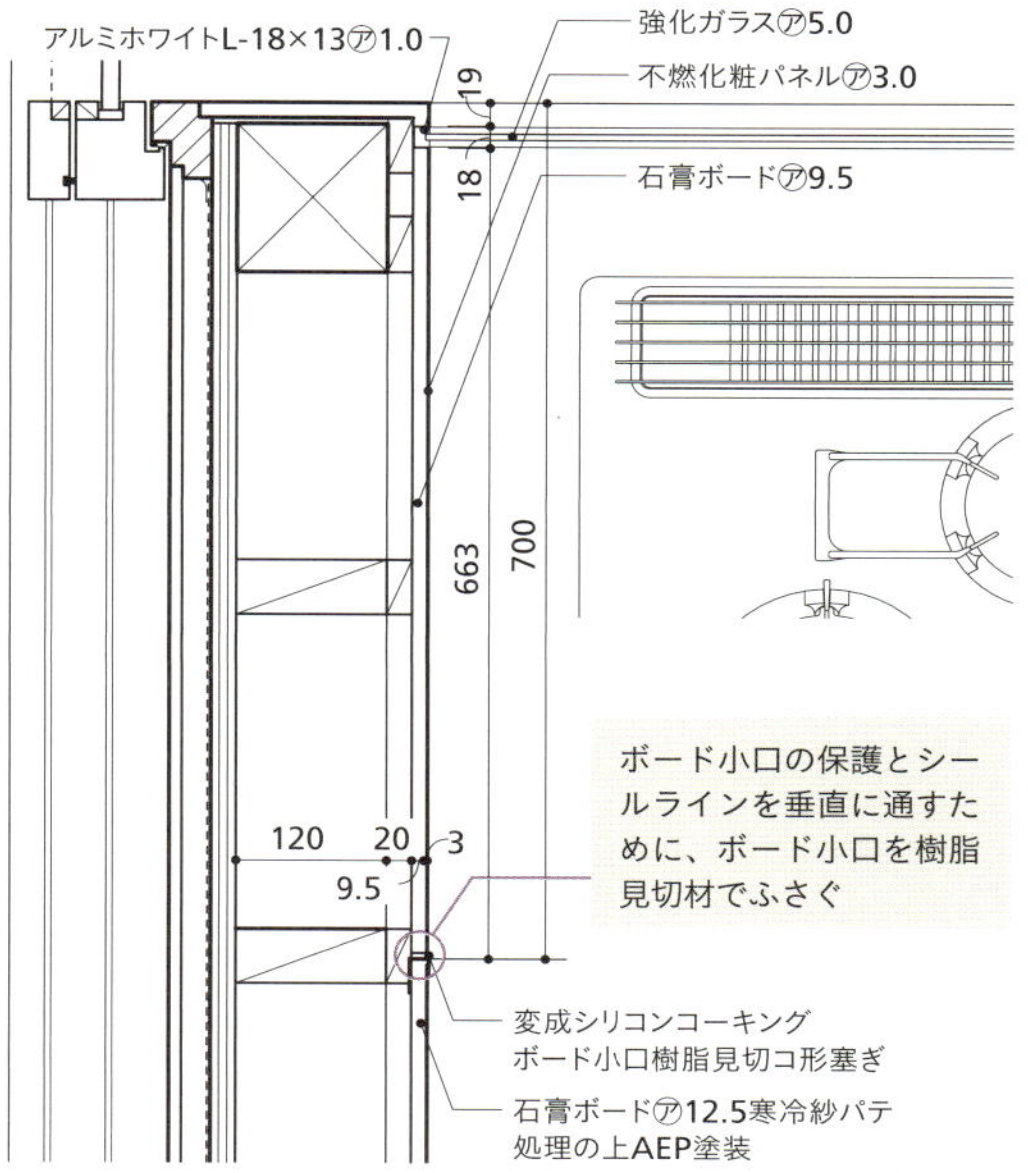
アルミホワイトL-18×13㋐1.0
強化ガラス㋐5.0
不燃化粧パネル㋐3.0
石膏ボード㋐9.5
19
18
663
700
120
20
3
9.5
ボード小口の保護とシールラインを垂直に通すために、ボード小口を樹脂見切材でふさぐ
変成シリコンコーキング
ボード小口樹脂見切コ形塞ぎ
石膏ボード㋐12.5寒冷紗パテ処理の上AEP塗装
断面図［S=1：12］

富士見が丘の家／石井秀樹建築設計事務所　写真：鳥村鋼一

第6章

収納・家具

可能な限り収納スペースを増やす

2階床下を収納として活用する

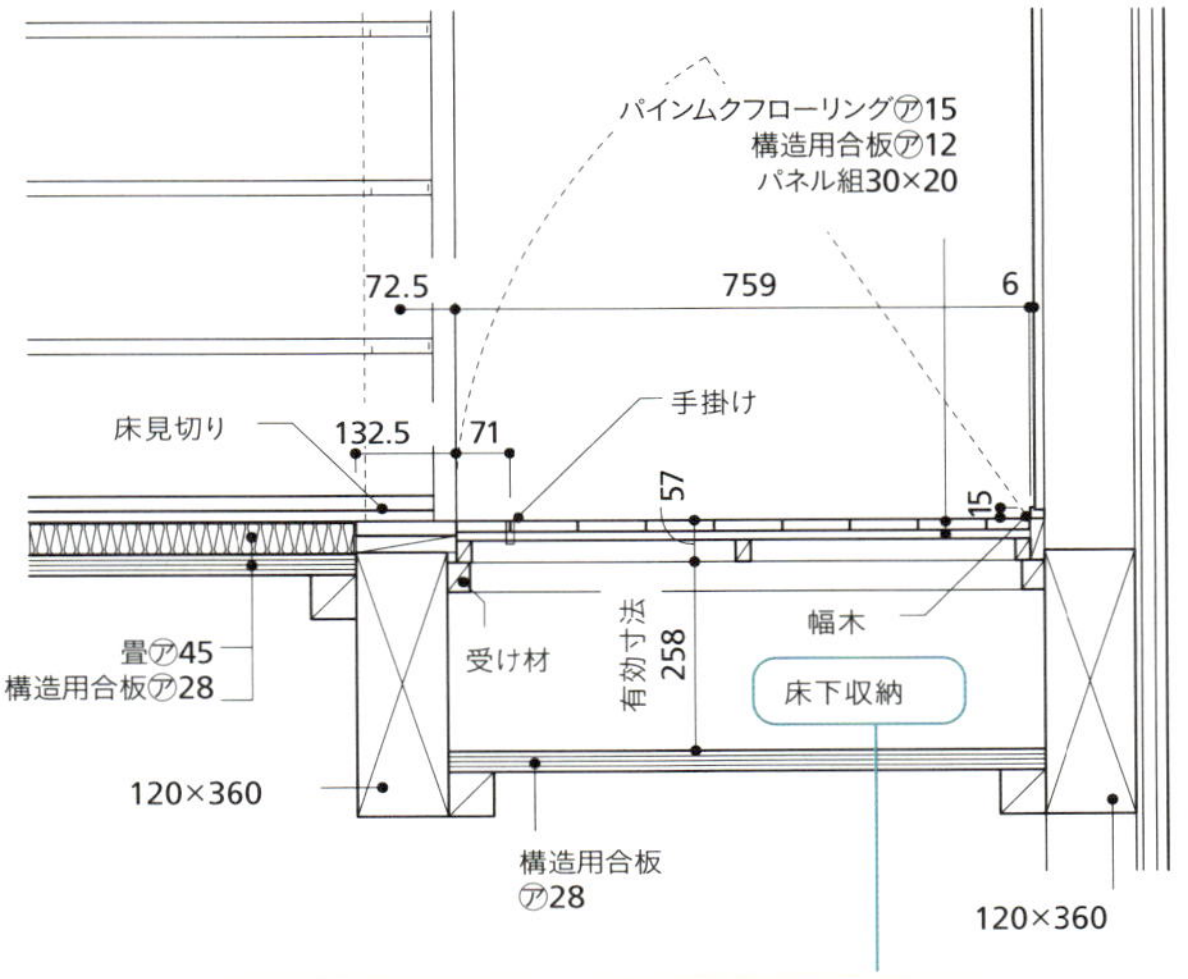
パインムクフローリング㋐15
構造用合板㋐12
パネル組30×20
72.5
759
6
床見切り
132.5
71
手掛け
57
15
畳㋐45
構造用合板㋐28
受け材
有効寸法258
幅木
床下収納
120×360
構造用合板㋐28
120×360
2階床下（天井懐）を収納として活用。収納高さは、梁せい360㎜の関係から有効寸法258㎜とした

断面図［S=1：20］

「収納スペースがたくさんほしい」という建築主の要望をかなえるべく、2階床下（1階の天井懐）を収納として活用した事例。剛床は、梁の下部までレベルを下げても成立する。蓋は構造用合板12㎜にフローリング仕上げとしているので、ほかのフローリング部分と一体感があり、施工手間は掛かるものの材料費は変わらない。開閉時の使いやすさを考慮して、手掛けは手前につけている。

角の浮いた白い家／根來宏典建築研究所　写真：GEN INOUE

引き出しを備えたダイニングテーブル

仕切板を幕板として利用する

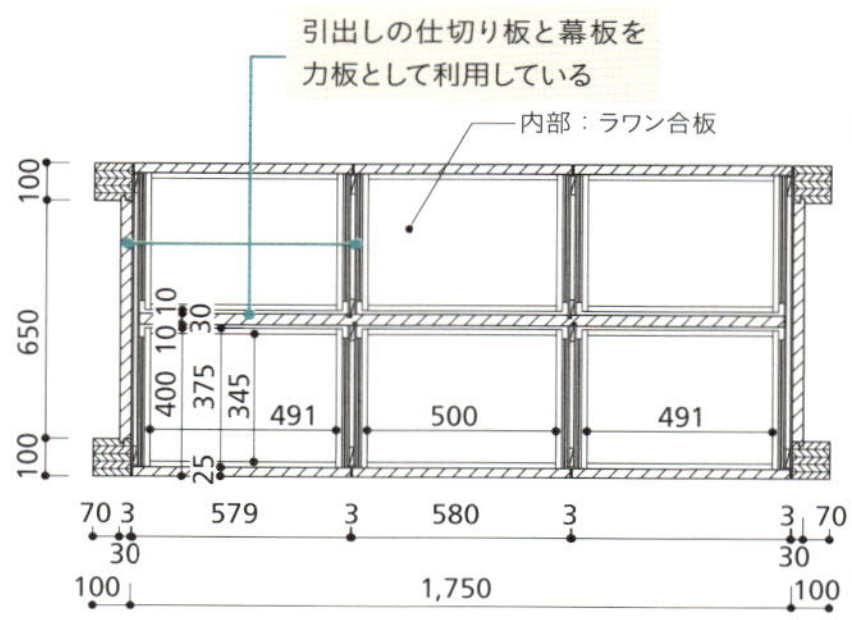

平面図 [S=1：40]

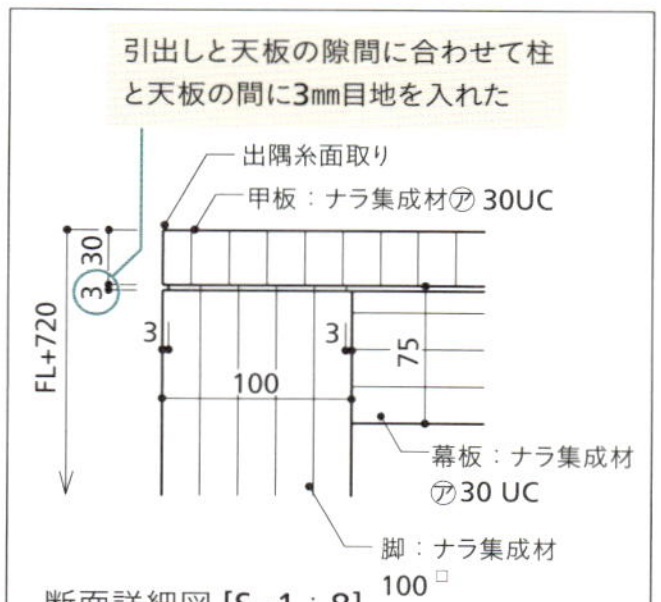

断面詳細図 [S=1：8]

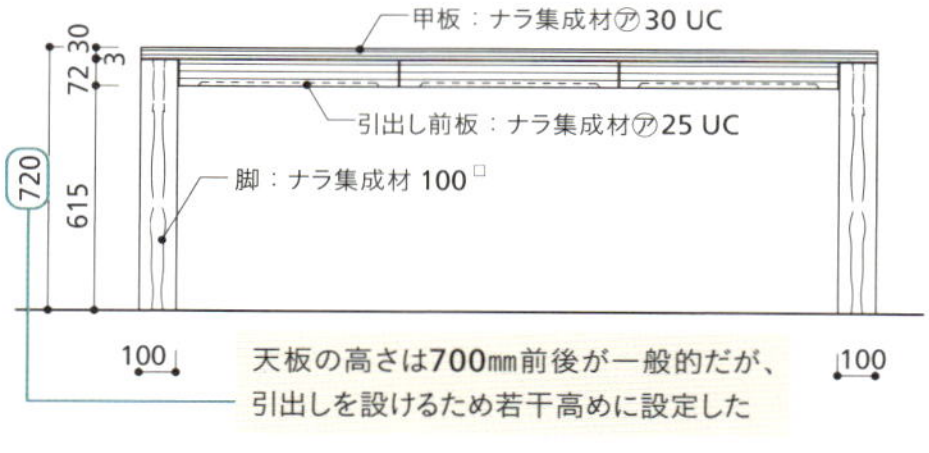

長手方向立面図 [S=1：40]

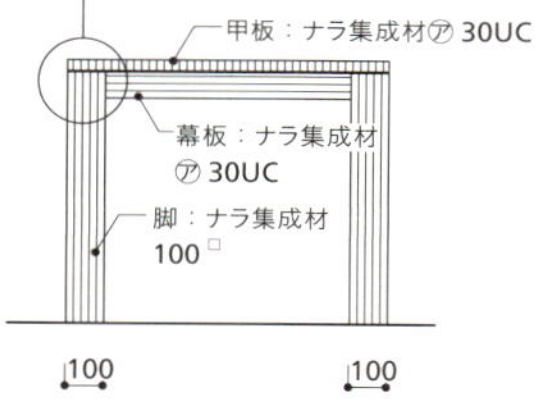

短手方向立面図 [S=1：40]

「食事の支度を自分でする習慣を子どもにつけさせたい」との要望を受け、引出しのあるテーブルを製作した。6つの浅い引出しを設けている。カウンター収納につけて配置するので、天板の高さをそろえ、材料も同じナラの集成材を用いて一体化した。

成田東のコートハウス／村田淳建築研究室　写真：村田淳建築研究室

階段の存在ごと隠した階段収納

壁面と一体化させる

階段下の収納では、段板の高さに合わせて扉の高さを決めると、いかにも階段下収納といった感じに見えてしまう。本事例では、天井までの扉として階段形状ごと覆った。壁面と一体となり、すっきりと見える。

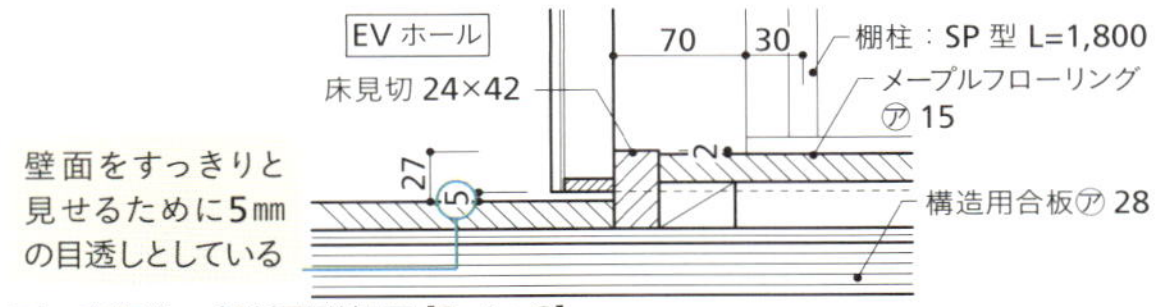

EV ホール
70
30
棚柱：SP 型 L=1,800
床見切 24×42
メープルフローリング
㋐ 15
27
5
2
構造用合板㋐ 28
壁面をすっきりと
見せるために5㎜
の目透しとしている

扉・床取合い部断面詳細図 [S=1：8]

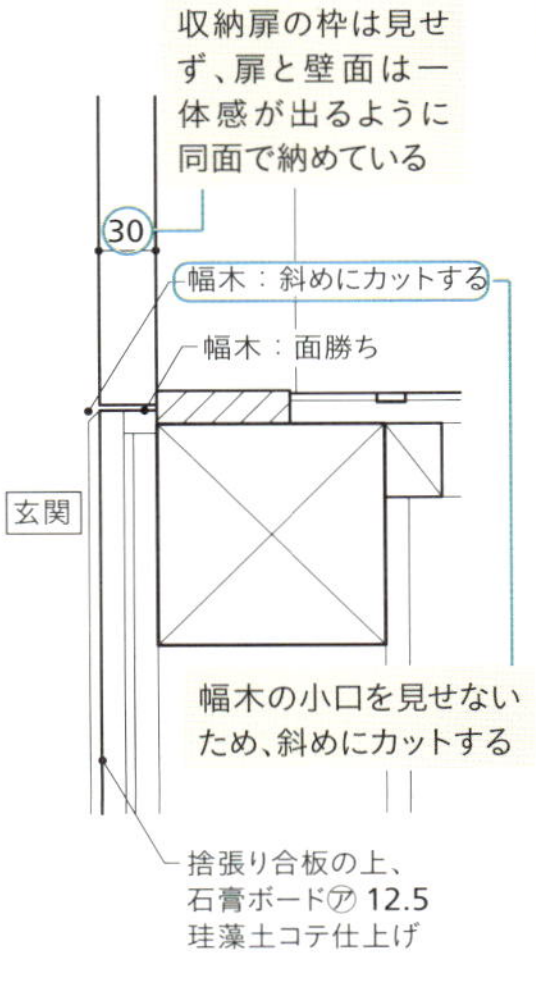

収納扉の枠は見せ
ず、扉と壁面は一
体感が出るように
同面で納めている
30
幅木：斜めにカットする
幅木：面勝ち
玄関
幅木の小口を見せない
ため、斜めにカットする
捨張り合板の上、
石膏ボード㋐ 12.5
珪藻土コテ仕上げ

A 部扉・壁取合い部平面詳細図
[S=1：8]

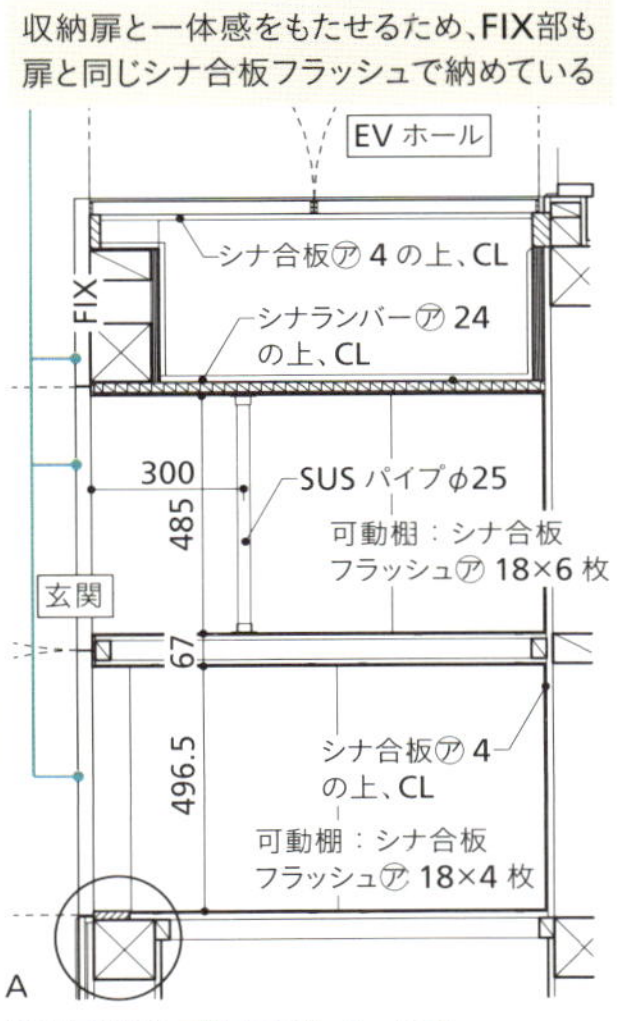

収納扉と一体感をもたせるため、FIX部も
扉と同じシナ合板フラッシュで納めている
EV ホール
シナ合板㋐ 4 の上、CL
FIX
シナランバー㋐ 24
の上、CL
300
SUS パイプ φ25
485
可動棚：シナ合板
フラッシュ㋐ 18×6 枚
玄関
67
496.5
シナ合板㋐ 4
の上、CL
可動棚：シナ合板
フラッシュ㋐ 18×4 枚
A

階段下収納平面図 [S=1：30]

対岳荘／根來宏典建築研究所　写真：上田宏

階段形状を生かしつつ存在を隠した階段収納

階段の形状を強調したい場合でも、スペースの有効活用は考えたい。本事例では、玄関スロープ正面に階段を設け、階段下収納に利用した。ここに「いかにも」な収納扉が取り付いていると、興醒めである。そこで、収納扉であることが分からないように、階段形状なりの側板をそのまま収納の引戸とした。

側板を収納扉として可動させる

立面図 [S＝1：60]

拡大図 [S＝1：6]

A部断面詳細図 [S＝1：10]

鋸南の家／石井秀樹建築設計事務所　写真：鳥村鋼一

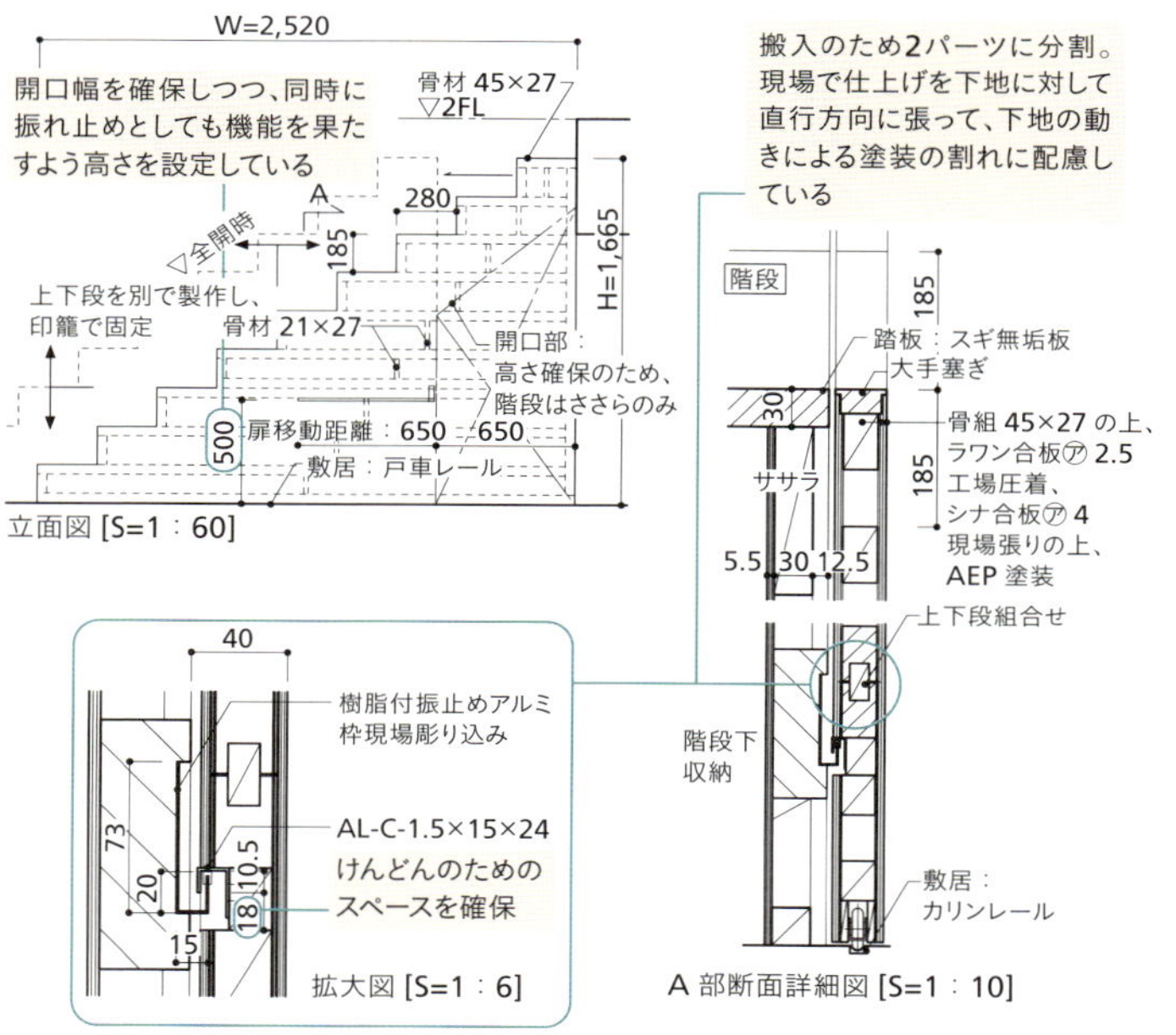

家具を空間に馴染ませる

階段と家具を一体化させる

家具はなるべく空間に馴染ませたい。本事例では、テレビ台を造り付け、吊り戸棚や飾り棚とともに階段と一体のデザインとした。カウンター材や階段材を壁に呑み込ませることで壁から持ち出す強度を保った。

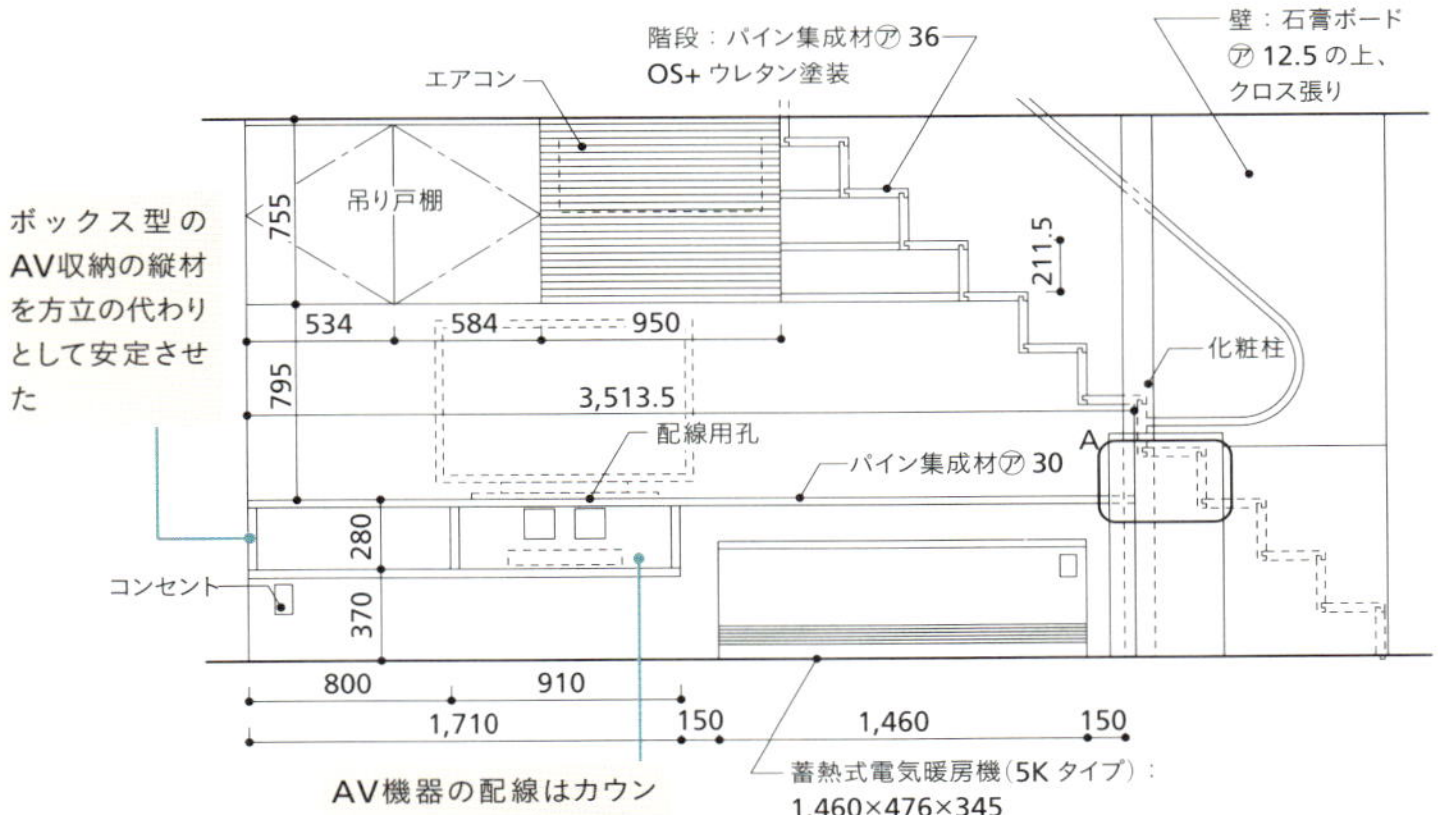

立面図 [S=1：60]

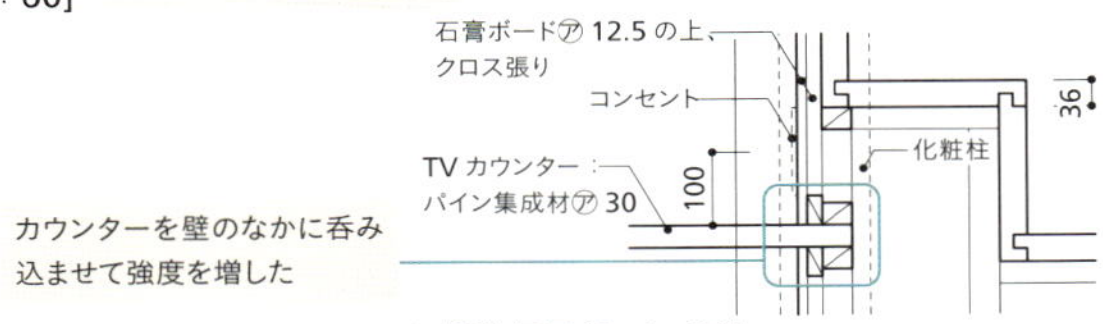

A 部詳細図 [S=1：20]

角の浮いた白い家／根來宏典建築研究所　写真：GEN INOUE

和室に馴染む収納

シンプルな意匠の扉とする

収納上部平面詳細図 [S=1:8]

収納下部平面詳細図 [S=1:8]

障子に合わせてシンプルなグリッド状の割付けとした収納。障子を開けると収納が裏に隠れ、開けると縦枠の端で納まるように寸法を決めている。やわらかな印象の和紙を張り、手掛けを彫込みとして見せないことで収納としての存在感をやわらげている

北町の方形／村田淳建築研究室　写真：村田淳建築研究室

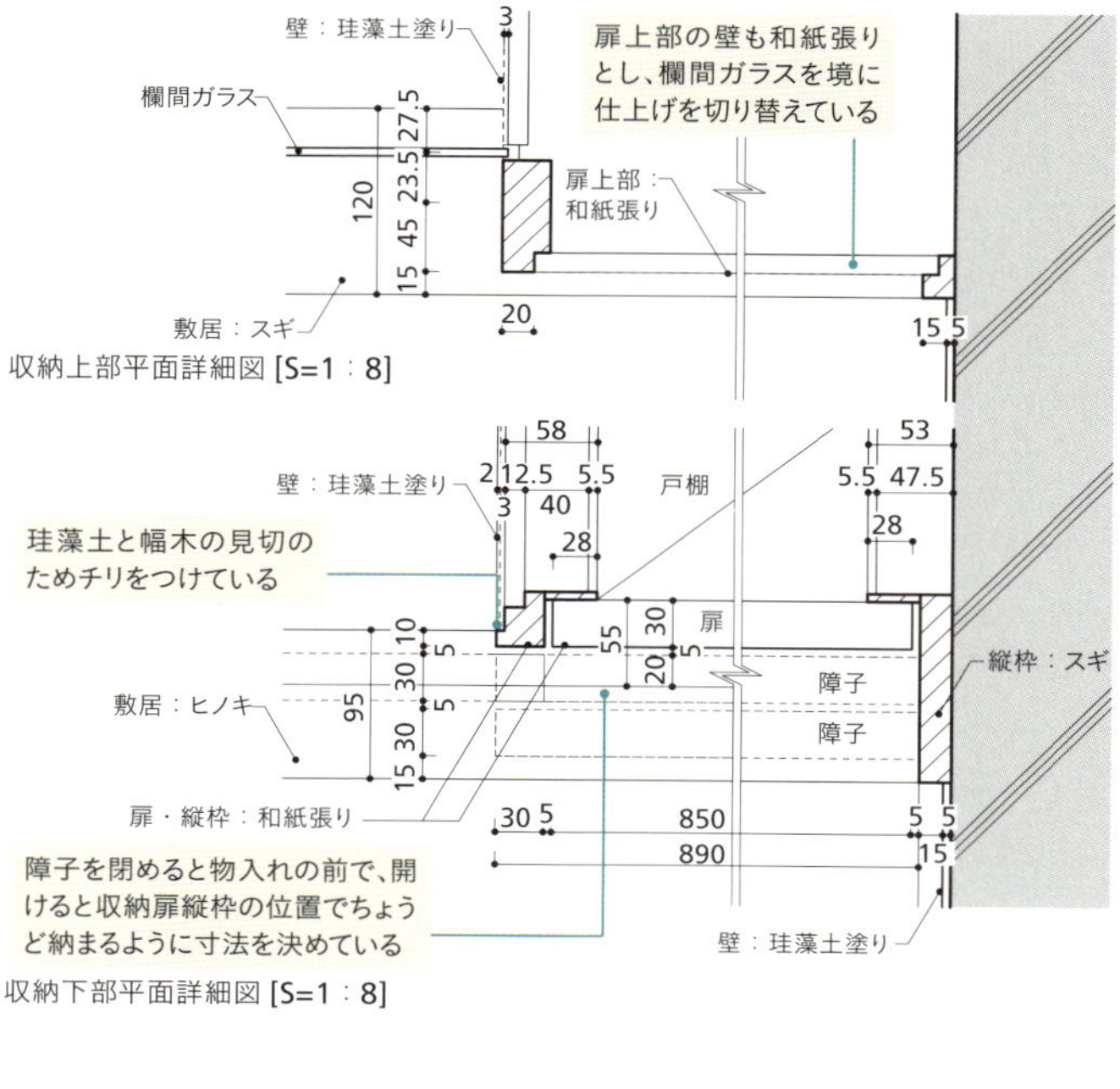

収納廻りに可変性をもたせる

ウォークスルークロゼットで空間を仕切る

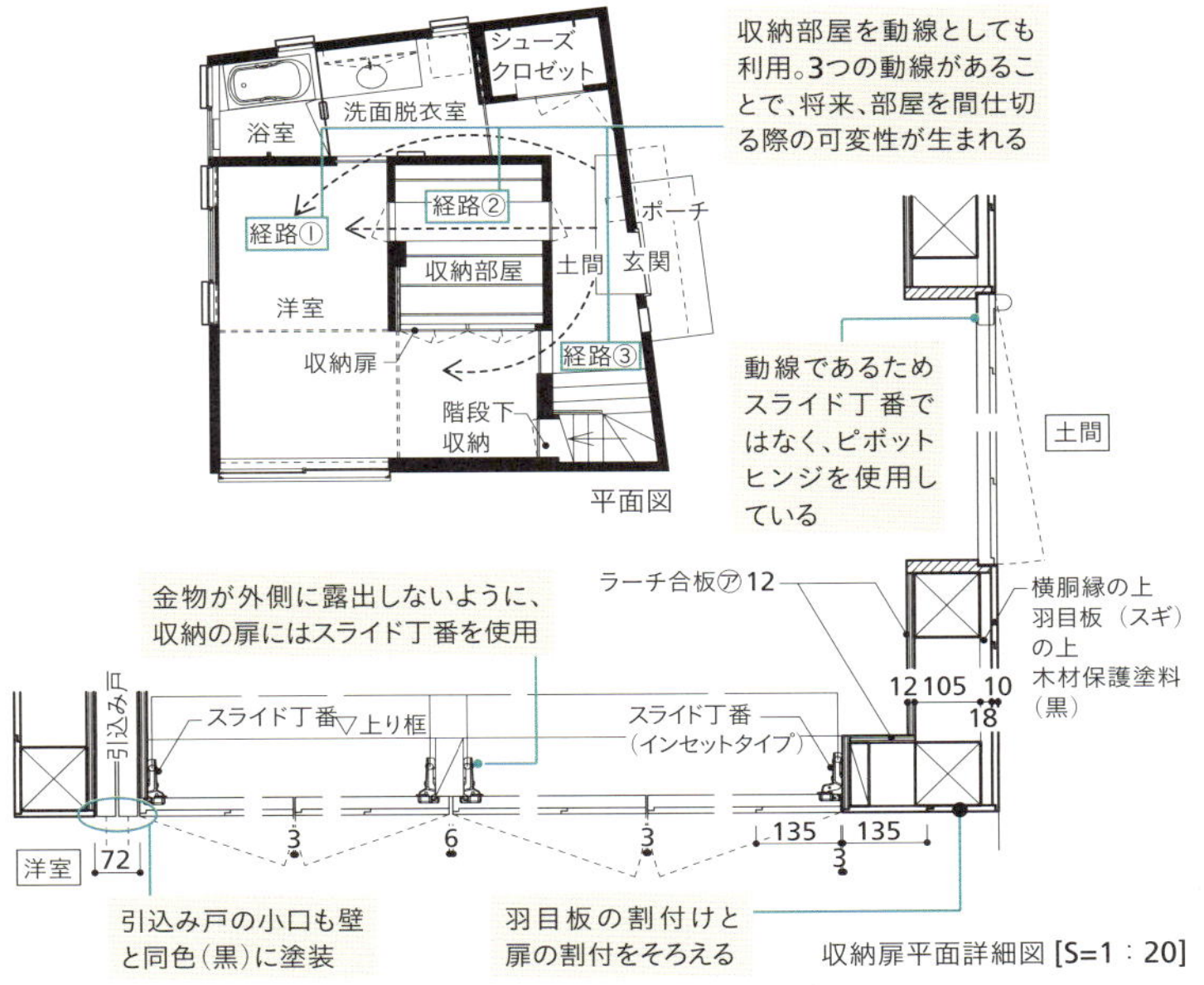

シューズクロゼット
浴室
洗面脱衣室
経路②
経路①
ポーチ
収納部屋
土間
玄関
洋室
経路③
収納扉
階段下収納
平面図
収納部屋を動線としても利用。3つの動線があることで、将来、部屋を間仕切る際の可変性が生まれる
動線であるためスライド丁番ではなく、ピボットヒンジを使用している
土間
ラーチ合板㋐12
横胴縁の上羽目板（スギ）の上木材保護塗料（黒）
12 105 10
18
金物が外側に露出しないように、収納の扉にはスライド丁番を使用
引込み戸
スライド丁番
上り框
スライド丁番（インセットタイプ）
3
6
3
135
135
3
洋室
72
引込み戸の小口も壁と同色（黒）に塗装
羽目板の割付けと扉の割付をそろえる
収納扉平面詳細図［S=1：20］

家族の成長とともに空間の利用方法は変わるが、一定量の収納は常に必要である。本事例では、あらかじめ必要な収納量を決定して、建物平面中央に入れ子状の箱として収納を計画、その周囲を可変できる空間とした。収納は空間の仕切りであり、扉の開閉により、さらなる動線を生み出す。本計画の空間構成の核となっている。

貫井の家／石井秀樹建築設計事務所　写真：鳥村鋼一

必要な時だけ空間を間仕切る

部屋を仕切る壁を収納にすると、スペースを節約できる。本事例では、収納を箱状に見せることにより、両部屋を完全に仕切らず一体化して見せた。収納の壁中には引戸が隠れており、来客時などには閉めることができる。

引戸付き収納で空間を仕切る

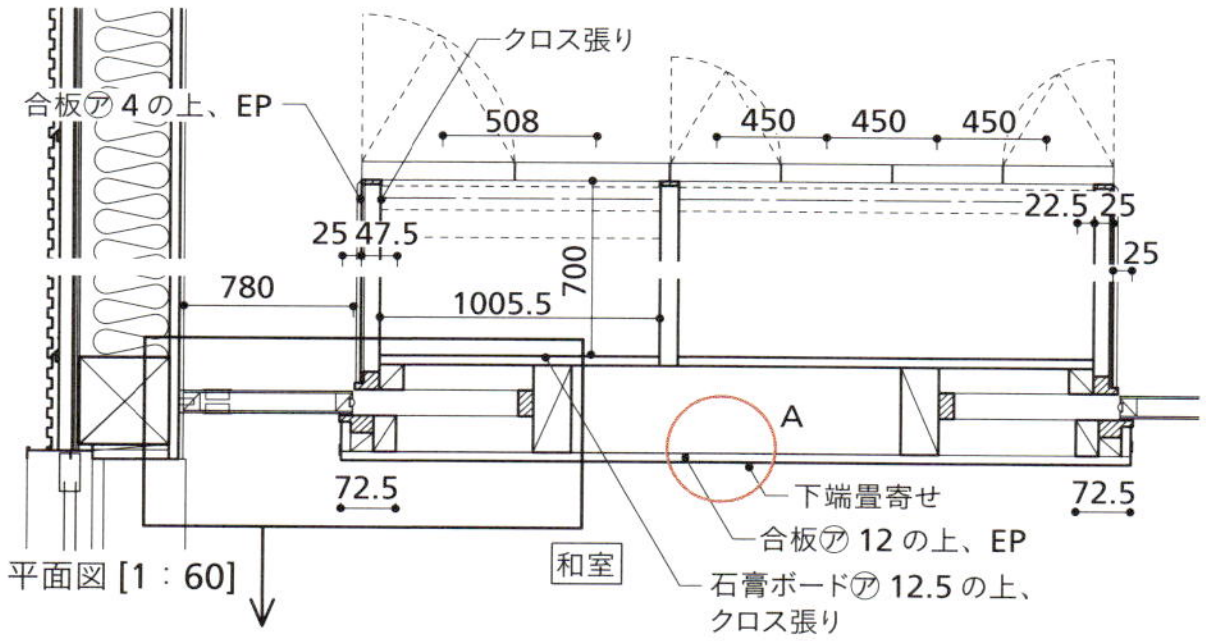
クロス張り
合板㋐4の上、EP
508
450
450
450
22.5
25
25
47.5
25
780
1005.5
700
A
72.5
下端畳寄せ
72.5
合板㋐12の上、EP
和室
石膏ボード㋐12.5の上、
クロス張り

平面図 [1：60]

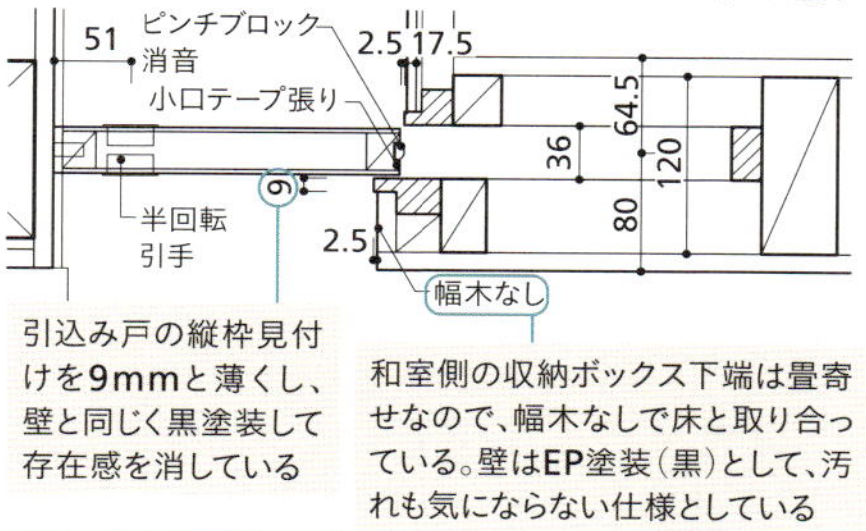
51
ピンチブロック
消音
小口テープ張り
2.5
17.5
64.5
36
120
80
9
半回転
引手
2.5
幅木なし
引込み戸の縦枠見付けを9mmと薄くし、壁と同じく黒塗装して存在感を消している
和室側の収納ボックス下端は畳寄せなので、幅木なしで床と取り合っている。壁はEP塗装（黒）として、汚れも気にならない仕様としている

引込み戸平面詳細図 [S=1：10]

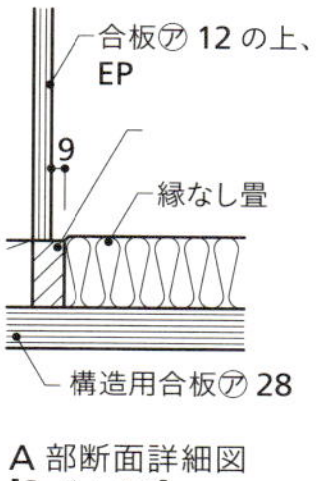
合板㋐12の上、
EP
9
縁なし畳
構造用合板㋐28

A部断面詳細図
[S=1：10]

角の浮いた白い家／根來宏典建築研究所　写真：GEN INOUE

空間に奥行きを生む ささやかな工夫

収納を設けつつ、空間に奥行感をもたせることは可能だ。本事例では、和室の収納の足元を少し浮かせて、間接照明を仕込んでいる。行き止まりをつくらないことで空間に広がりを生んだ。この余白は、ちょっとした物を飾る床の間としても使うことができる。

収納を床から浮かせる

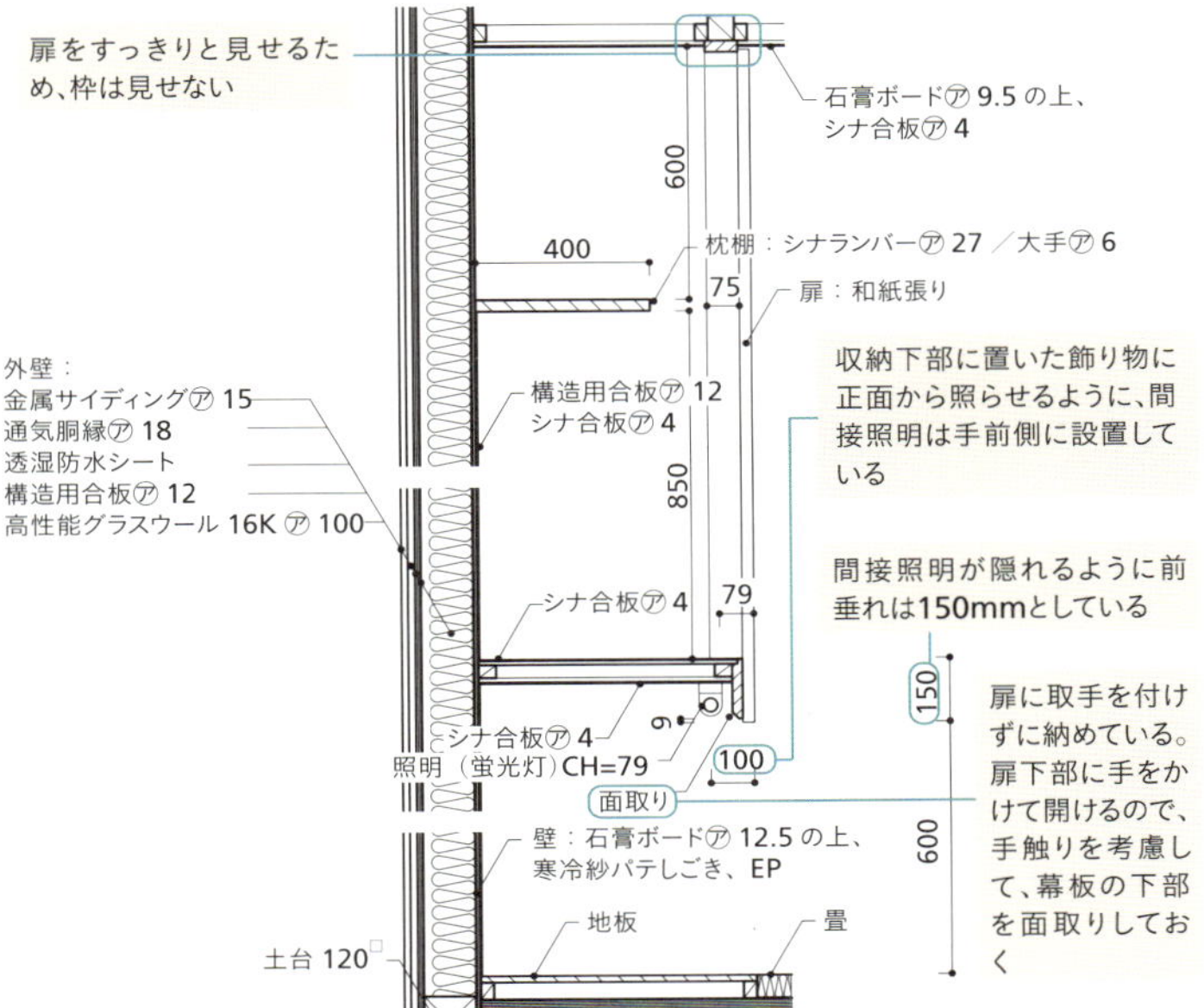
扉をすっきりと見せるため、枠は見せない
石膏ボード㋐9.5の上、
シナ合板㋐4
600
400
枕棚：シナランバー㋐27／大手㋐6
75
扉：和紙張り
外壁：
金属サイディング㋐15
通気胴縁㋐18
透湿防水シート
構造用合板㋐12
高性能グラスウール 16K ㋐100
構造用合板㋐12
シナ合板㋐4
850
収納下部に置いた飾り物に正面から照らせるように、間接照明は手前側に設置している
間接照明が隠れるように前垂れは150mmとしている
シナ合板㋐4
79
150
扉に取手を付けずに納めている。扉下部に手をかけて開けるので、手触りを考慮して、幕板の下部を面取りしておく
9
シナ合板㋐4
照明（蛍光灯）CH=79
100
面取り
600
壁：石膏ボード㋐12.5の上、
寒冷紗パテしごき、EP
土台 120□
地板
畳
断面図 [S=1：30]

鉄 HOUSE／根來宏典建築研究所　写真：GEN INOUE

空間に広がりをもたせる収納

空間を連続させるためには、収納を躯体から切り離すという手もある。本事例では、吹抜けに面する壁に床から浮かせた収納ボックスを設けてガラスを納め、2階から庭への視線の抜けを確保した。収納上部も天井から離し、勾配天井の広がりを見せている。

2階から収納をみる。収納の上下を抜くことで視線の抜けをつくり、軽やかな印象を創出している

収納の上部と下部を抜く

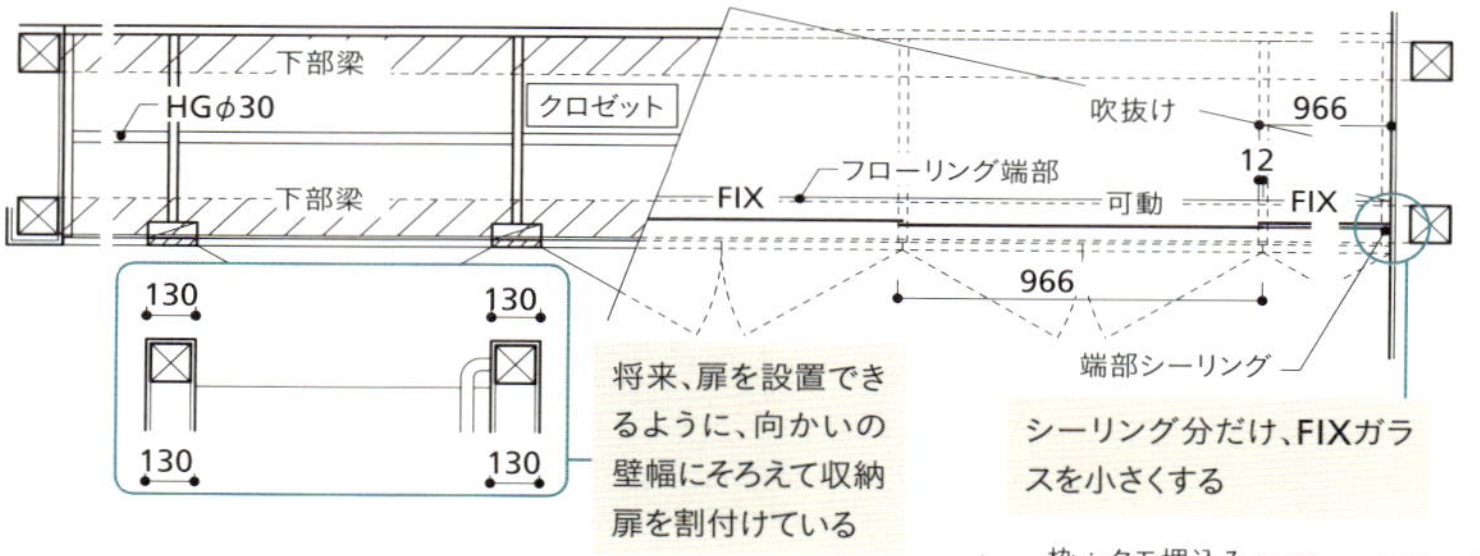

平面図 [S=1：40]

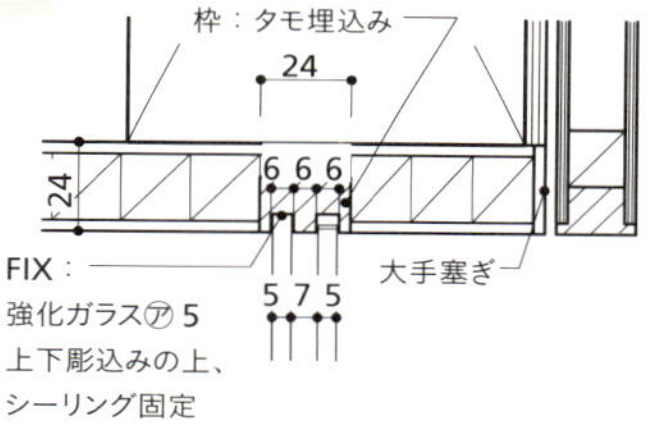

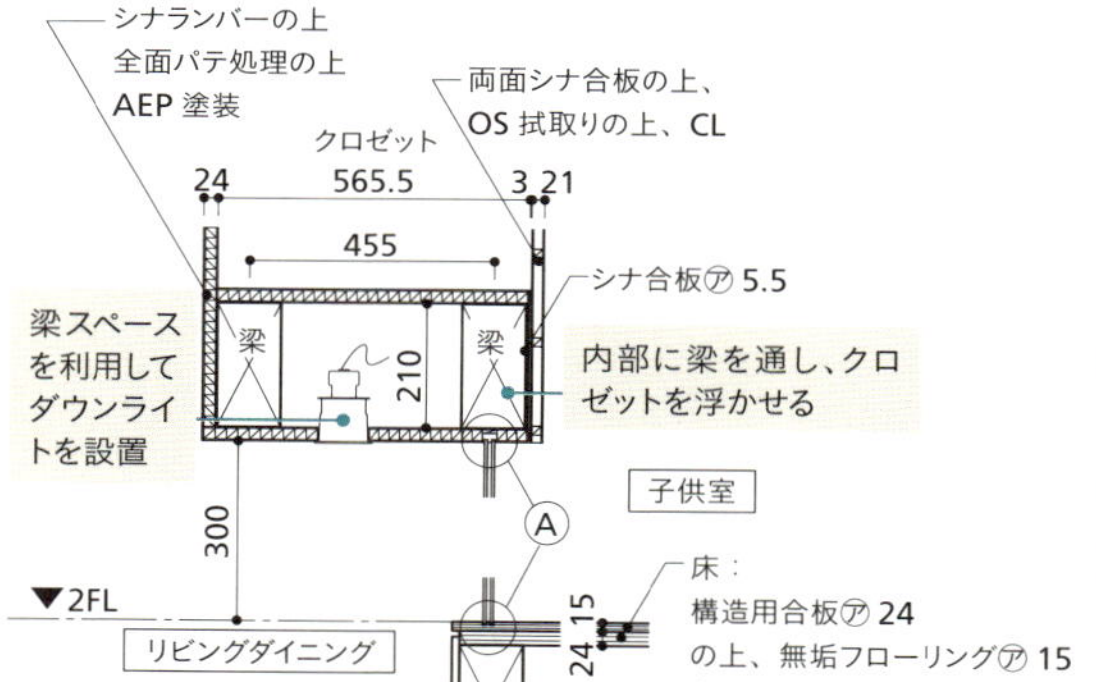

断面図 [S=1：25]

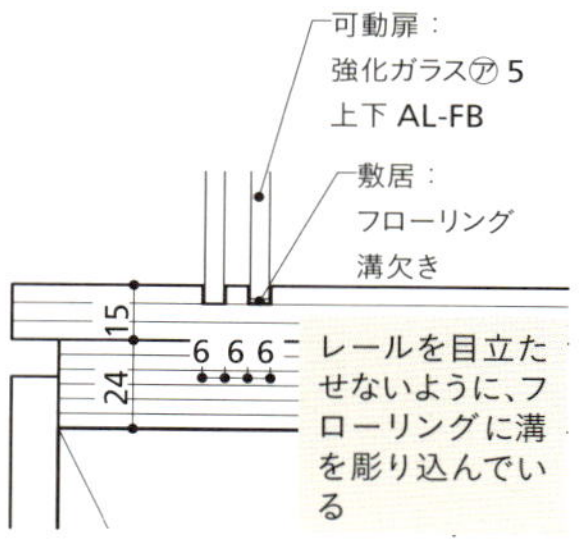

A部詳細図 [S=1：4]

鶴ヶ島の家／石井秀樹建築設計事務所　写真：鳥村鋼一

空間に一体感をもたせる収納

書棚とカウンターを連続させると、書斎スペースに一体感をもたせることができる。素材はナラの集成材で統一し、現場に搬入した板材を大工が加工し、簡単に造り付けられるようにしてコストダウンを図った。パソコンやプリンターなども使うため、コンセント類も配備した。

デスクと書棚の高さをそろえる

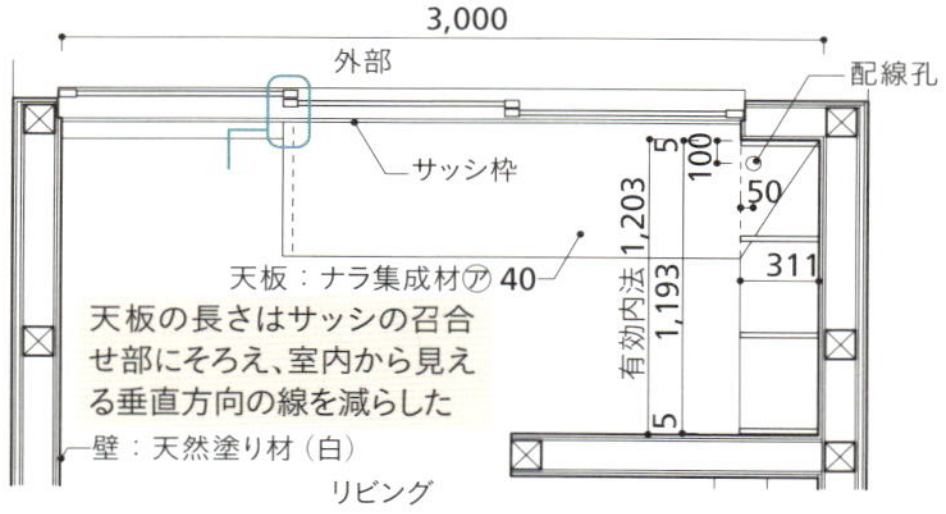

平面図 [S=1：60]

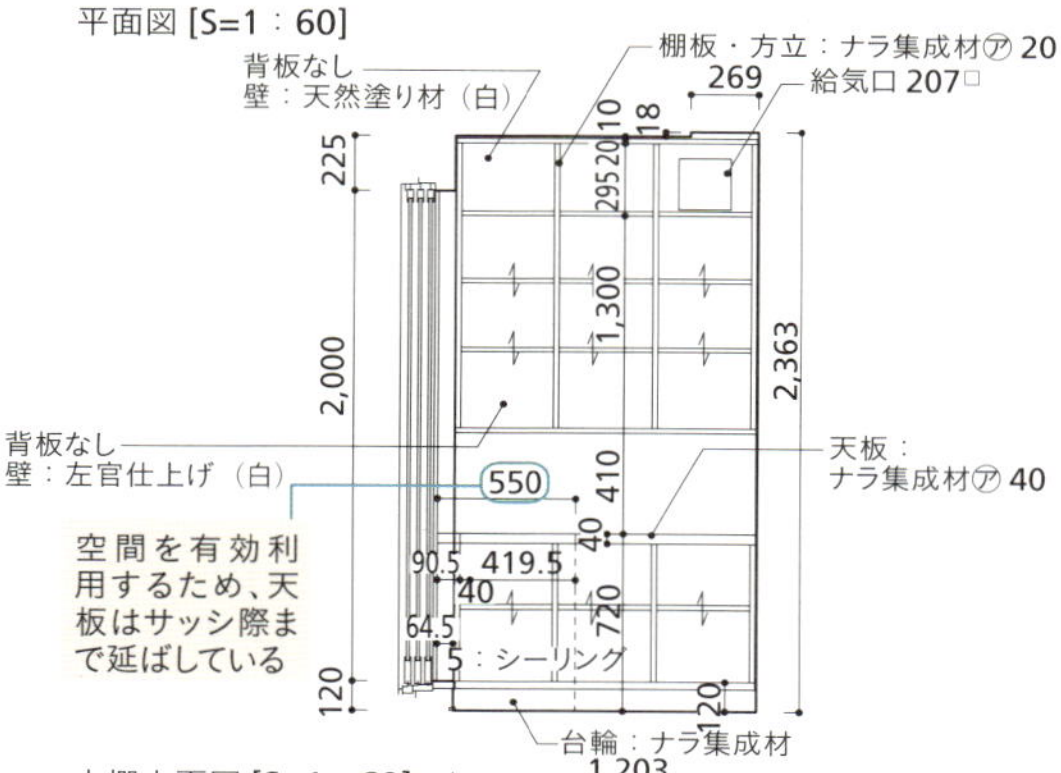

本棚立面図 [S=1：60]

うなぎの寝床／根來宏典建築研究所　写真：上田宏

水槽を設置したニッチ

扉の小口にテーパーをかけてFIXガラスのように見せる

市販の水槽を造り付けの水槽のようにガラス面だけがすっきりと見えるよう納めている。壁厚が影響しないように、水槽の前面をパネルで塞ぎ、パネルの小口にテーパーをかけてより薄く見せることではめ殺しのガラスのように見せている。正面から水槽内のレイアウトを確認できるように上部のパネルは跳ね上げ扉としている。背面に回ると収納の中に水槽が設置される形になっており、メンテナンスに配慮している。

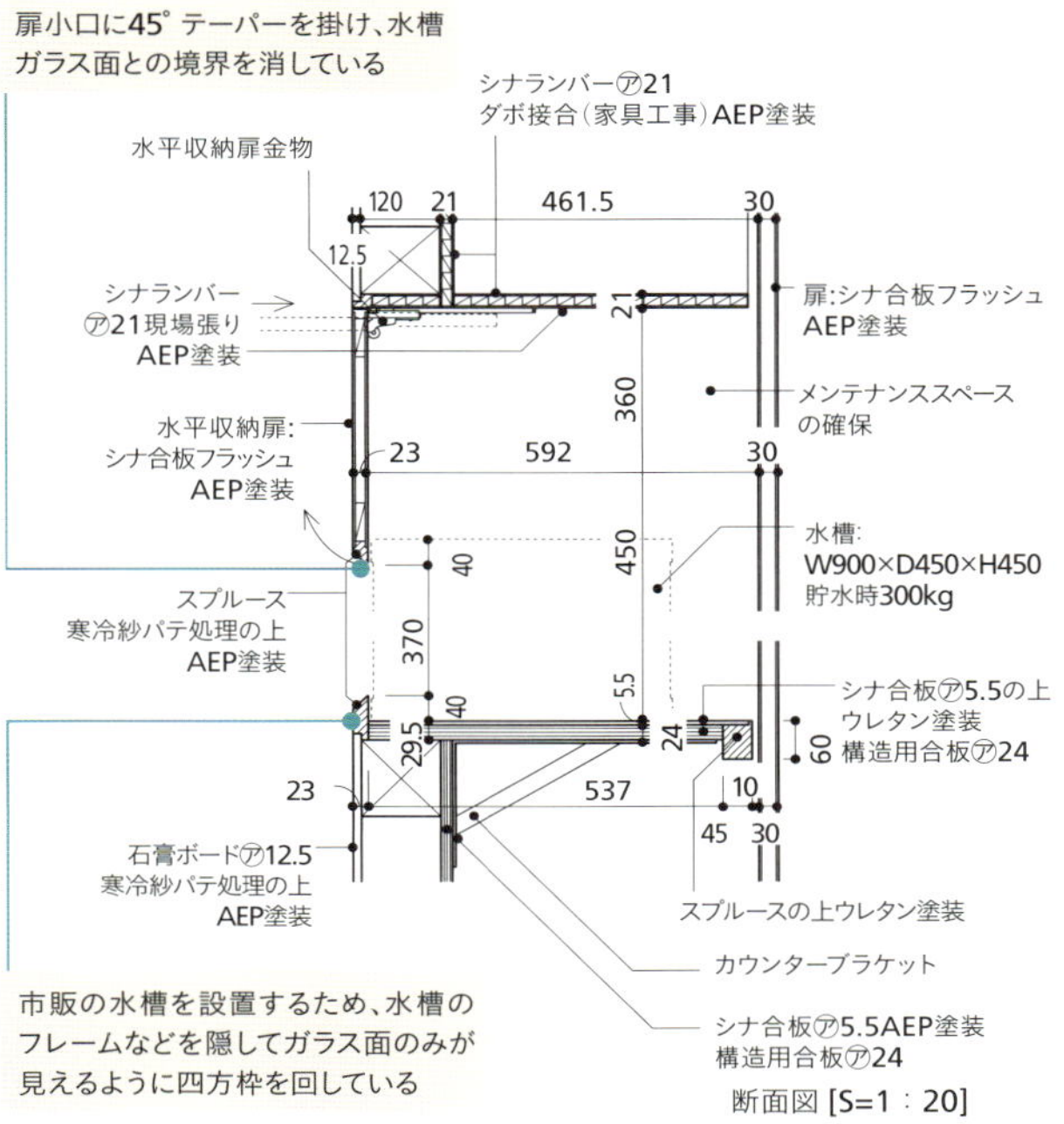

断面図 [S=1：20]

砧の家／石井秀樹建築設計事務所　写真：鳥村鋼一

和室と調和する化粧台

モダンな雰囲気の和室に合う化粧台を造作した。引出しを備え、天板と側板がL字につながった動きのあるデザインとしている。既製品で適当なものがなかったため、空間の一体感を優先し、オリジナルで製作した。

置き家具を造作する

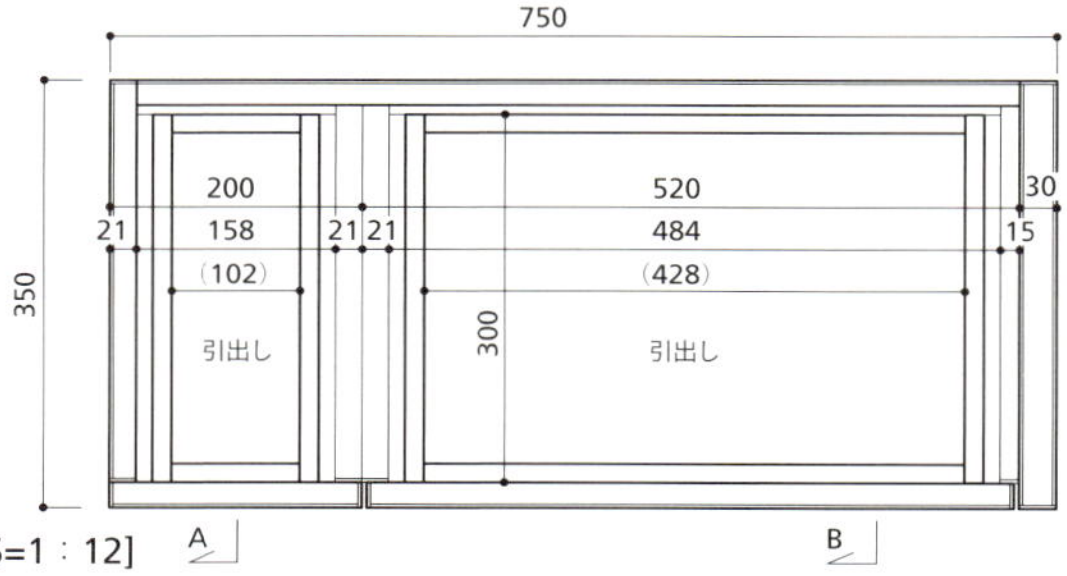

家具平面図 [S=1：12]

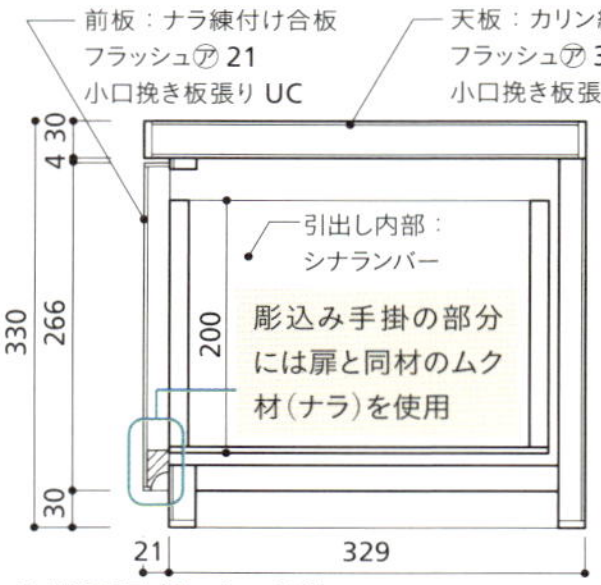

A 断面図 [S=1：12]

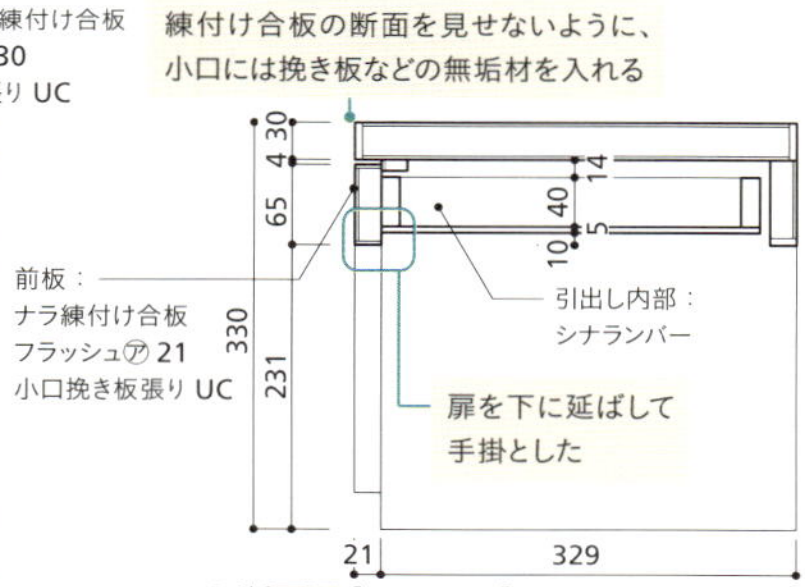

B 断面図 [S=1：12]

浦和の 2 つの家／村田淳建築研究室　写真：村田淳建築研究室

床と同一素材で造作するベッド

オープンな空間の調和を図るには、家具の素材を空間とそろえるとよい。本事例では、ベッドをオリジナルで造った。マットレスを納める枠廻りは、床のフローリングに合わせてチークを採用し、床の段差がヘッドレストとなるように高さを調整して造作した。

家具と空間の材をそろえる

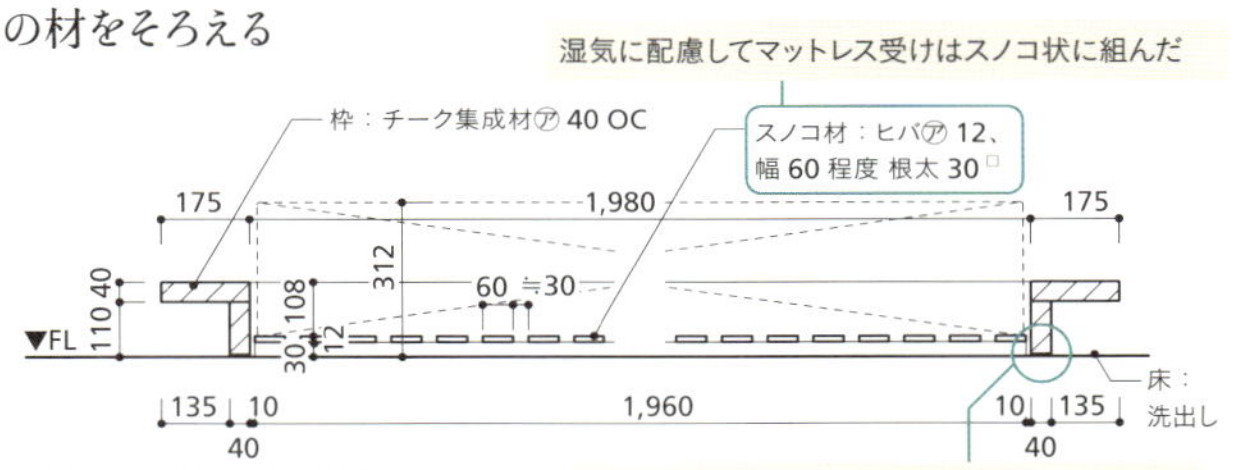

湿気に配慮してマットレス受けはスノコ状に組んだ
枠：チーク集成材㋐ 40 OC
スノコ材：ヒバ㋐ 12、幅 60 程度 根太 30□
175
1,980
175
312
60 ≒30
40
110
108
12
30
▼FL
床：洗出し
135
10
1,960
10
135
40
40
床の不陸に対応するためアジャスターを付けた

A 部断面図 [S=1：30]

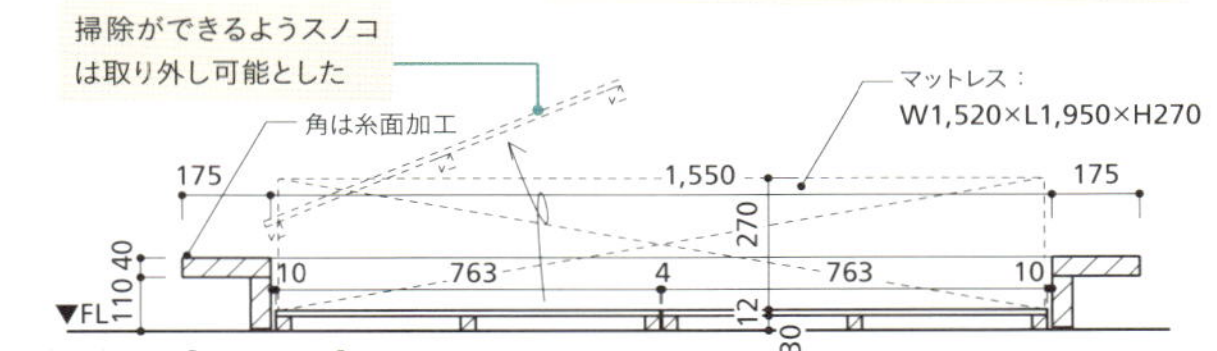

掃除ができるようスノコは取り外し可能とした
角は糸面加工
マットレス：W1,520×L1,950×H270
175
1,550
175
270
40
110
10
763
4
763
10
12
30
▼FL

B 部断面図 [S=1：30]

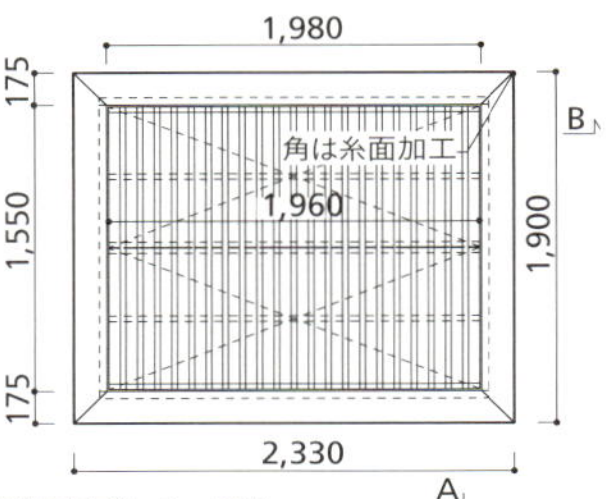

1,980
175
1,550
175
角は糸面加工
1,960
1,900
2,330
B
A

平面図 [S=1：80]

東村山の家／石井秀樹建築設計事務所　写真：鳥村鋼一

第7章
設備

網代天井の美しさを壊さない設備機器のつけ方

網代天井に設備機器を設けると、せっかくの美しさが台無しになってしまう。ここでは、照明は間接照明で確保し、エアコンも目立たないように入口付近の下がり天井部に設けた。床の間の天井板も網代とし、ピクチャーレールは天井面ではなく、壁面に設けている。廻縁、幕板、落とし掛けは網代の神代色に合わせて着色しているが、杉の床柱は網代と共にその存在を明確にするために、着色しない磨き丸太として惹き立たせている。

間接照明を設ける

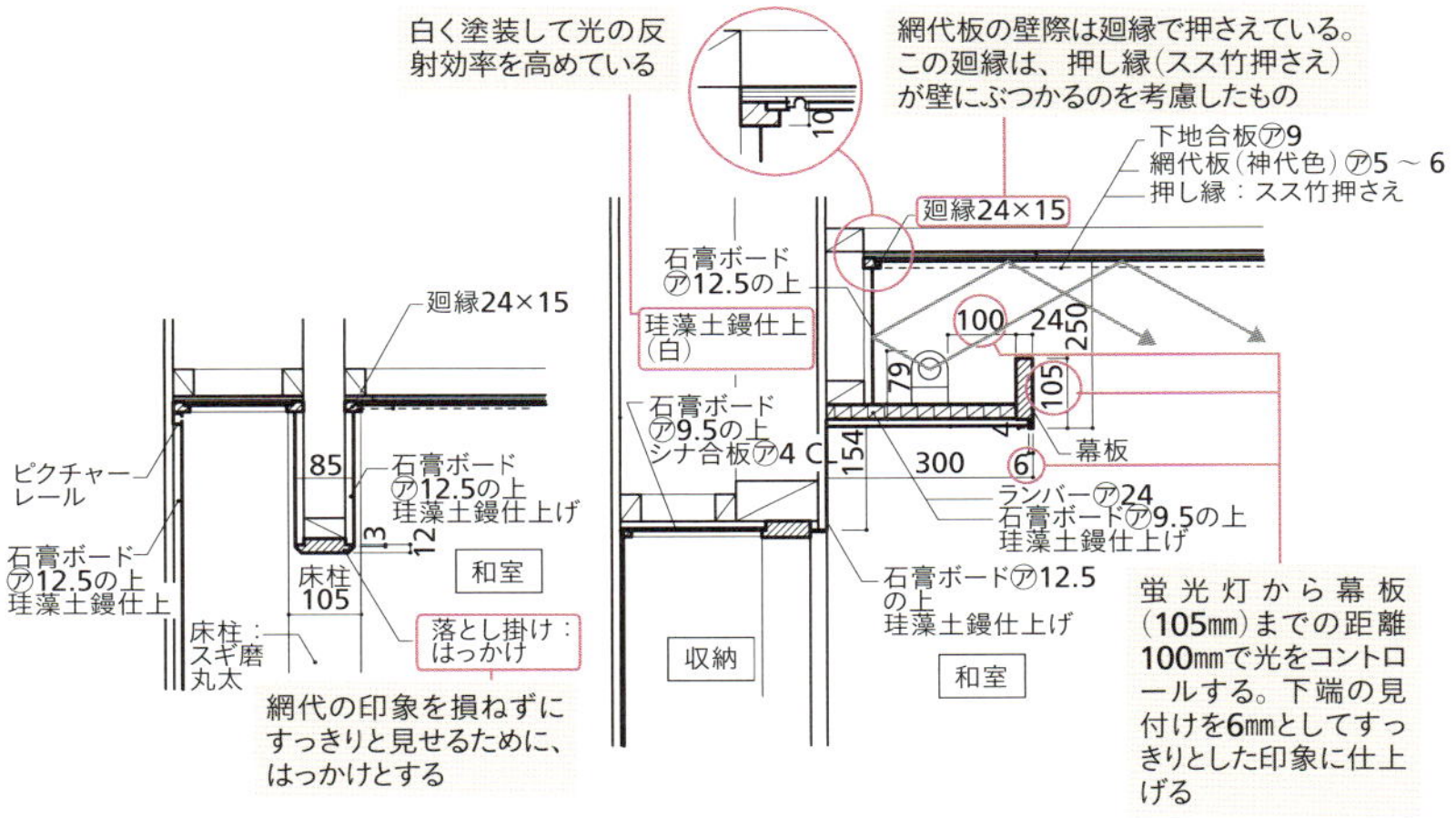

断面図[S＝1：20]

対岳荘／根來宏典建築研究所　写真：上田宏

斜め天井を照らす間接照明

壁に間接照明ボックスをつける

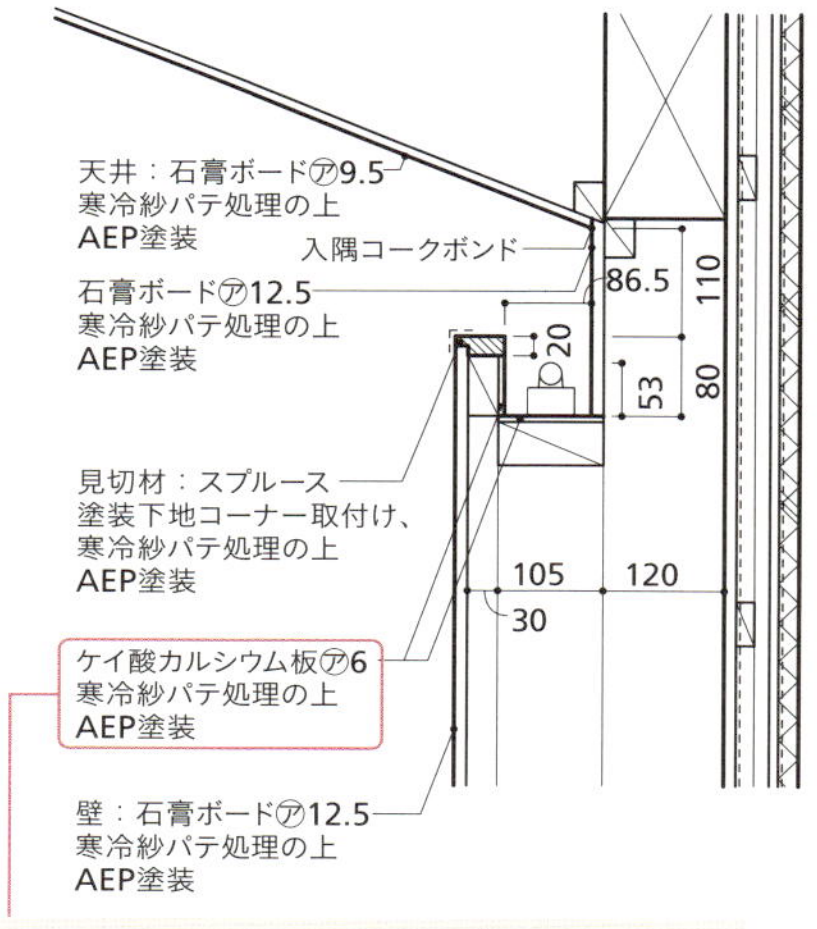
天井：石膏ボード㋐9.5
寒冷紗パテ処理の上
AEP塗装
入隅コークボンド
石膏ボード㋐12.5
寒冷紗パテ処理の上
AEP塗装
86.5
110
20
53
80
見切材：スプルース
塗装下地コーナー取付け、
寒冷紗パテ処理の上
AEP塗装
105
120
30
ケイ酸カルシウム板㋐6
寒冷紗パテ処理の上
AEP塗装
壁：石膏ボード㋐12.5
寒冷紗パテ処理の上
AEP塗装
ボックス内寸法が狭く後施工が困難なため、下地木材とケイ酸カルシウム板を一体に取り付ける。内側も光の拡散を意図して白く塗装している

断面図［S＝1：15］

斜めに下がる天井と壁の取り合い部に設置した間接照明。斜めに下がっている面のため、天井面に間接照明ボックスを設置した場合、深く埋め込まないと照明器具が見えてしまう。また、勾配が急なためメンテナンスも困難だ。そこで、ここでは壁側に間接照明ボックスを設置している。壁側に照明ボックスを計画する際には、柱の内側に壁をふかして、柱で照明ボックスが分断されないよう注意する必要がある。

砧の家／石井秀樹建築設計事務所　写真：鳥村鋼一

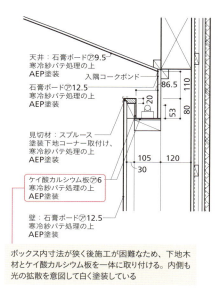

壁を照らす間接照明

目透かしの寸法を大きくする

片流れの勾配天井と壁の取り合い部を目透かしの納まりとしている。本事例では、目透かしの寸法を大きくして、そこに間接照明を埋め込んだ。天井を納めるために目透かしとしたため、目透しは端から端まで通しており、間接照明としてはかなりの光量となる。そこで、調光器で単位当たりの明るさを抑えている。間接照明の開口寸法は光の拡散具合と排熱、メンテナンスに配慮して決定する必要がある。

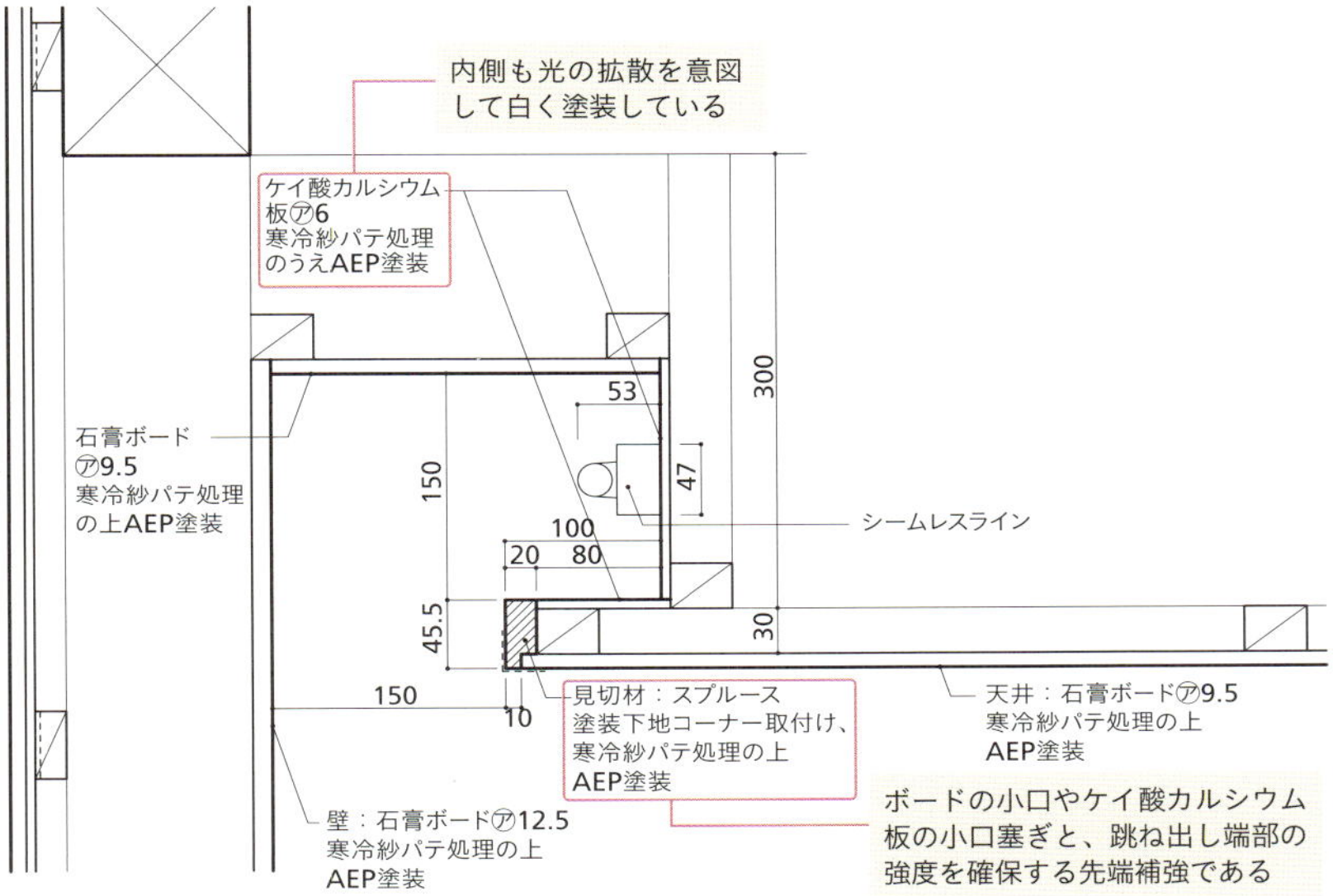

断面図［S＝1：8］

所沢の家／石井秀樹建築設計事務所　写真：鳥村鋼一

フレームが露出しないダウンライト

天井をラーチ合板の生々しい素材感を生かした仕上げとした際、既成品のダウンライトのフレームが露出することは避けたい。ここでは天井面をくりぬいたようなボックス状のランプをつけて、簡易なダウンライトを造作した。照明を造作する際は意匠面だけでなく、ランプの熱やランプ・器具の交換に配慮が必要である。ランプの種類によって、ランプの先端で発熱するもの、根元側で発熱するものと発熱する箇所に違いがある点にも注意が必要だ。

ダウンライトを造作する

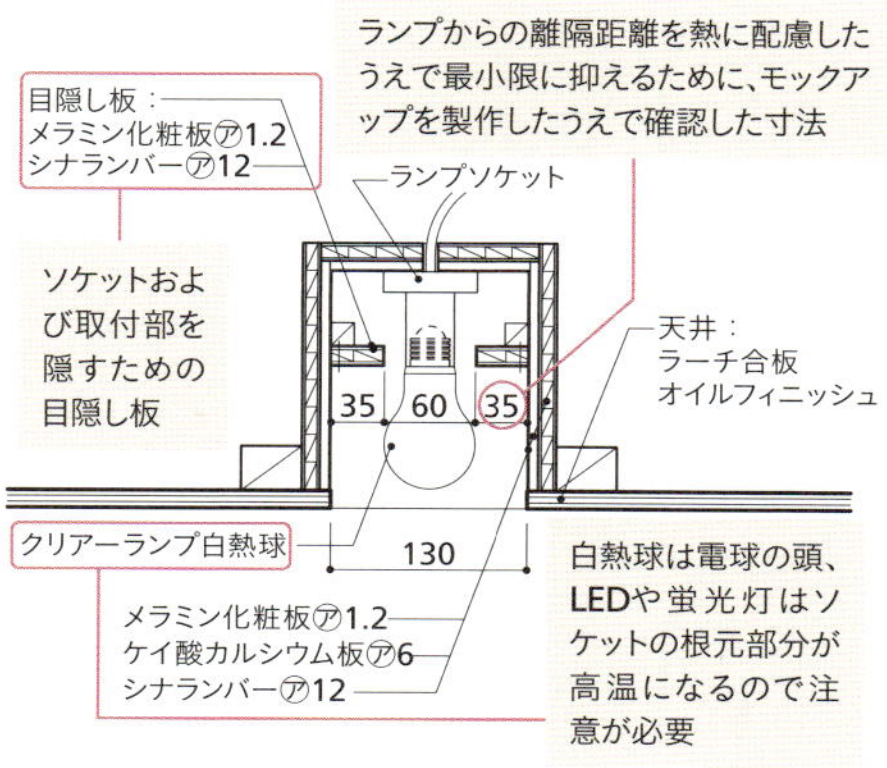

ランプからの離隔距離を熱に配慮したうえで最小限に抑えるために、モックアップを製作したうえで確認した寸法
目隠し板：
メラミン化粧板㋐1.2
シナランバー㋐12
ランプソケット
ソケットおよび取付部を隠すための目隠し板
天井：
ラーチ合板
オイルフィニッシュ
35
60
35
クリアーランプ白熱球
130
メラミン化粧板㋐1.2
ケイ酸カルシウム板㋐6
シナランバー㋐12
白熱球は電球の頭、LEDや蛍光灯はソケットの根元部分が高温になるので注意が必要

断面図［S＝1：10］

宮前平の家／石井秀樹建築設計事務所　写真：鳥村鋼一

空間の邪魔にならない照明計画

配線ダクトは、好きな場所に好きな照明が取り付けられ、移動も簡単である。本事例のように、部屋の端から端までに2本の配線ダクトを設けると、すっきりとした天井でありながら、空間がダイナミックに感じることができる。バルコニーに対して下がり壁を設けていないので、窓際の天井面は明るく照らされ、反射した柔らかい光が空間を包み込む。天井面は突起物のないフラットな空間なので、視線が水平方向に抜け、内部と外部との一体感が増している。

照明用配線ダクトを落し込む

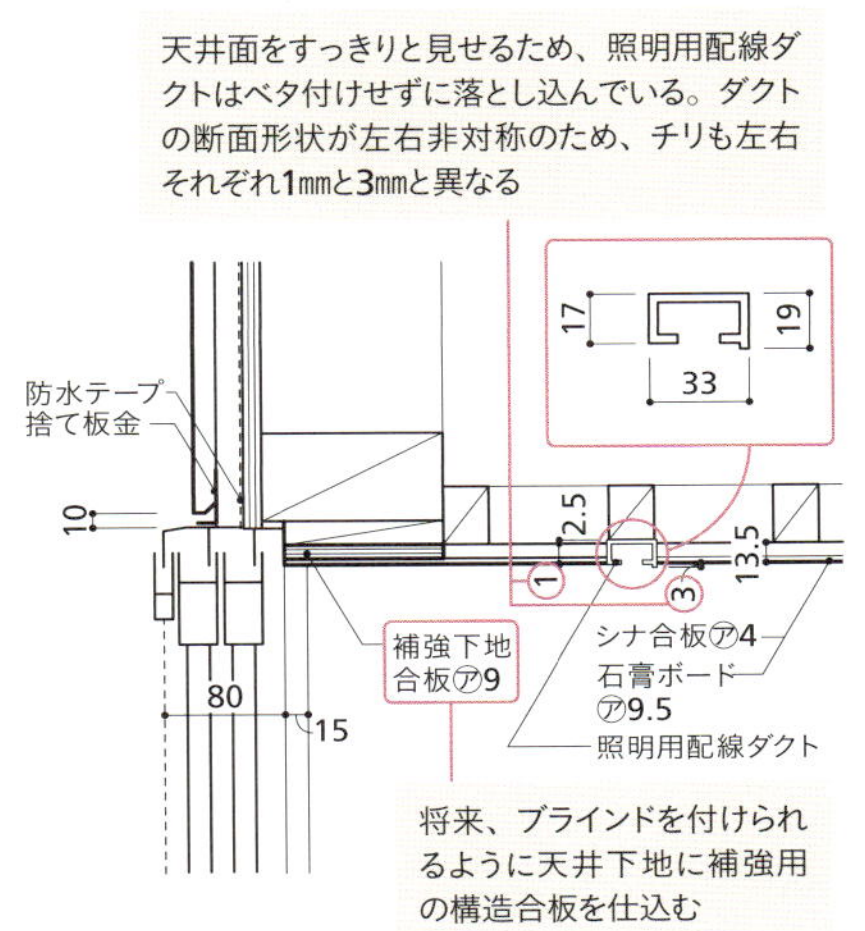

天井面をすっきりと見せるため、照明用配線ダクトはベタ付けせずに落とし込んでいる。ダクトの断面形状が左右非対称のため、チリも左右それぞれ1㎜と3㎜と異なる
17
19
33
防水テープ
捨て板金
10
2.5
13.5
1
3
補強下地合板㋐9
シナ合板㋐4
石膏ボード㋐9.5
照明用配線ダクト
80
15
将来、ブラインドを付けられるように天井下地に補強用の構造合板を仕込む

断面図［S＝1：10］

鉄 HOUSE／根來宏典建築研究所　写真：GEN INOUE

格子で天井扇を隠す

設備機器は部屋の印象を無骨にしがちなので、すっきりと見せるために設置する場所をよく考えたい。トイレの天井扇を格子の中に隠して設置した。設備機器がどうしても表に出てしまう場合に格子で設備機器を隠す方法はよく用いられるが、格子の隙間寸法と両端の空き寸法をそろえるなどの配慮によって、シンプルに納めている。

格子の両端の空き寸法を格子の隙間寸法とそろえる

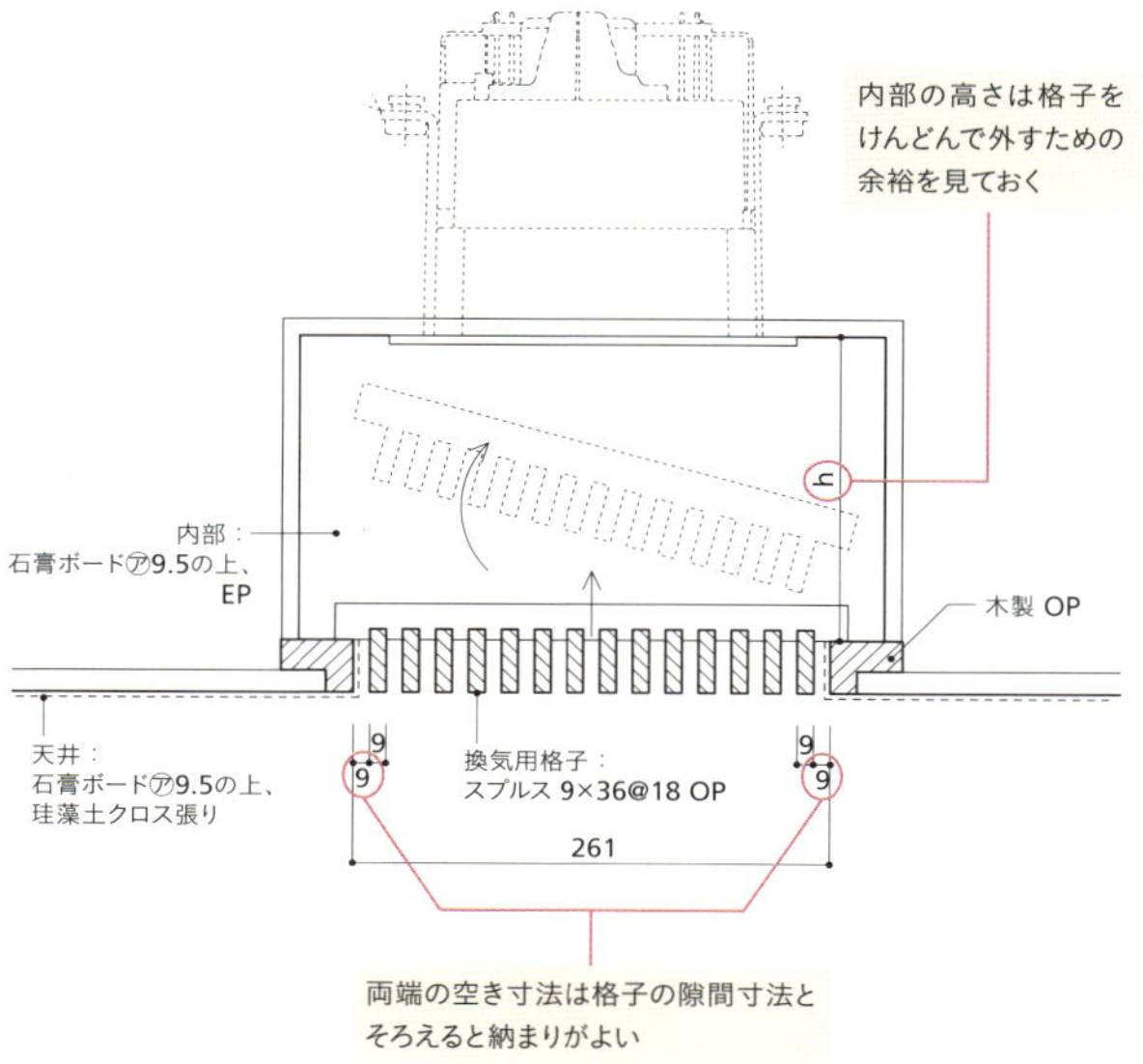

内部の高さは格子をけんどんで外すための余裕を見ておく
h
内部：
石膏ボード㋐9.5の上、
EP
木製 OP
天井：
石膏ボード㋐9.5の上、
珪藻土クロス張り
換気用格子：
スプルス 9×36@18 OP
9
9
9
9
261
両端の空き寸法は格子の隙間寸法とそろえると納まりがよい

断面図[S=1：8]

天井を下げて配管スペースに用いる

生じた段差はアクセントになる

上階に水廻りを配置した場合、その配管ルートの設計が重要になる。天井懐が狭かったり、梁に当たったりして配管ルートを確保できない場合は、思い切って天井を一段下げるという割り切りも必要だ。その際は、生じた段差を空間のアクセントとして積極的に生かしたい。ここでは梁を避けるために天井の一部を45㎜下げた。生じた段差で天井に斜めのラインをつくり、庭側に設けた大きな開口部に視線を誘導している。

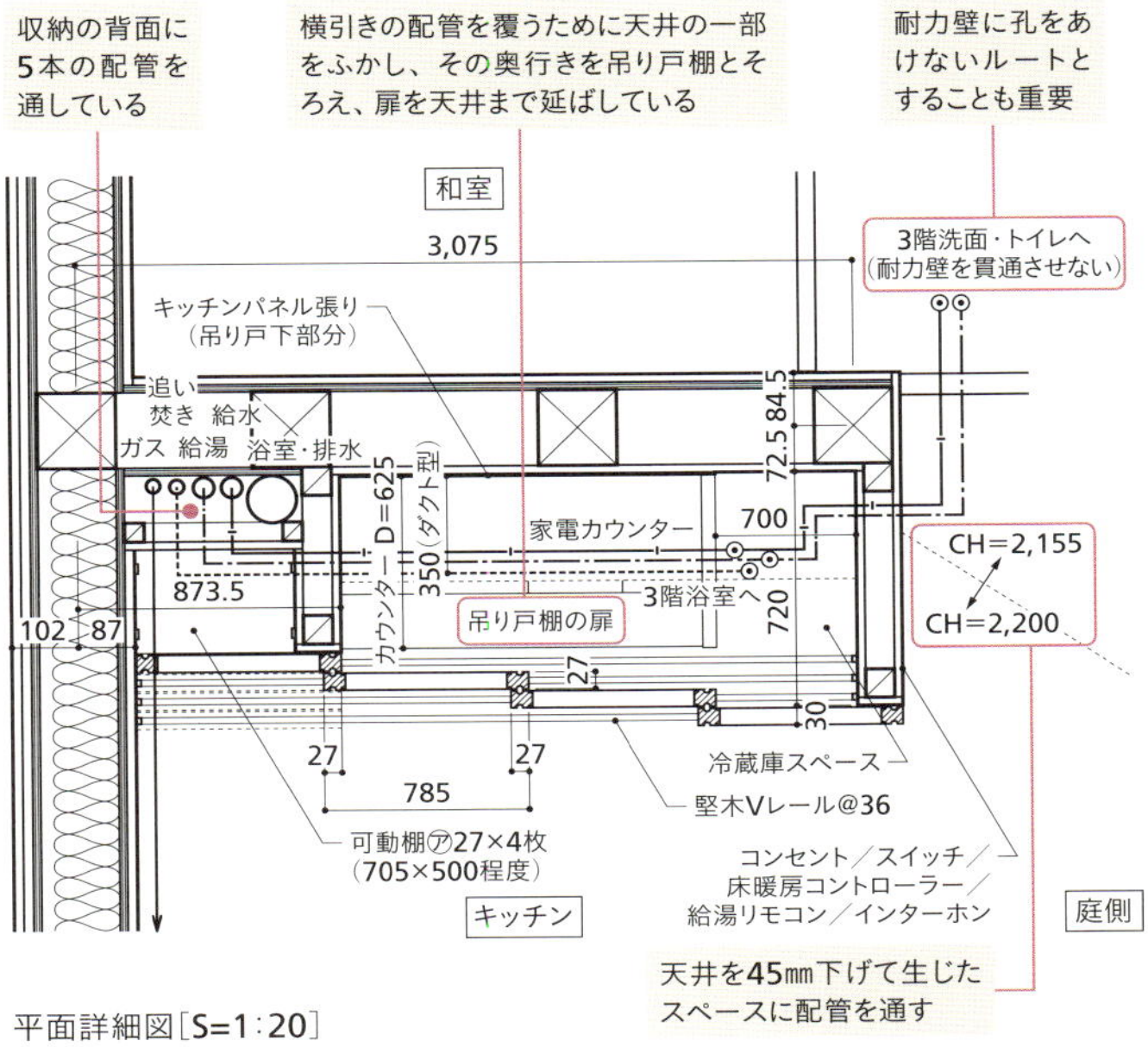

収納の背面に5本の配管を通している
横引きの配管を覆うために天井の一部をふかし、その奥行きを吊り戸棚とそろえ、扉を天井まで延ばしている
耐力壁に孔をあけないルートとすることも重要
和室
3,075
3階洗面・トイレへ（耐力壁を貫通させない）
キッチンパネル張り（吊り戸下部分）
追い焚き
給水
ガス
給湯
浴室・排水
84.5
72.5
D=625
350（ダクト型）
カウンター
家電カウンター
700
873.5
3階浴室へ
吊り戸棚の扉
720
CH=2,155
CH=2,200
102
87
27
30
27
27
785
冷蔵庫スペース
堅木Vレール@36
可動棚㋐27×4枚（705×500程度）
コンセント／スイッチ／床暖房コントローラー／給湯リモコン／インターホン
キッチン
庭側
天井を45㎜下げて生じたスペースに配管を通す

平面詳細図［S=1：20］

旗竿敷地の白い家／根來宏典建築研究所　写真：上田宏

コンセントの存在を隠す

床下空間を利用する

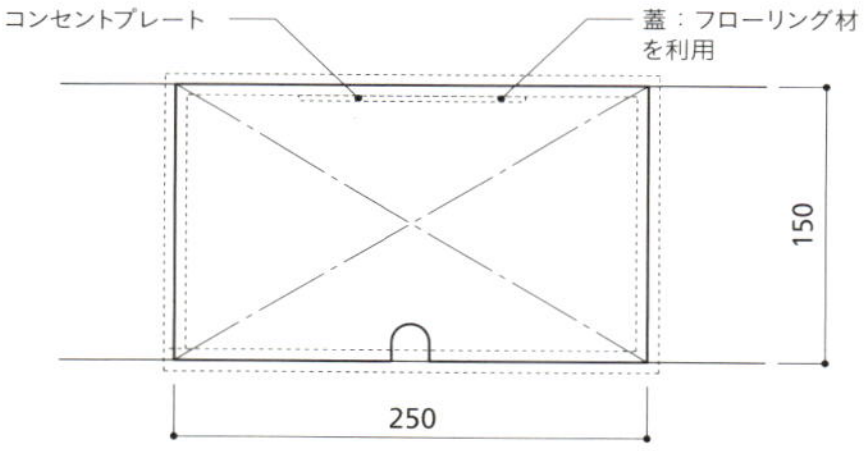

コンセントプレート
蓋：フローリング材を利用
150
250

平面図[S=1：8]

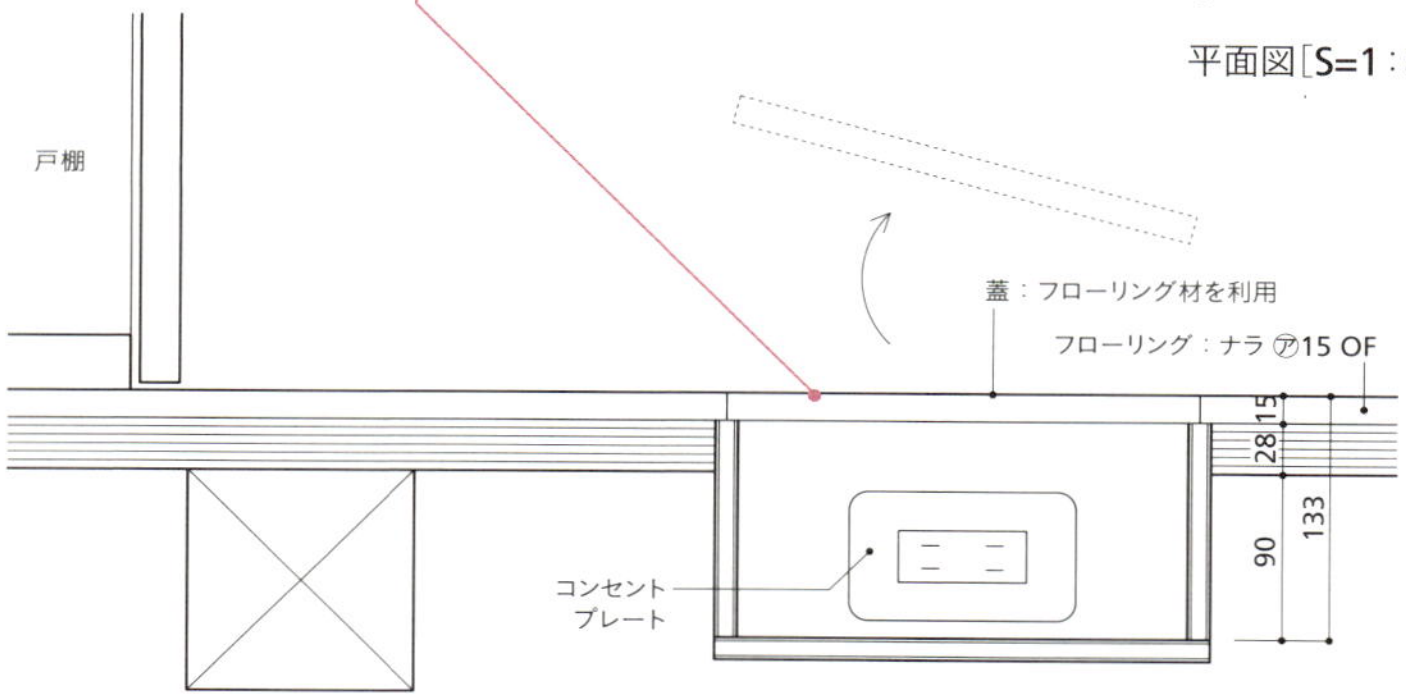

ソファ脇のスタンド照明のコンセントを、床組みに必要な床下スペースを利用して設置した
戸棚
蓋：フローリング材を利用
フローリング：ナラ ㋐15 OF
15
28
133
90
コンセントプレート

断面図[S=1：8]

スキップフロアとして計画した半地下の図書室の床下に生じた空間を配管スペースとし、床下にコンセントを設けた事例。既製品のフロアコンセントでも良いが、空間に余計な線が出てしまう。そこで、フローリング材を利用したふたを製作しコンセントを隠している。

井口の家／村田淳建築研究室　写真：村田淳建築研究室

蓄熱暖房機を床下に設ける

製作の吹出口を設ける

蓄熱式床下暖房機は輻射熱で躯体を温める原理だが、空気の還流による暖房効果にも期待しているため吹出口を設けている。吹出口を製作することで、フローリングの割付けにそろえてすっきり見せられ、デザインに統一感を出すことができる。ゴミや虫が入らないようメッシュでふさぐとともに、掃除に配慮し簡単に取り外せるようにした。送風機能がある場合、空調機器の吹出口を覆う際はショートサーキットに十分に注意する必要がある。

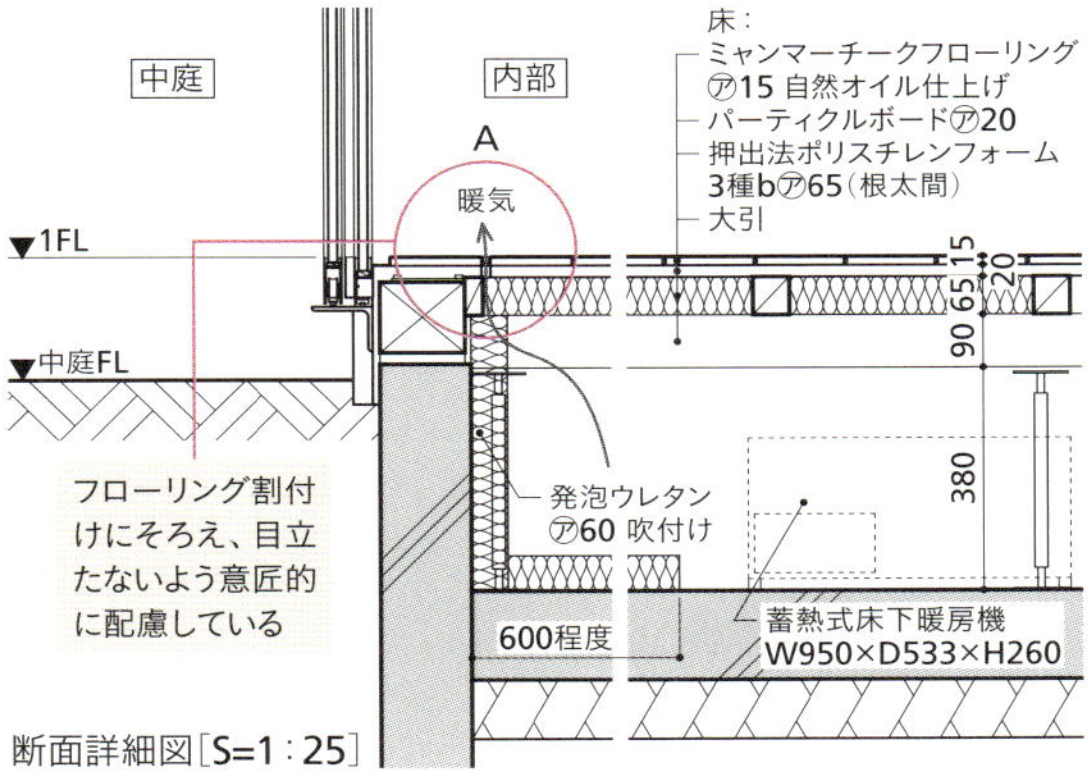

断面詳細図［S=1：25］

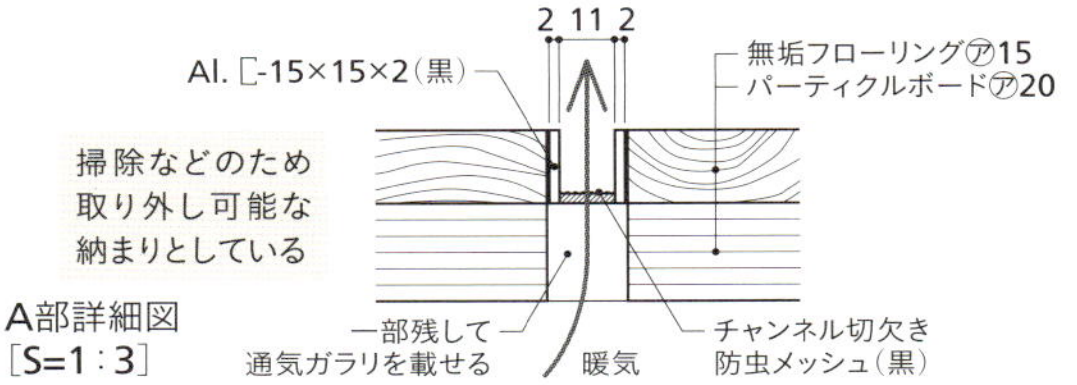

A部詳細図
［S=1：3］

東村山の家／石井秀樹建築設計事務所　写真：鳥村鋼一

壁厚を生かして空調を隠す

和室に空気集熱式パッシブソーラーの吹出口を設けた住宅。畳には吹出口を設置できず、板敷き部分に既製品を設けても唐突な印象になり、和室の意匠に馴染みにくい。そこで、建具の戸袋としてふかした壁厚を利用し、ガラリの奥に吹出口を隠蔽した。部屋の反対側にも吹出口があるが、そちらは家具の台輪を吹出口にして目立たないよう工夫している

吹出口をガラリで隠す

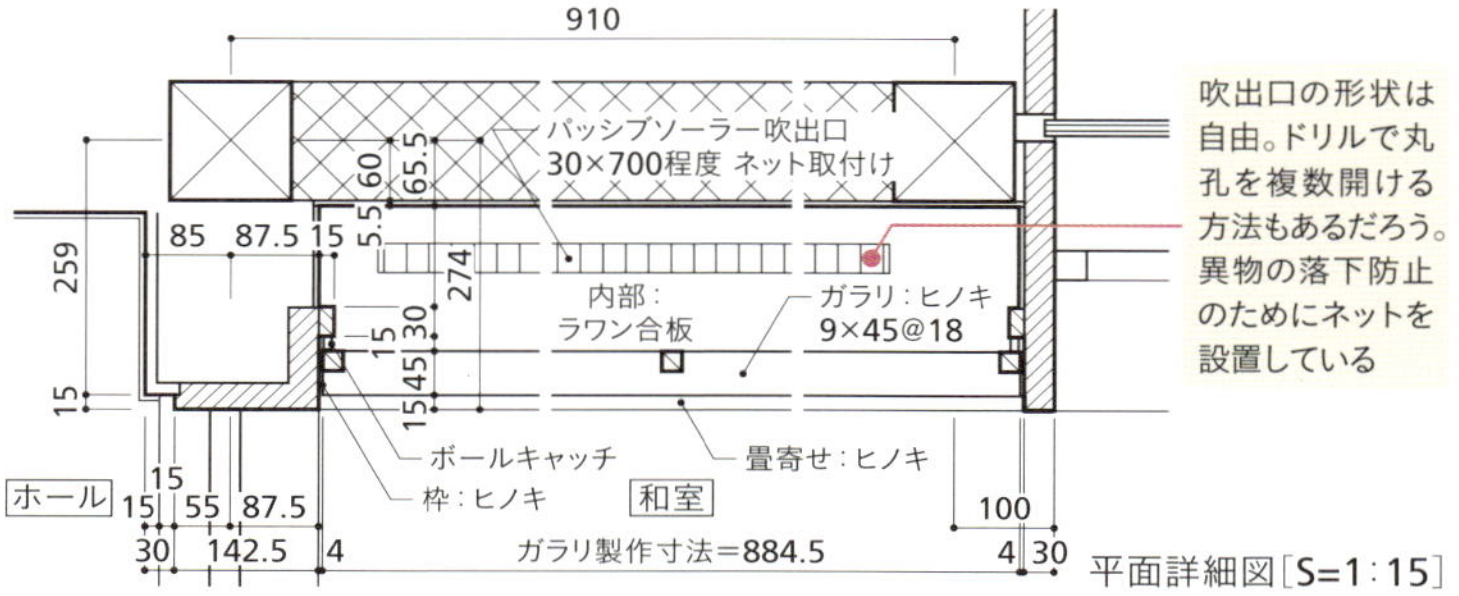
910
パッシブソーラー吹出口
30×700程度 ネット取付け
吹出口の形状は自由。ドリルで丸孔を複数開ける方法もあるだろう。異物の落下防止のためにネットを設置している
内部：
ラワン合板
ガラリ：ヒノキ
9×45@18
ボールキャッチ
枠：ヒノキ
畳寄せ：ヒノキ
ホール
和室
ガラリ製作寸法＝884.5

平面詳細図［S=1：15］

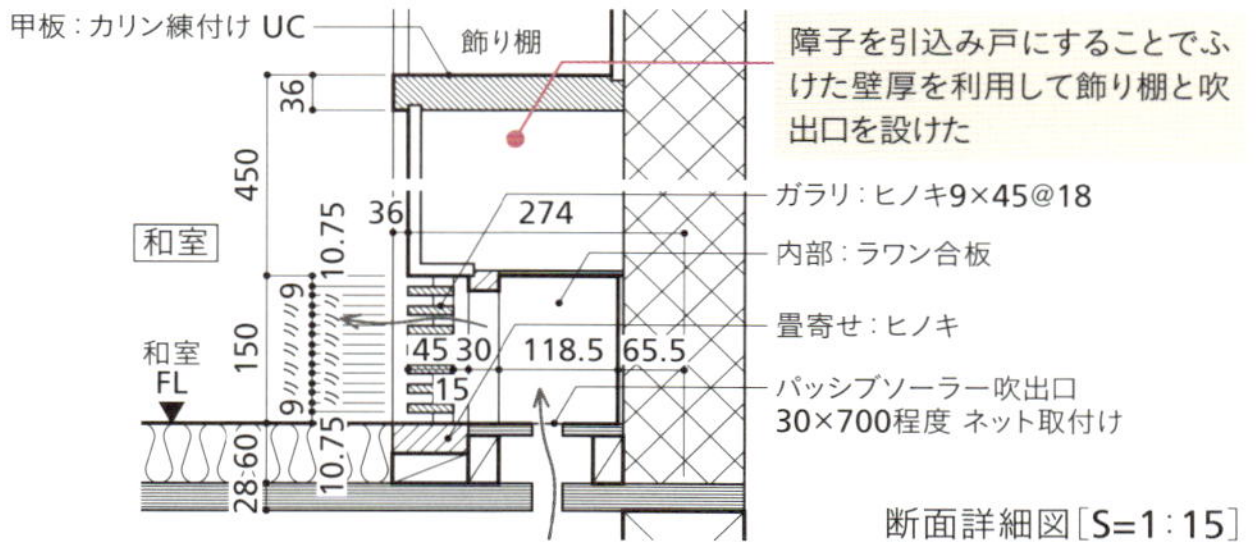
甲板：カリン練付け UC
飾り棚
障子を引込み戸にすることでふけた壁厚を利用して飾り棚と吹出口を設けた
和室
和室
FL
ガラリ：ヒノキ9×45@18
内部：ラワン合板
畳寄せ：ヒノキ
パッシブソーラー吹出口
30×700程度 ネット取付け

断面詳細図［S=1：15］

テレビボードと一体化するエアコン

エアコンの存在感を消すために、本事例ではテレビボードにエアコンを入れ込んだ。ルーバーはエアコンのガラリであり、ＡＶ機器のリモコンの電波を通すための設えでもある。

前面はルーバーにする

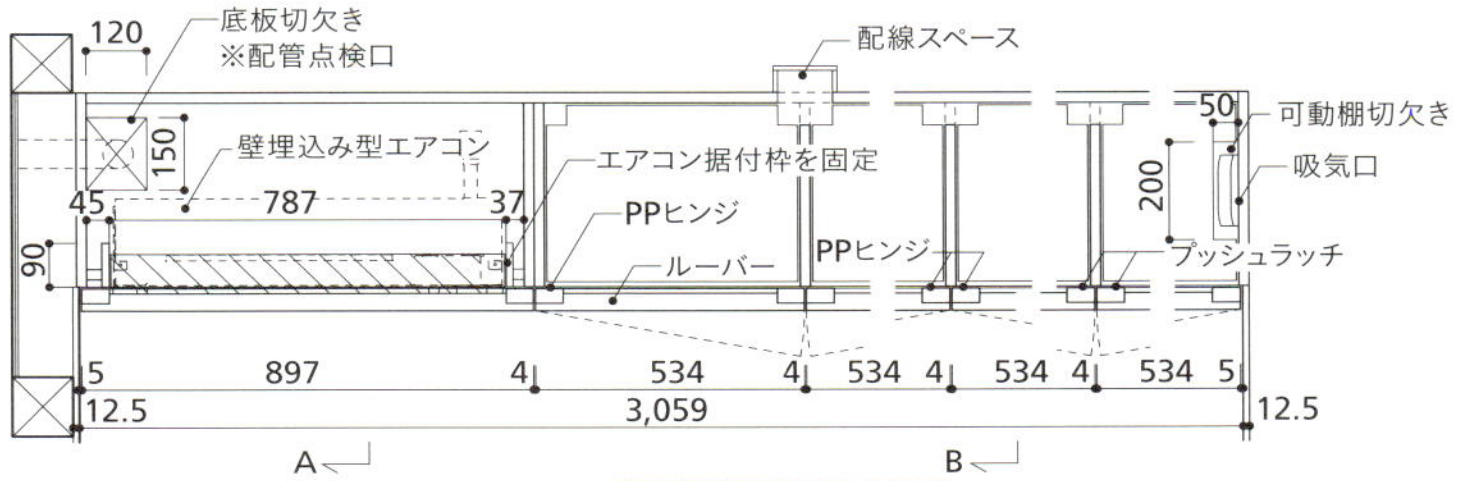

平断面図 [S=1：30]

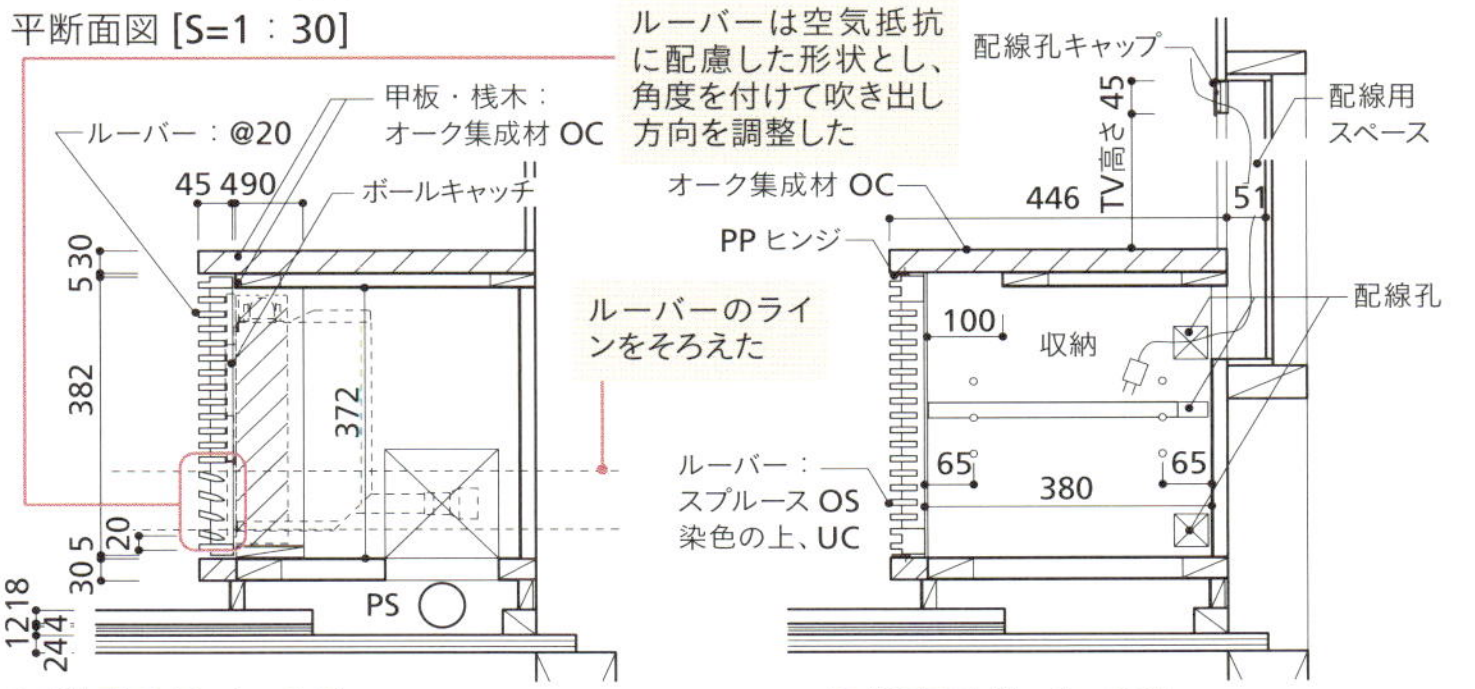

A 断面図 [S=1：20]　　B 断面図 [S=1：20]

上高田の家／石井秀樹建築設計事務所　写真：鳥村鋼一

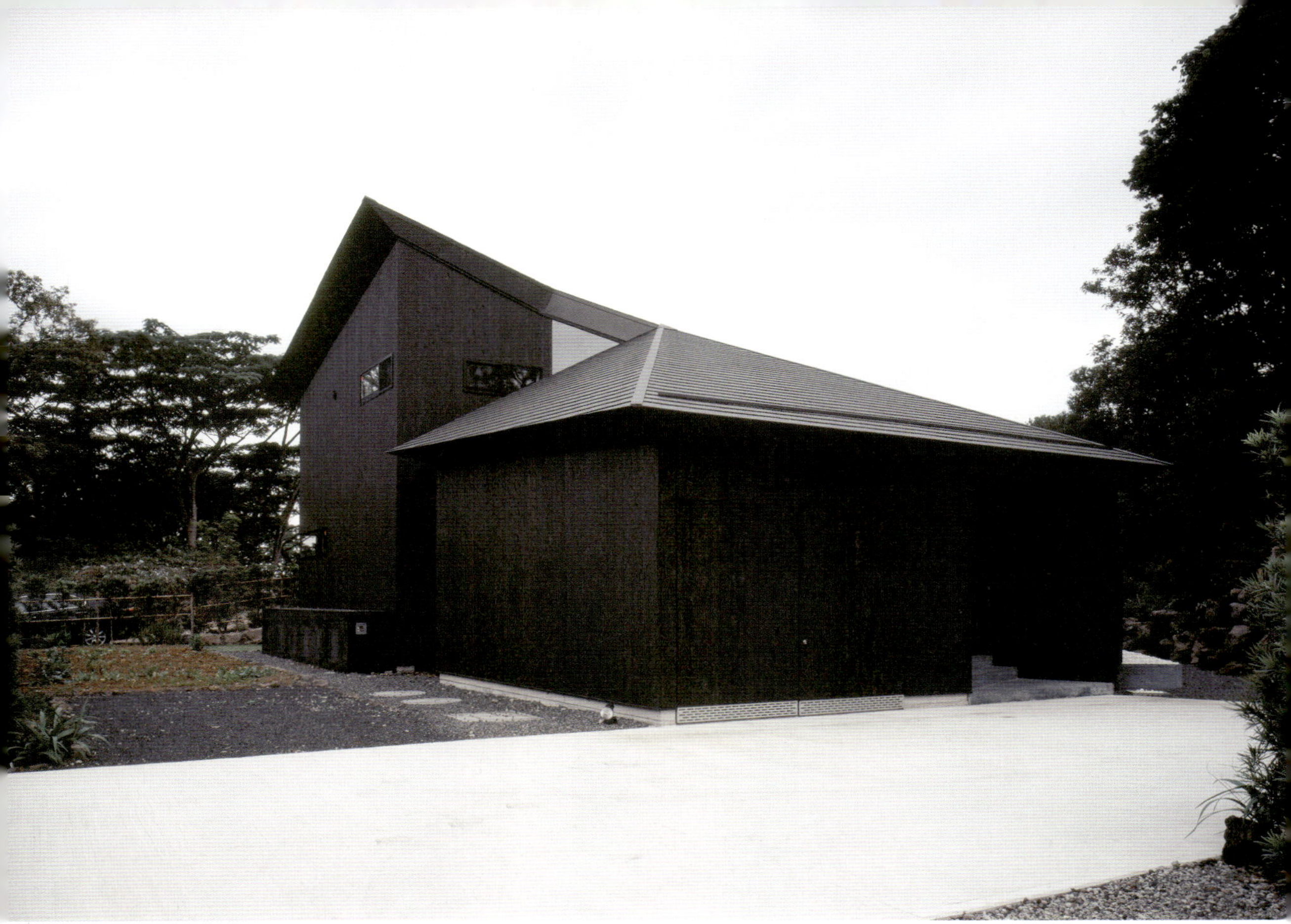

エキスパンドメタルで室外機を隠す

二重張りにして目立たせない

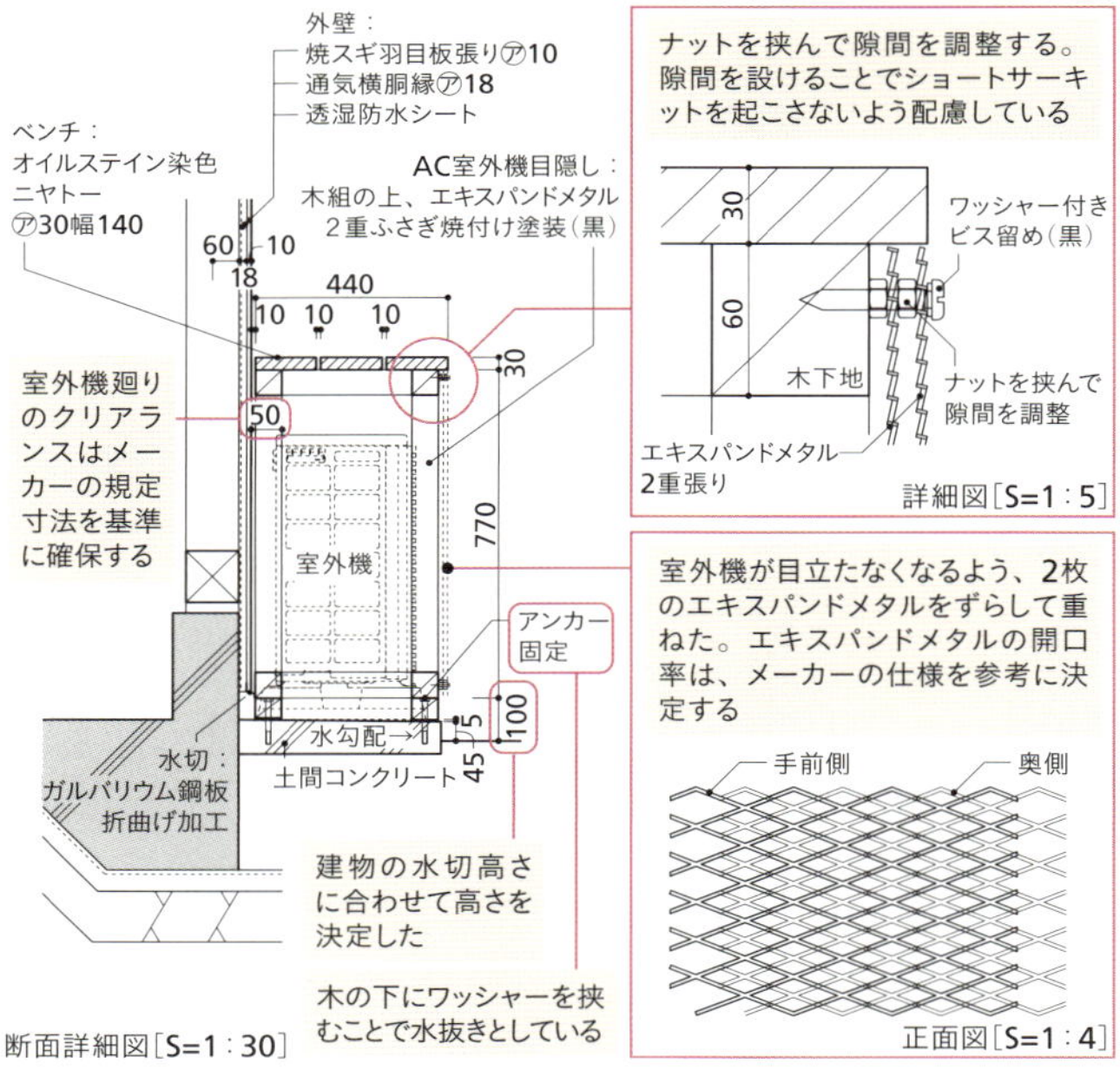

雑然とした印象を与えがちな室外機はできるだけ隠したいが、四方から視線のある建物では、建物背面に隠すことができない。本事例では、ベンチ状の室外機ボックスを製作し、室外機前面を2枚のエキスパンドメタルで隠蔽した。室外機を隠蔽する際には、給気と排気の流れを確保して、ショートサーキットを起こさないように注意する必要がある。

城ケ崎海岸の家／石井秀樹建築設計事務所　写真：鳥村鋼一

バルコニーの室外機を隠す

窓際に棚を兼ねた広めの窓台を設けることで、下部を凹状に納め、そのスペースに室外機置場をつくった。室外機の前面には、存在感をなくすため木製のルーバーを設置したが、排気不良が生じないよう粗めのピッチにしている。当然のことではあるが、設計の際は施工や室外機のメンテナンスに配慮して必要な空間を周囲に確保する。

ルーバーで隠す

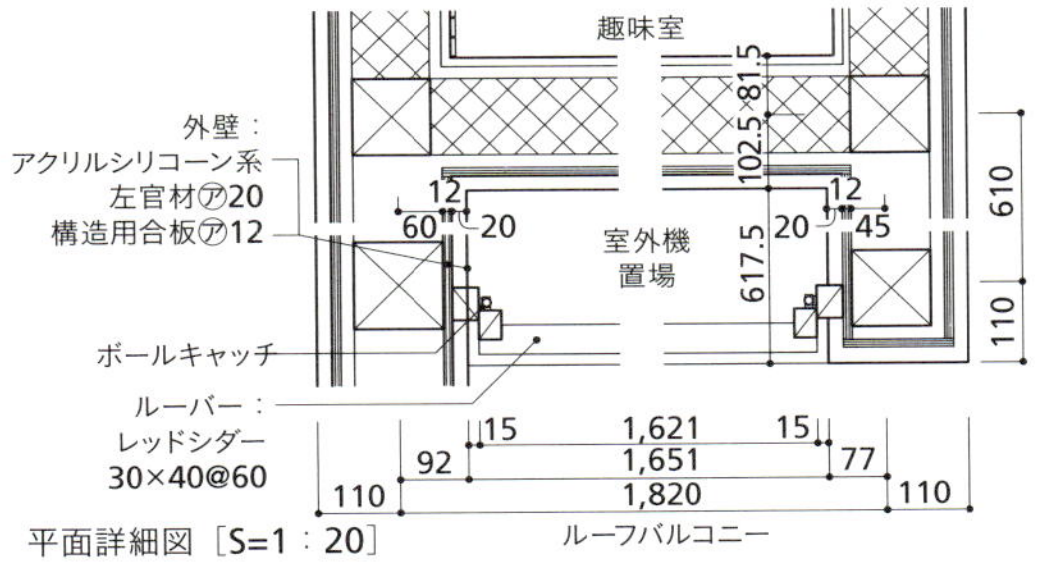

趣味室
外壁：
アクリルシリコーン系
左官材㋐20
構造用合板㋐12
12
60
20
室外機
置場
12
20
45
102.5
81.5
617.5
610
110
ボールキャッチ
ルーバー：
レッドシダー
30×40@60
15
1,621
15
92
1,651
77
110
1,820
110
ルーフバルコニー

平面詳細図［S=1：20］

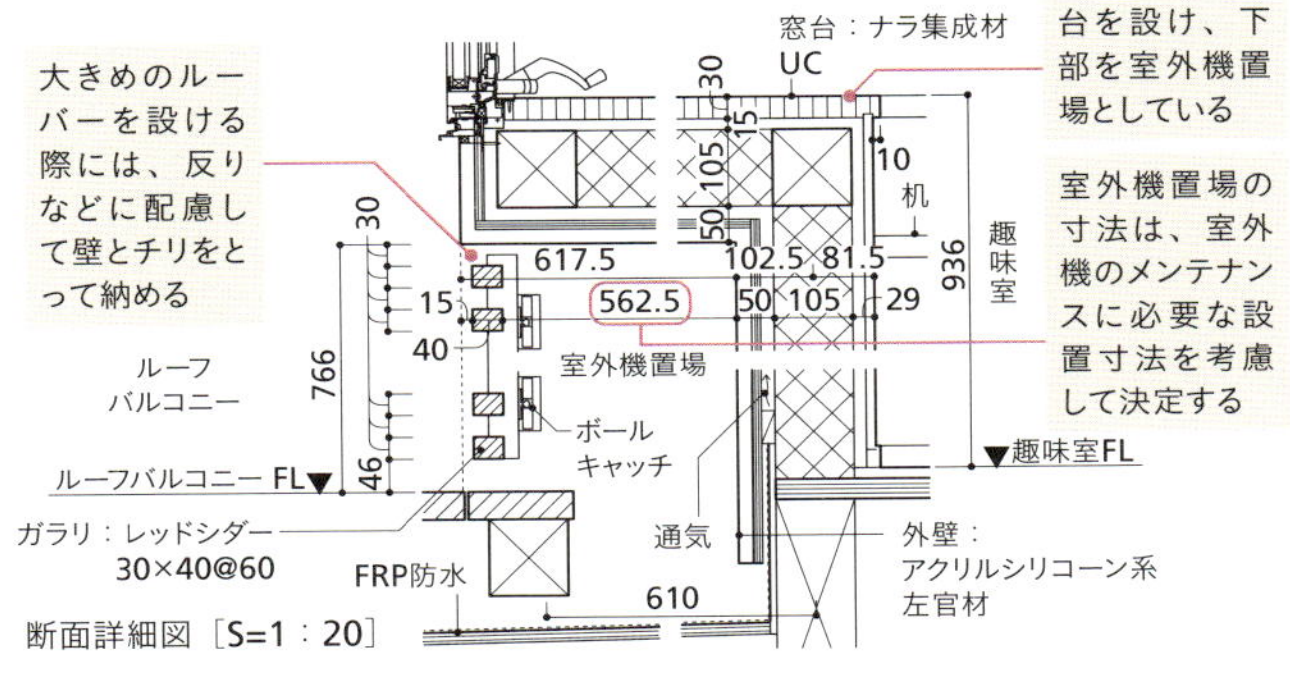

窓台：ナラ集成材
UC
棚を兼ねた窓台を設け、下部を室外機置場としている
大きめのルーバーを設ける際には、反りなどに配慮して壁とチリをとって納める
30
15
105
50
10
机
趣味室
617.5
102.5
81.5
936
562.5
50
105
29
15
40
30
766
46
ルーフ
バルコニー
室外機置場
室外機置場の寸法は、室外機のメンテナンスに必要な設置寸法を考慮して決定する
ボール
キャッチ
ルーフバルコニーFL
趣味室FL
ガラリ：レッドシダー
30×40@60
通気
FRP防水
外壁：
アクリルシリコーン系
左官材
610

断面詳細図［S=1：20］

浦和の２つの家／村田淳建築研究室　写真：村田淳建築研究室

外壁のニッチに室外機を隠す

余った空間は外部収納として活用する

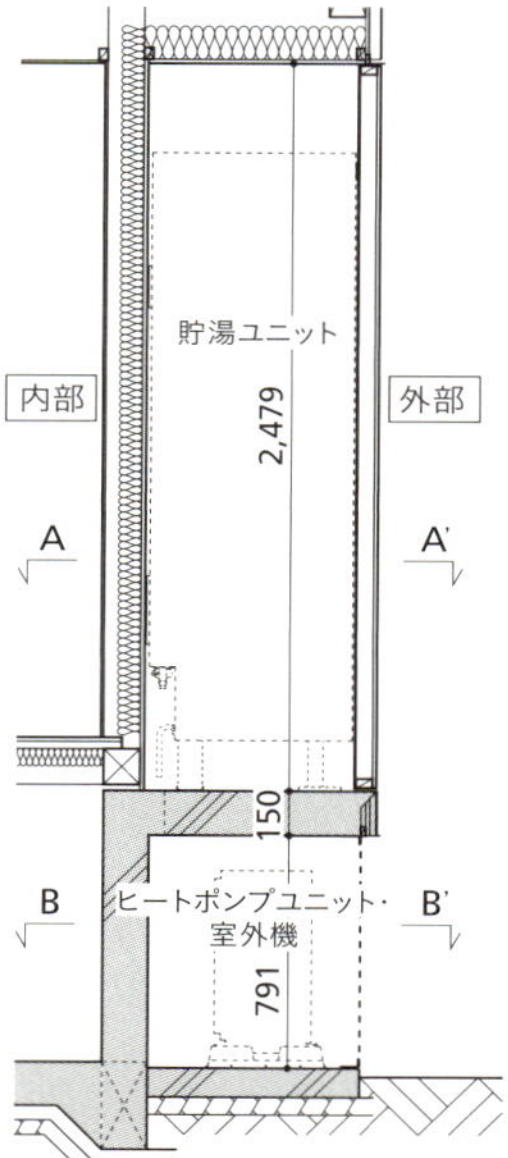

断面図[S=1:50]

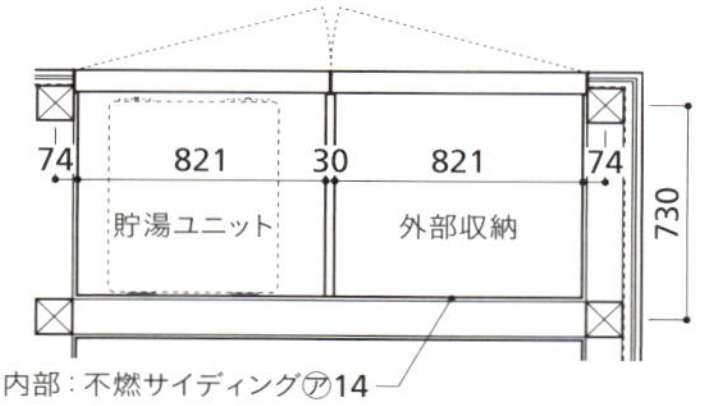

A-A'平断面図[S=1:50]

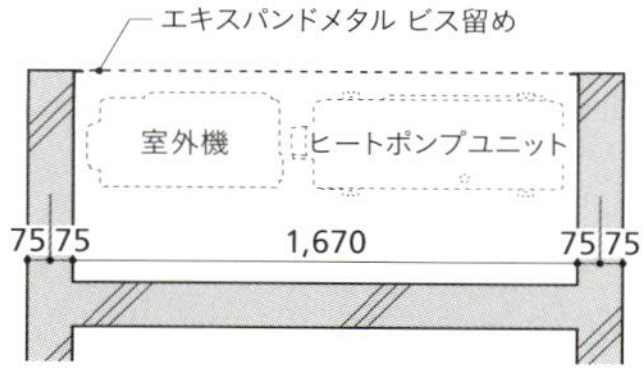

B-B'平断面図[S=1:50]

建物廻りに設置されるエコキュートの貯湯タンクやヒートポンプユニット、エアコンの室外機などを建物に組み込んですっきりとさせる。機器を風雨から守り、長寿命化にも有効

屋外に設置されるエコキュートの貯湯タンク、ヒートポンプユニット、エアコンの室外機などの設備機器を、建物外壁にニッチを設けて、すっきりと納めている。上下に仕切りのスラブを入れて高さ方向で仕切ることで、スペースを効率的に利用し、余ったスペースは外部収納とした。風雨にさらされるのを避けられるので、設備機器の維持管理上も有効である。

宮崎台の家／石井秀樹建築設計事務所　写真：鳥村鋼一

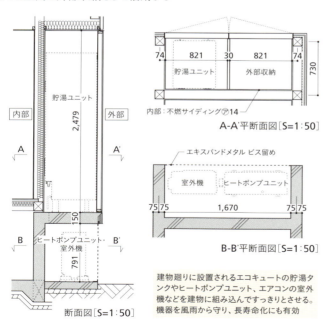

シンプルな玄関廻りの設え方

玄関廻りはポスト、表札、インターホン、照明など必要な機能が多いので、雑然とした印象を与えないようにしたい。この家では、玄関戸と同材(ピーラー)で構成された玄関廻りをできるだけシンプルに見せるため、インターホンをステンレスプレートで隠し、表札を兼ねた。

インターホンカバーを壁面と同面で納める

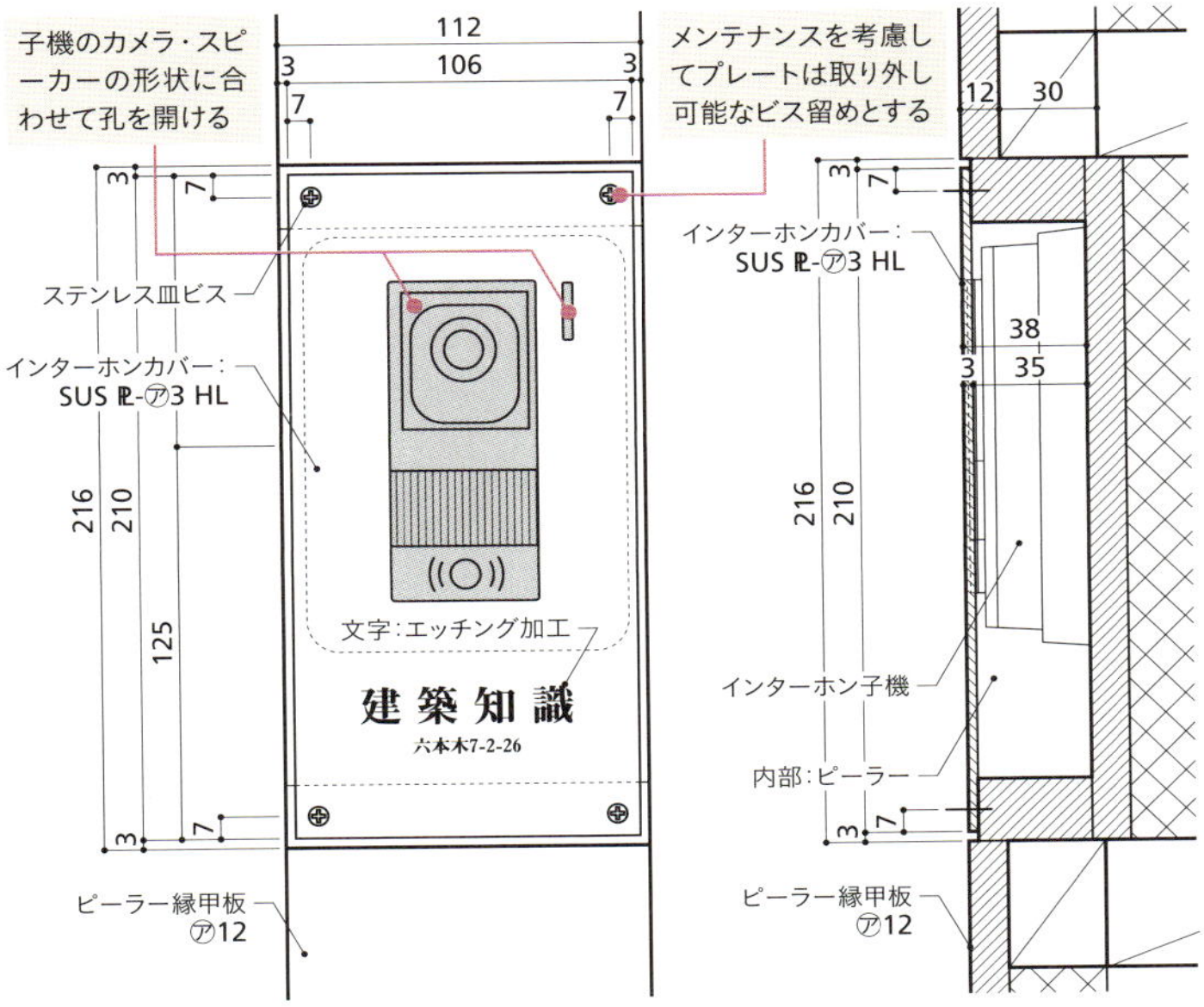

インターホン姿図・断面詳細図［S=1:4］

若林の家／村田淳建築研究室　写真：村田淳建築研究室

第8章

事例に学ぶ

最高に美しい住宅デザインの方法

家型が分棟する集落のような配置。
切妻屋根の家型とすることで各棟に強い自立性を与えている

建築家の観察力が人生を豊かにする建築を創り出す

「勝瀬の家」は陶芸作家の奥さんのための創作工房を併設した住宅である。工房が地域との接点となることを期待し、住宅部分に従属する関係ではなく、全体構成の端緒となるような建ち方が望ましいと考えた。そこで、住宅部分を役割ごとに棟を分けて、全体を工房と等価のボリュームの集合体として構成している。地域性を意識した切妻屋根の家型は各棟に強い自律性を与え、ボリュームの集合体としての視認性を高めている。棟のズレや隙間によって有機的に創り出されるシーンは、豊かな住環境を実現している。

「如何に特別な空間をクライアントに提案できるか」これは、設計をする際に私がいつも考えていることだ。同じ人生の時間を過ごすのであれば、その人にとって特別な空間で時間を積み重ねるほうが、ずっと濃密で豊かな人生を過ごすことができるだろう。クライアント自身のアイデンティティや、敷地がもつ特徴を丹念に観察し、特別さを見出すことがクライアントの人生を豊かにする建築計画の第一歩なのではなかろうか。

石井秀樹

リビング棟とダイニング棟で庭を共有している。それぞれの庭は隣家の緑と一体となることで奥行きのある緑を感じることができる

リビングから庭2を見る。敷地の角を隣家の緑と連続した緑地帯として、周辺地域とのつながりをもたらしている

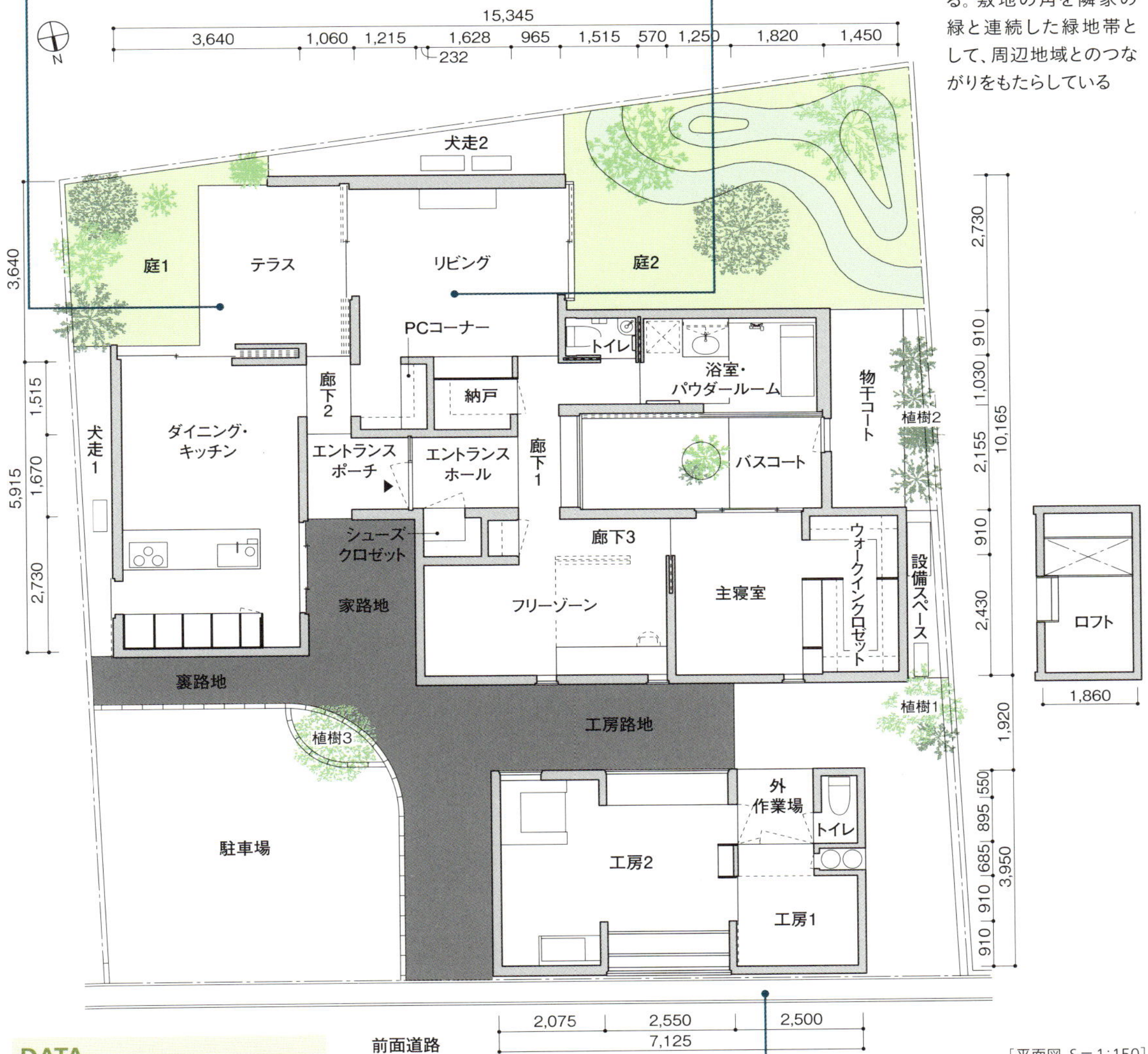

［平面図 S＝1:150］

DATA

勝瀬の家（石井秀樹建築設計事務所）

規模｜地上1階
構造｜木造（在来軸組構法）
敷地面積｜292.27m²
建築面積｜130.48m²
延床面積｜119.49m²
プロデュース｜ザ・ハウス
施工｜ラスティック株式会社
写真｜鳥村鋼一

工房は地域に開いた印象を与えるため、道路に面して配置し、建築主の陶芸作品を鑑賞できるよう、道路側に作品棚と開口部を設けた。創作活動への集中力を高めるため、創作スペースには道路からの視線が入らないよう配慮している

エントランスポーチと中庭に連続性をもたせる方法

開口部と壁・天井の取り合い部のラインをそろえることで、家型をよりシンプルに表現することができる

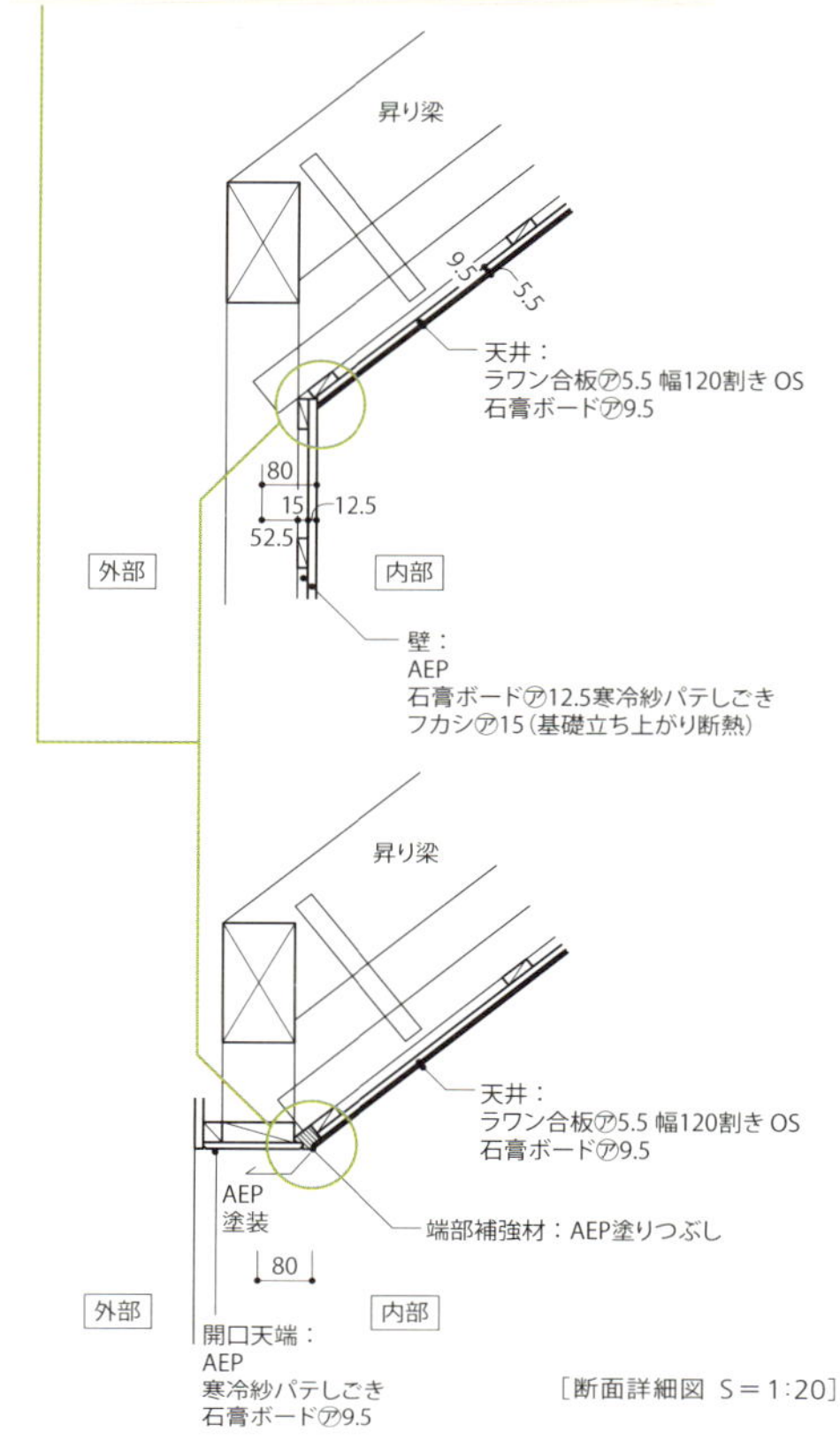

［断面詳細図 S＝1:20］

開口部と壁・天井部のラインをそろえて、連続させている。
余分な線を消すことで、空間へと意識を向けられる

内外の仕上げを統一するにあたり、焼きスギは煤が付着するため、内部は塗装仕上げとする

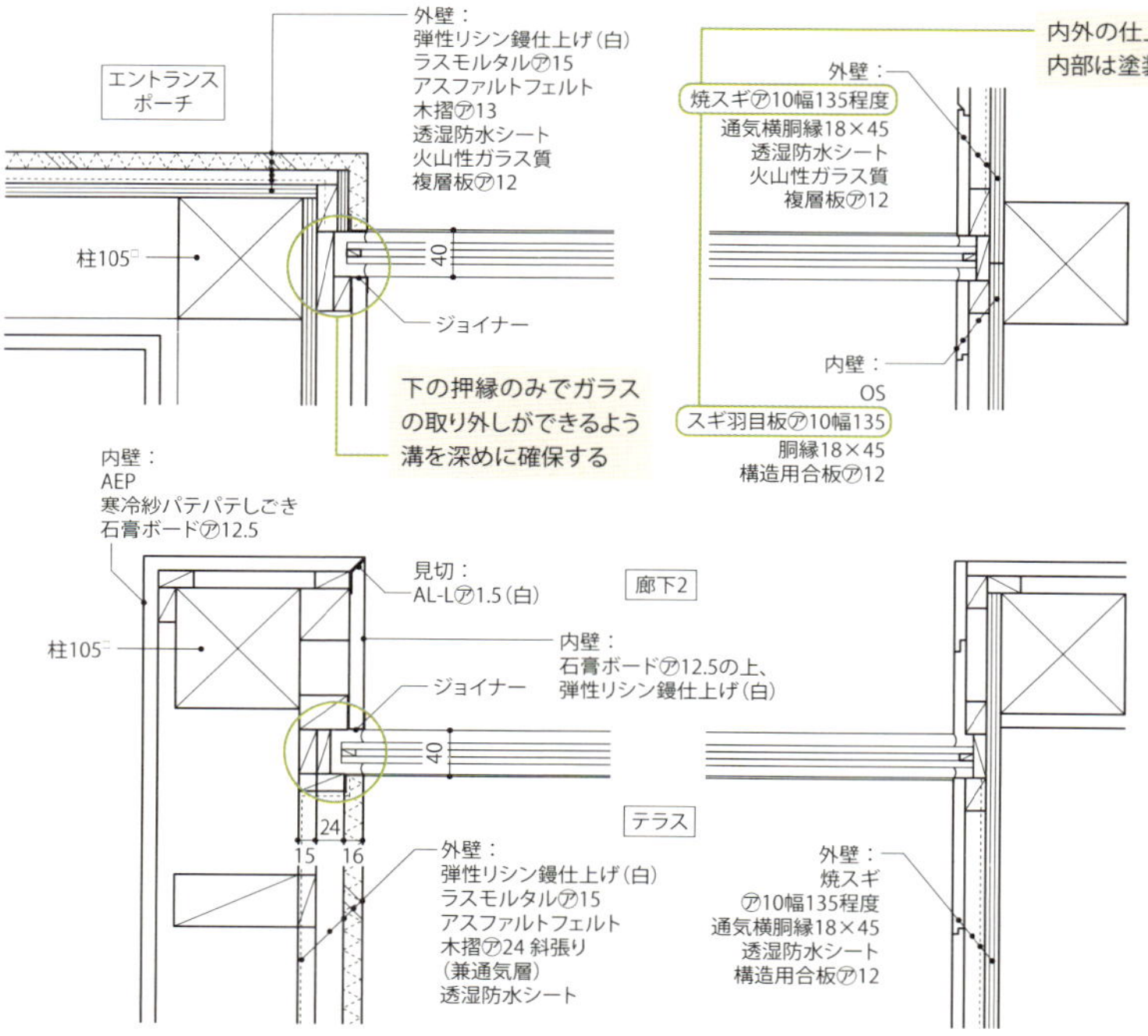

［断面詳細図 S＝1:10］

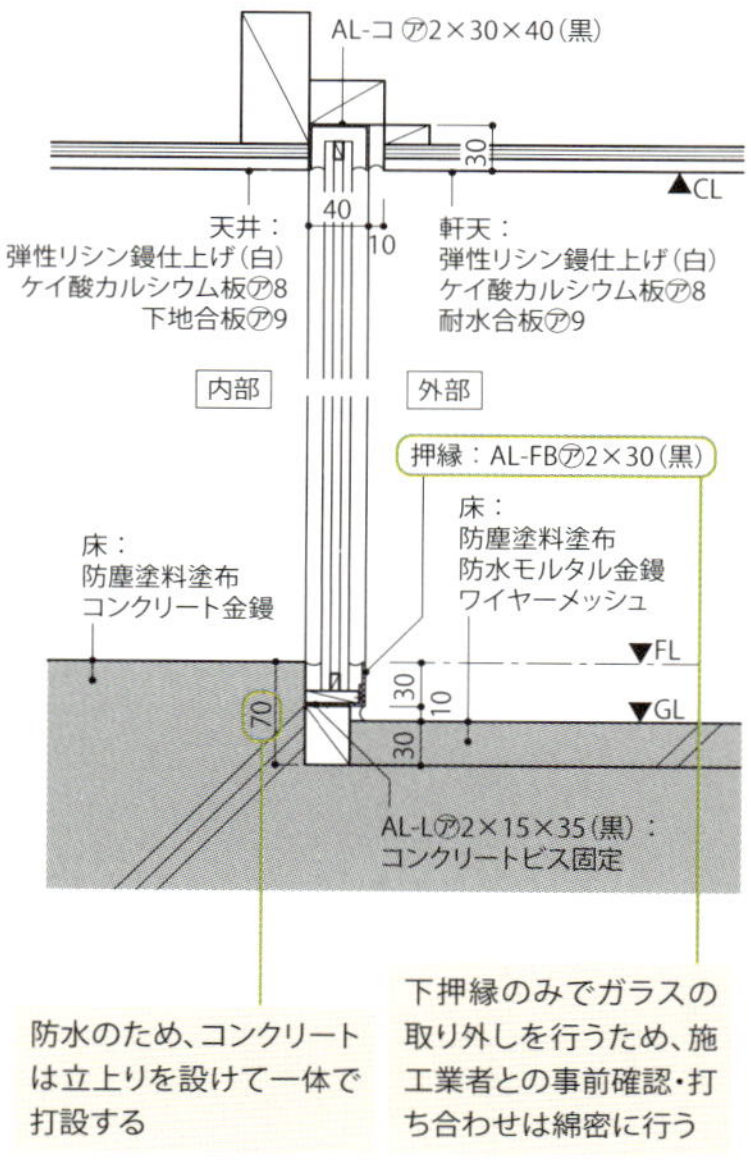

［断面詳細図 S＝1:10］

内壁と外壁の素材･仕上げ面を統一して
内外の連続感を高めている

斜め天井に対応したレンジフードをつくる方法

ダイニングからキッチンを見る。
既製の換気扇に
製作のステンレスフードをかぶせることで
斜め天井にレンジフードを納めた

既製品に製作のカバーを付けることで、斜め天井であっても既製品の換気扇を取り付けることができる

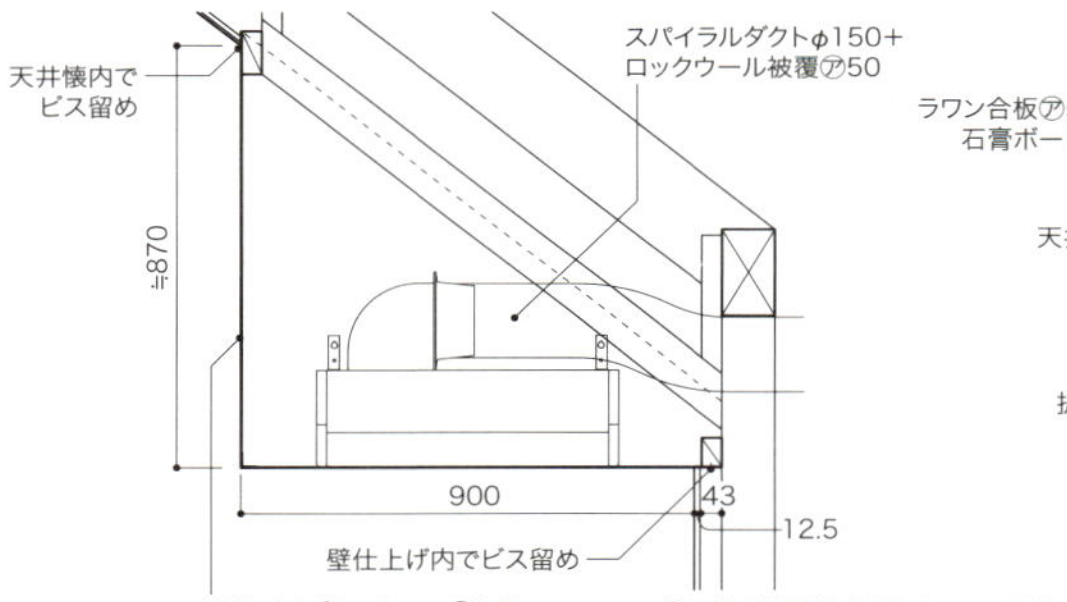

［A部　断面詳細図　S＝1:30］

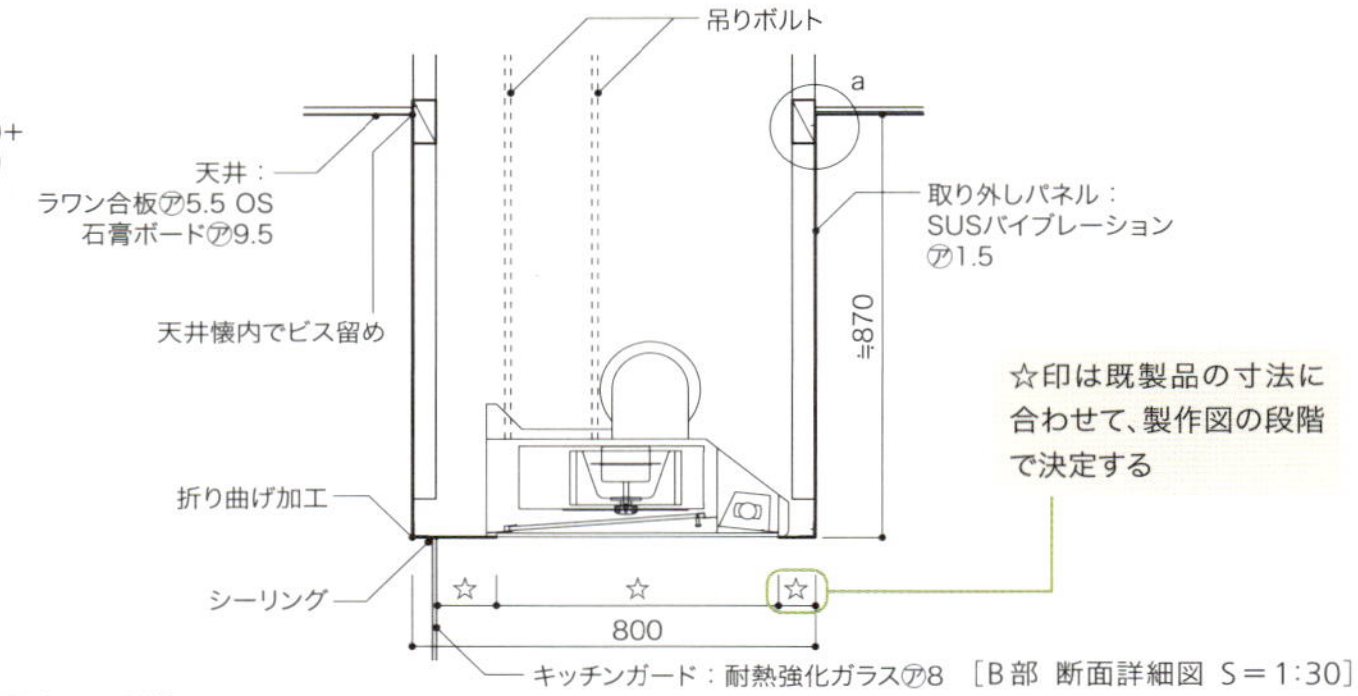

☆印は既製品の寸法に合わせて、製作図の段階で決定する

［B部　断面詳細図　S＝1:30］

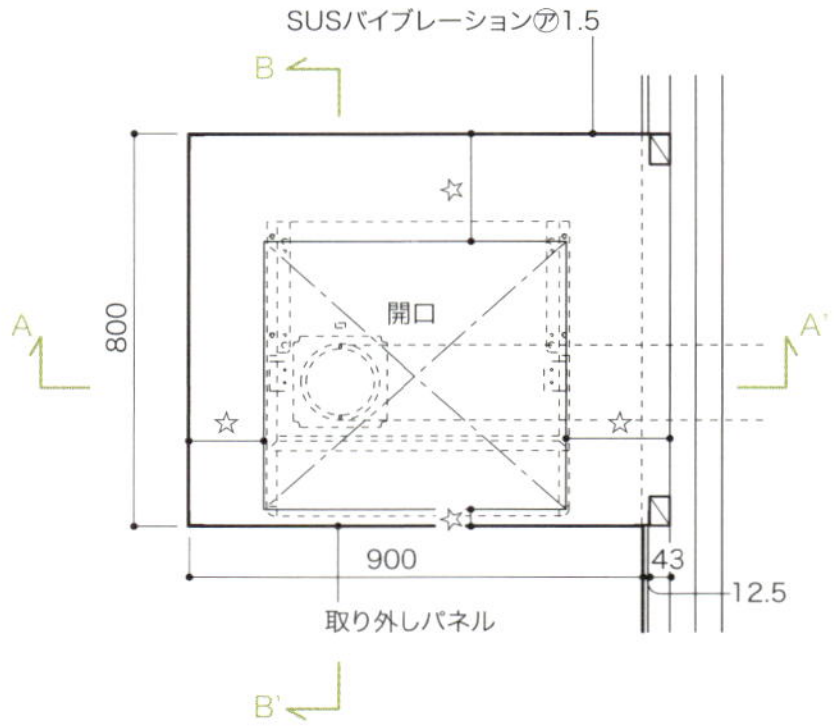

［換気扇平面図　S＝1:30］

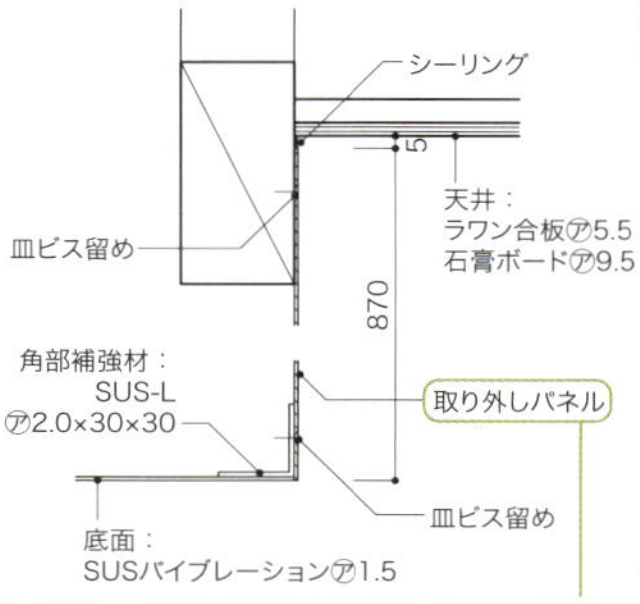

換気扇は交換が必要なため、パネルの取り外しが可能な納まりにする。取り外し面はビスが出てしまうため、目立たない位置に配置する

［a部詳細図　S＝1:6］

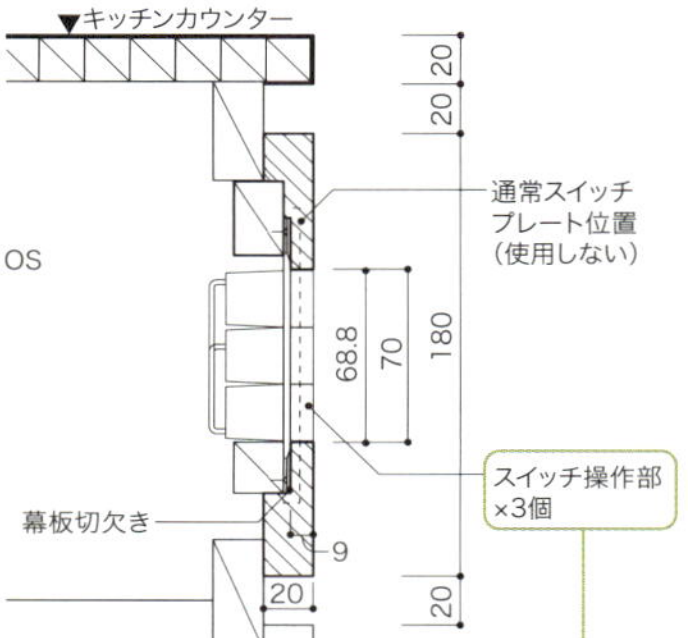

スイッチはキッチンカウンター側に操作部のみが見えるよう設置する

［スイッチ部詳細図　S＝1:6］

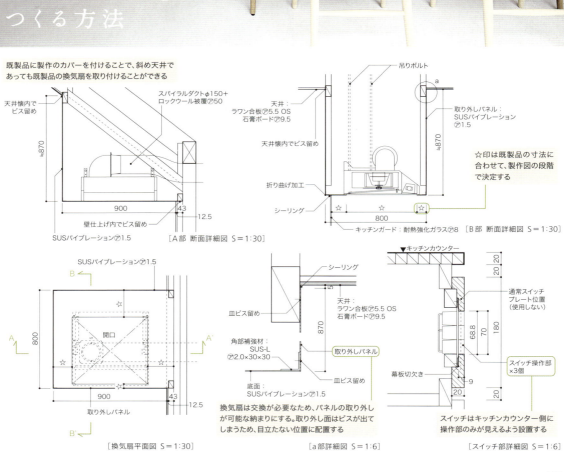

キッチンから庭を見る。
庭の先にある隣家の緑も享受することで
奥行ある緑を楽しむことができる

内外の連続性を高める開口部をつくる方法

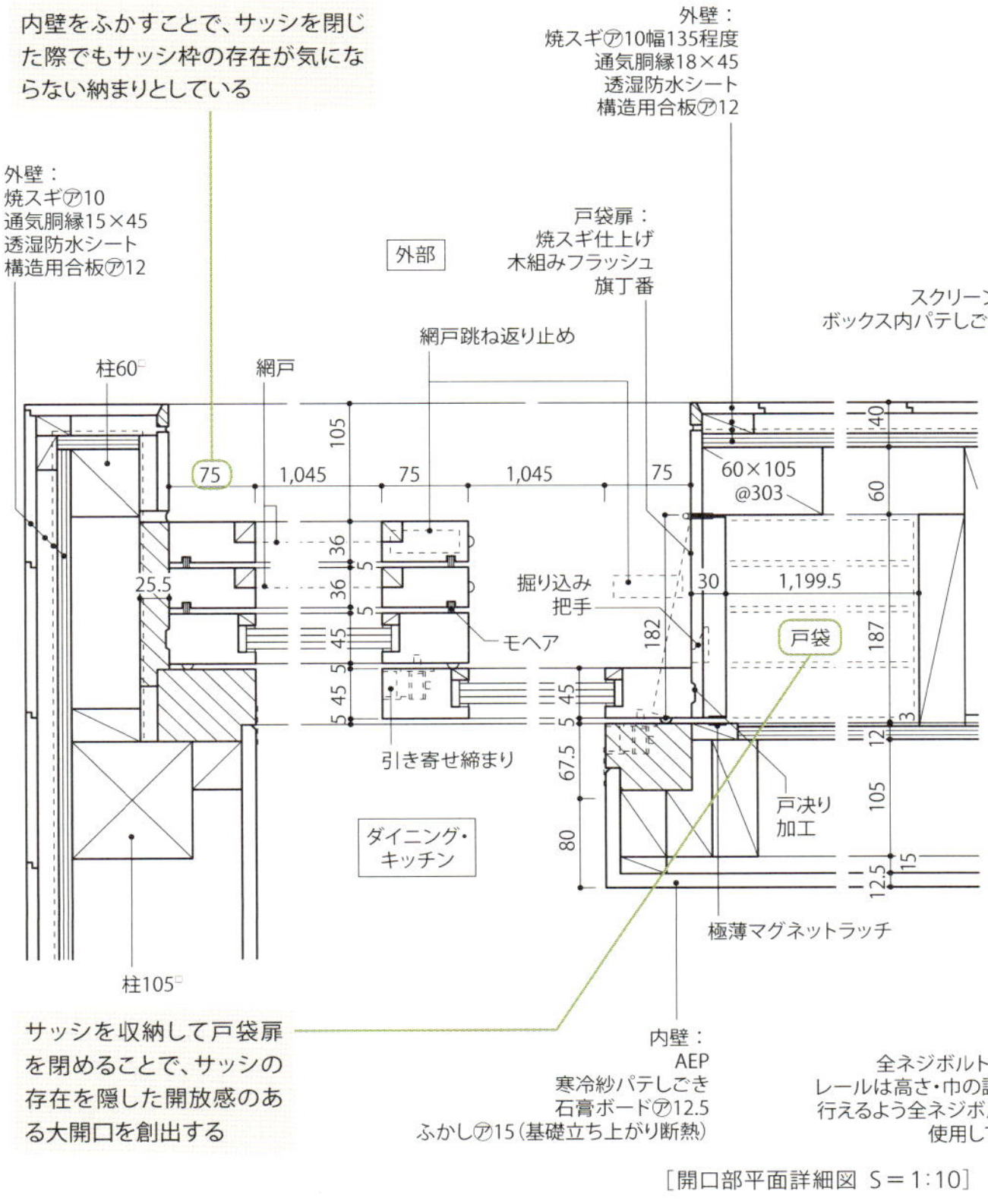

［開口部平面詳細図 S＝1:10］

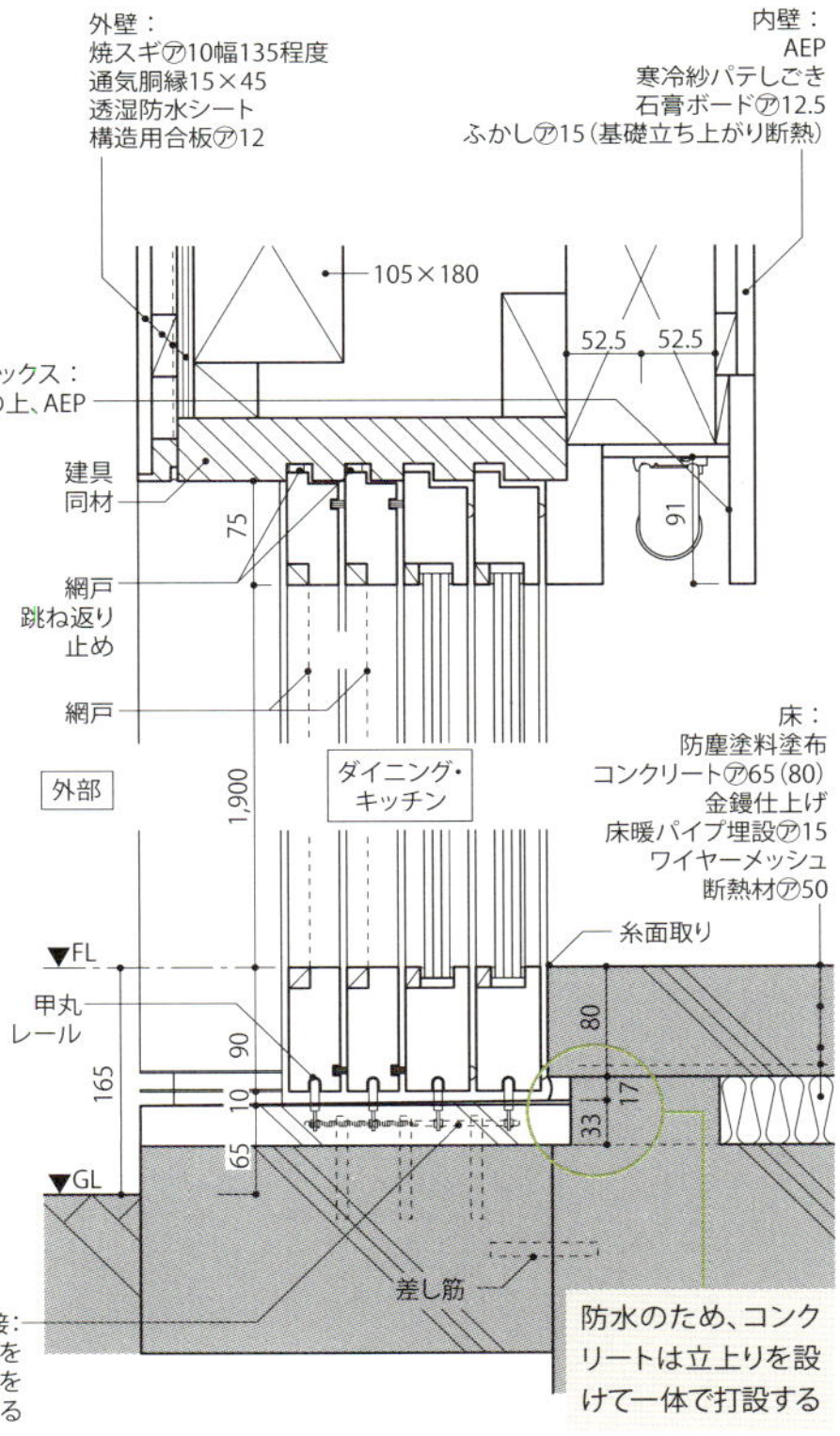

［開口部断面詳細図 S＝1:10］

余分な線のない浴室をつくる方法

欄間の下枠と引戸レールを一体とすることで、
すっきりとした印象とし、空間の連続感を高めている

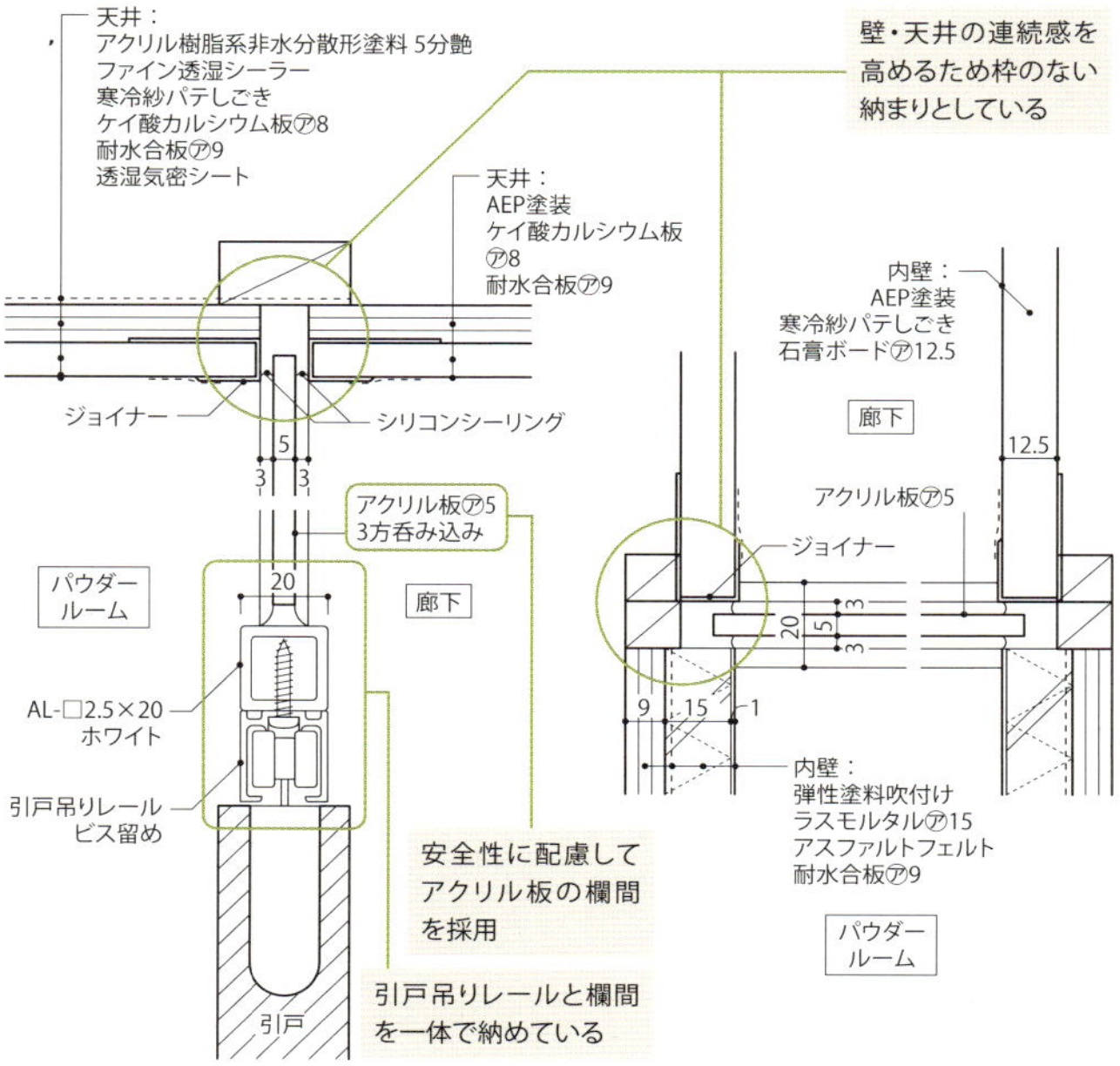

［欄間断面詳細図 S＝1:3］

［欄間平面詳細図 S＝1:3］

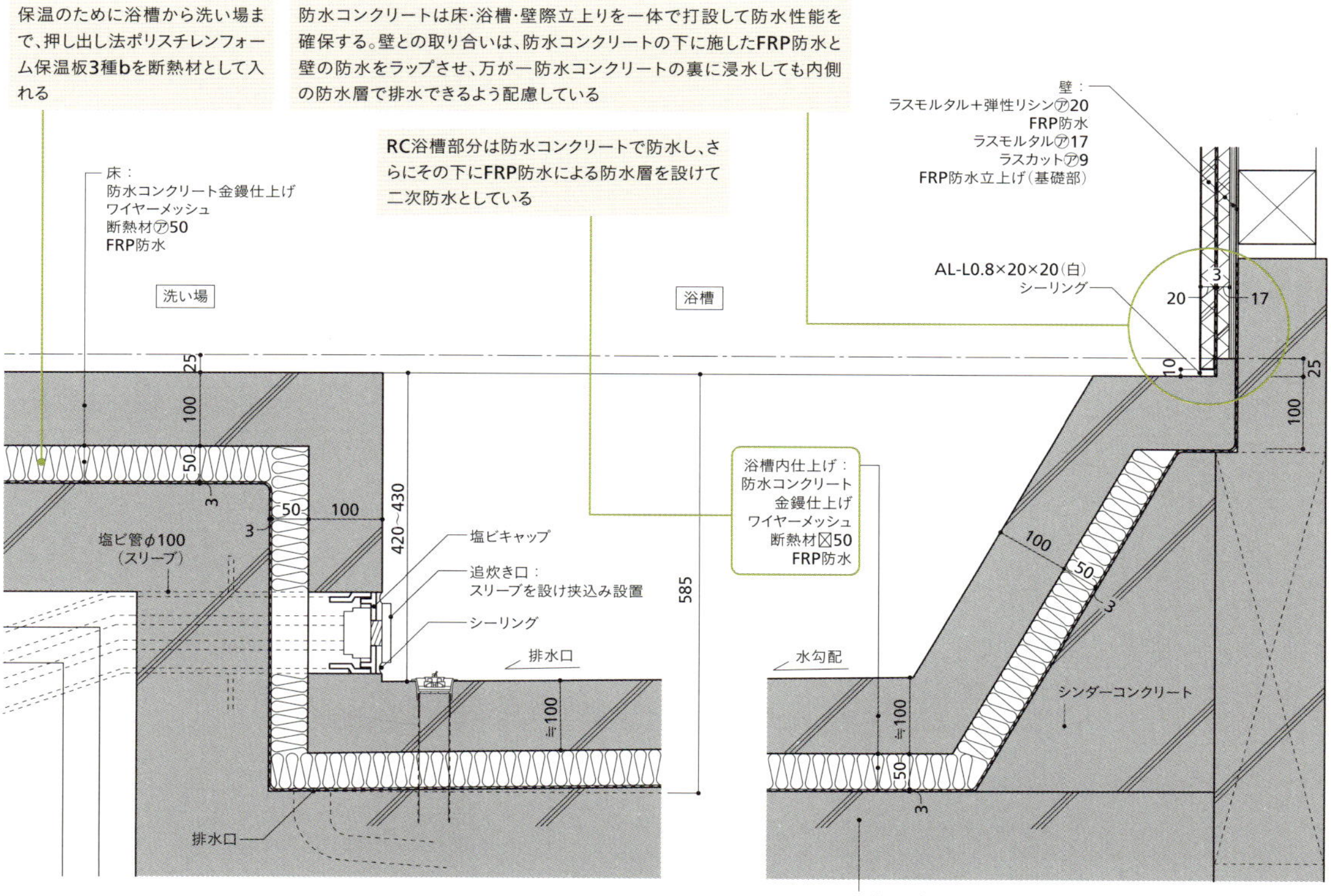

［浴槽断面詳細図 S＝1:12］

浴槽は床を穿ったシンプルな浴槽。
余分な線を消すことで空間に広がりを与えている

住宅設計の醍醐味は自然と人との共存を考え楽しむことである

根來宏典

高台に位置する閑静な住宅街に佇む「対岳荘」。計画地の東側はがけ地に面し、麓には利根川が流れる。がけ地ならではの眺望をいかし、１階の和室と２つの洋室、２階のＬＤＫ・浴室と、ほぼすべての空間から正面にそびえる赤城山の雄姿が望めるようプランニングし、それぞれに開放的な開口部を配置した。

美しい景色を取り込む庭園の手法に「借景」という方法がある。しかし、それは景色に１００％依存するということを意味しているのではない。重要なのは建物と自然が共存すること。そこに建築が存在する意味があると言えるだろう。周囲の美しい景色が建築の美しさを引き立たせ、そこに佇む建築は周囲の景色を一層美しく見せる。これこそが人間と自然との共存を楽しむということであり、住宅設計の醍醐味であるともいえよう。人間と自然との共存が図られてこそ、四季折々の移ろいを五感で感じながら、心身ともにゆったりとくつろぐことのできる包容力のある空間を創出することができるのである。

竹柵を設けることで
植栽を守ると同時に
空間の奥行感を創出している

赤城山を望める玄関はエントランスホール兼ギャラリーとしての役割をもたせた。天井のライティングダクトにより、照明の位置は自由に変えることができる

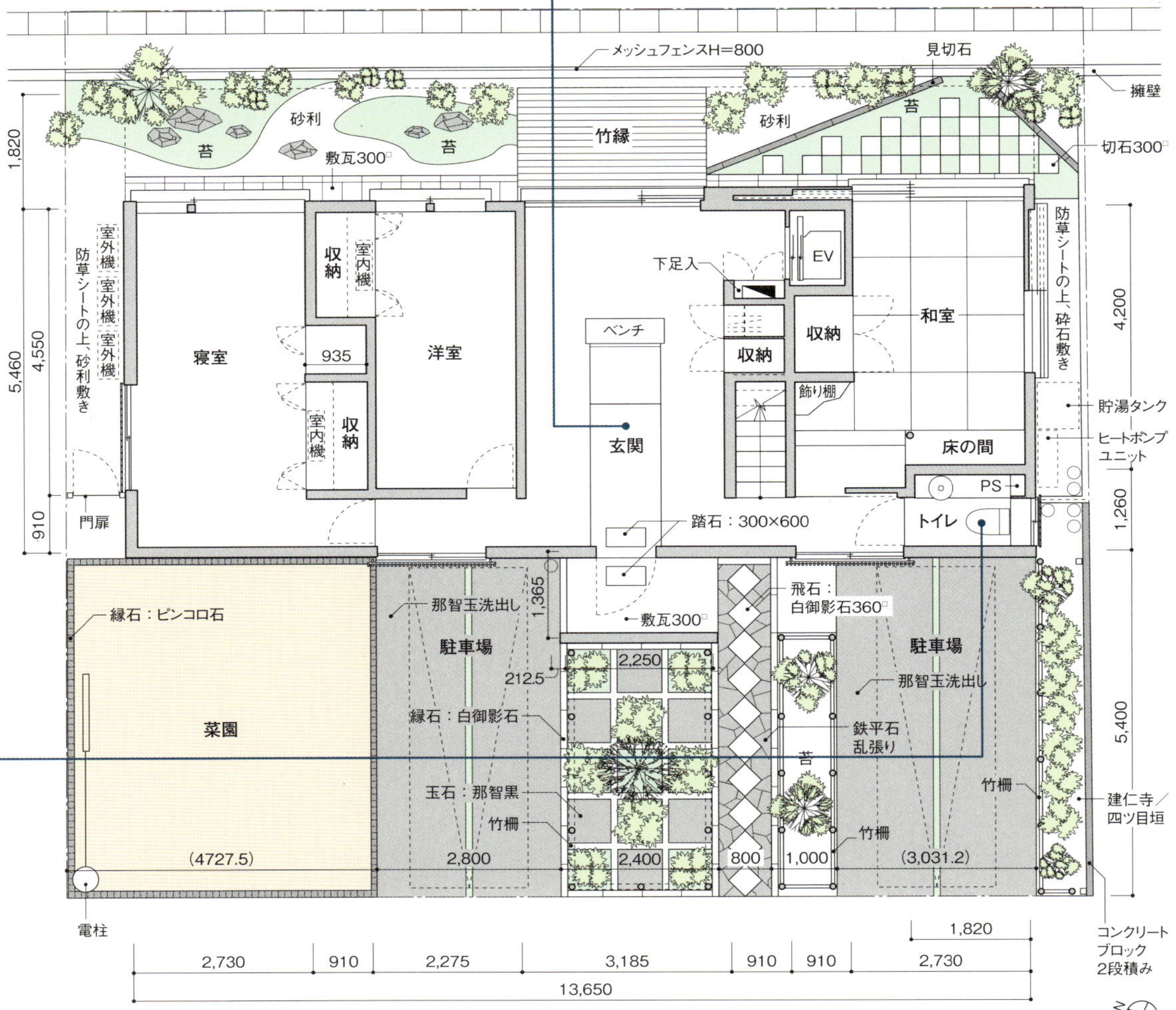

［1階平面図S＝1:120］

アイランドキッチンと壁付けキッチンを平行に配した広々としたキッチン。正面の大開口からは赤城山を望むことができる。天板には真っ白な人造大理石、扉の面材はマツの天然木うづくり仕上げを用い、美しく見せている

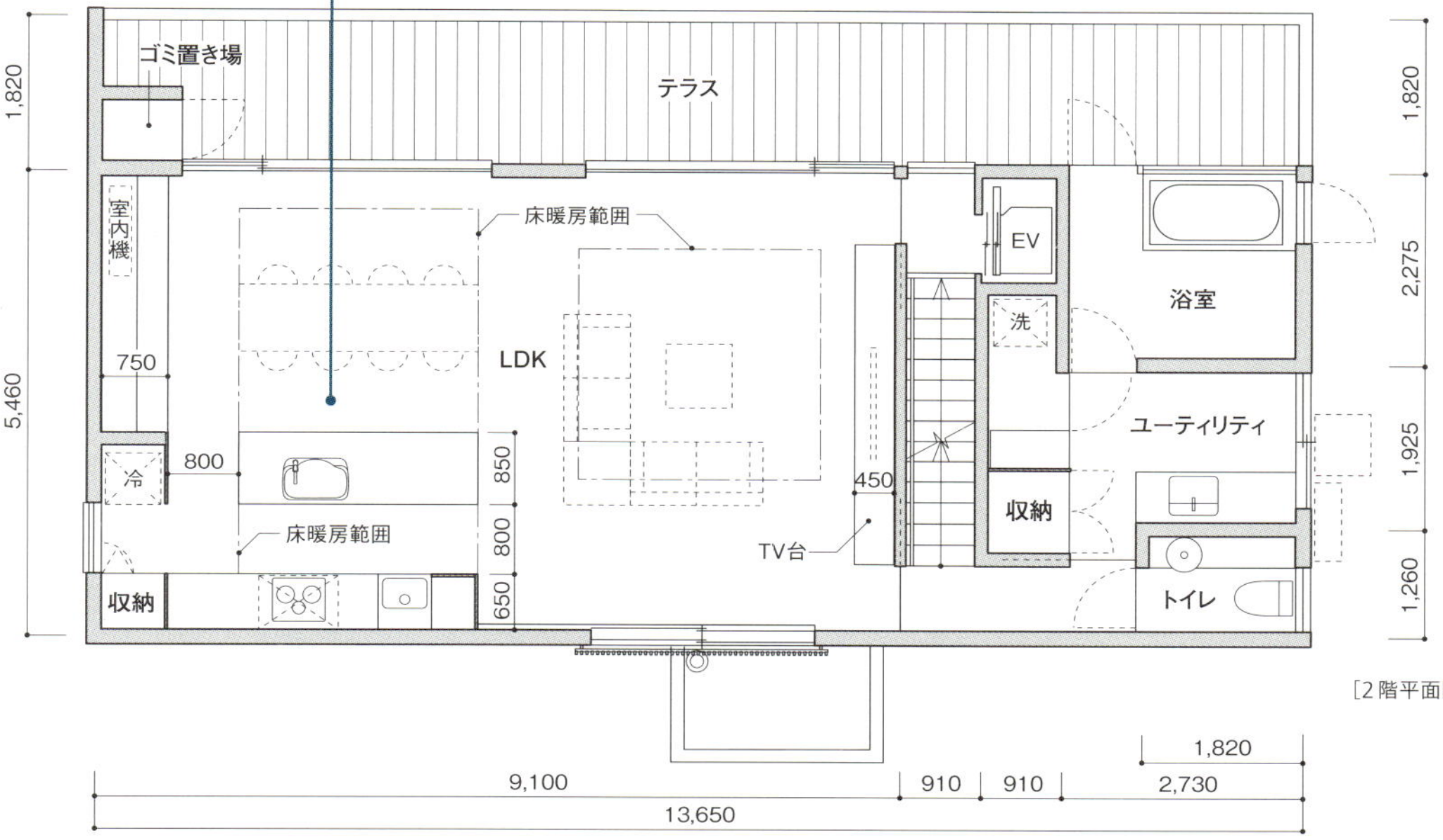

［2階平面図S＝1:120］

DATA

対岳荘（根來宏典建築研究所）

規模｜地上2階建て
構造｜木造（在来軸組構法）
敷地面積｜217.59m²
建築面積｜89.26m²
延床面積｜155.82m²
施工｜小林工業株式会社
写真｜上田宏

トイレ機器の色に合わせて壁面にも若緑の珪藻土を使用した。来客の際、パウダールームとして使用されることも考慮し、客間を兼ねる和室の側に配置してある。手摺や自閉立水栓などの機能性は担保しつつも落ち着きのある空間となるよう配慮した

上質な和室の開口部をつくる方法

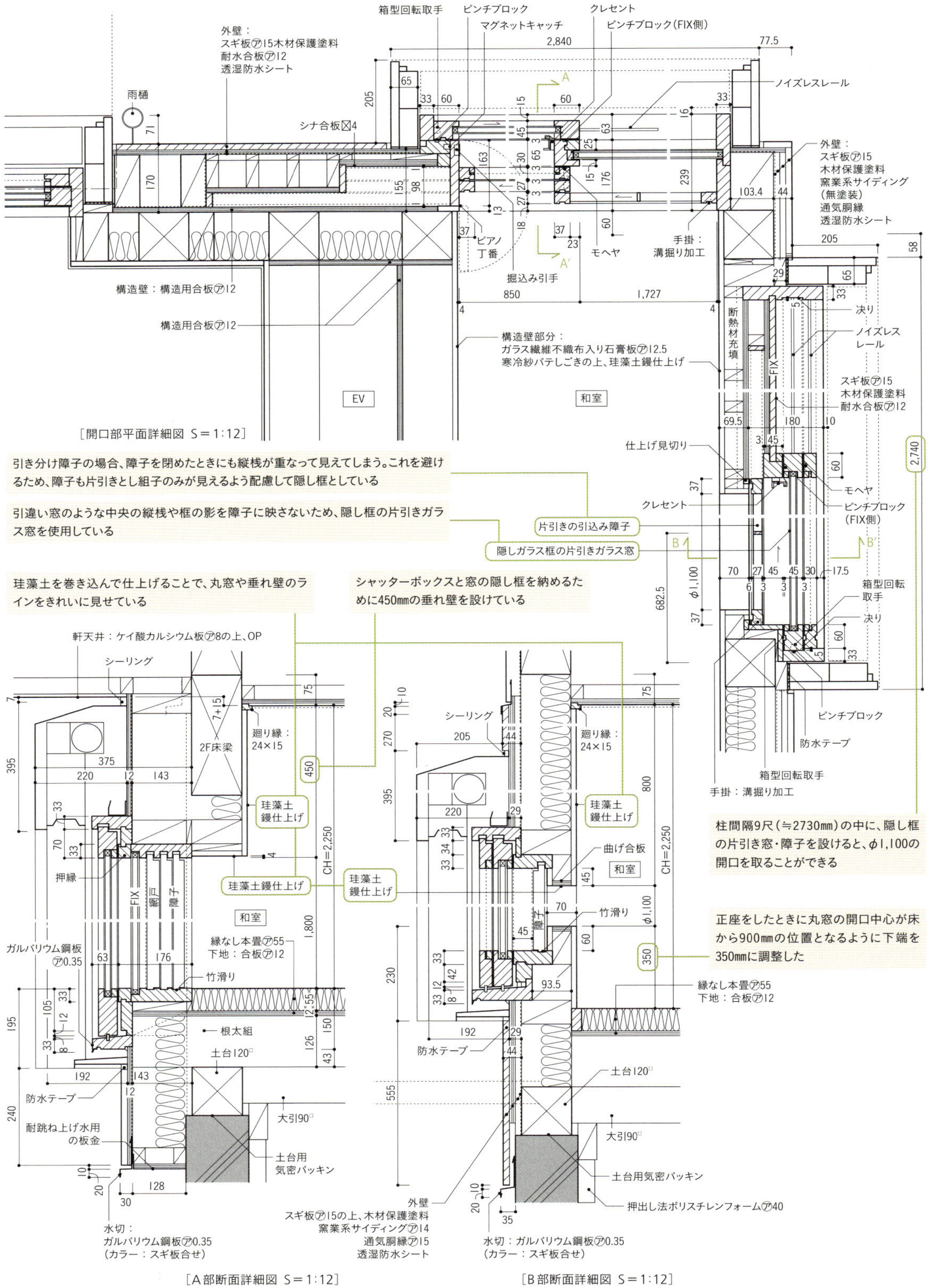

［開口部平面詳細図 S＝1:12］

［A部断面詳細図 S＝1:12］

［B部断面詳細図 S＝1:12］

引き分け障子の場合、障子を閉めたときにも縦桟が重なって見えてしまう。これを避けるため、障子も片引きとし組子のみが見えるよう配慮して隠し框としている

引違い窓のような中央の縦桟や框の影を障子に映さないため、隠し框の片引きガラス窓を使用している

珪藻土を巻き込んで仕上げることで、丸窓や垂れ壁のラインをきれいに見せている

シャッターボックスと窓の隠し框を納めるために450㎜の垂れ壁を設けている

柱間隔9尺(≒2730㎜)の中に、隠し框の片引き窓・障子を設けると、φ1,100の開口を取ることができる

正座をしたときに丸窓の開口中心が床から900㎜の位置となるように下端を350㎜に調整した

天井には亀甲模様の網代天井、
床には琉球畳を用い、
高級感のある和室を設えた

絵画の額縁のような大開口をつくる方法

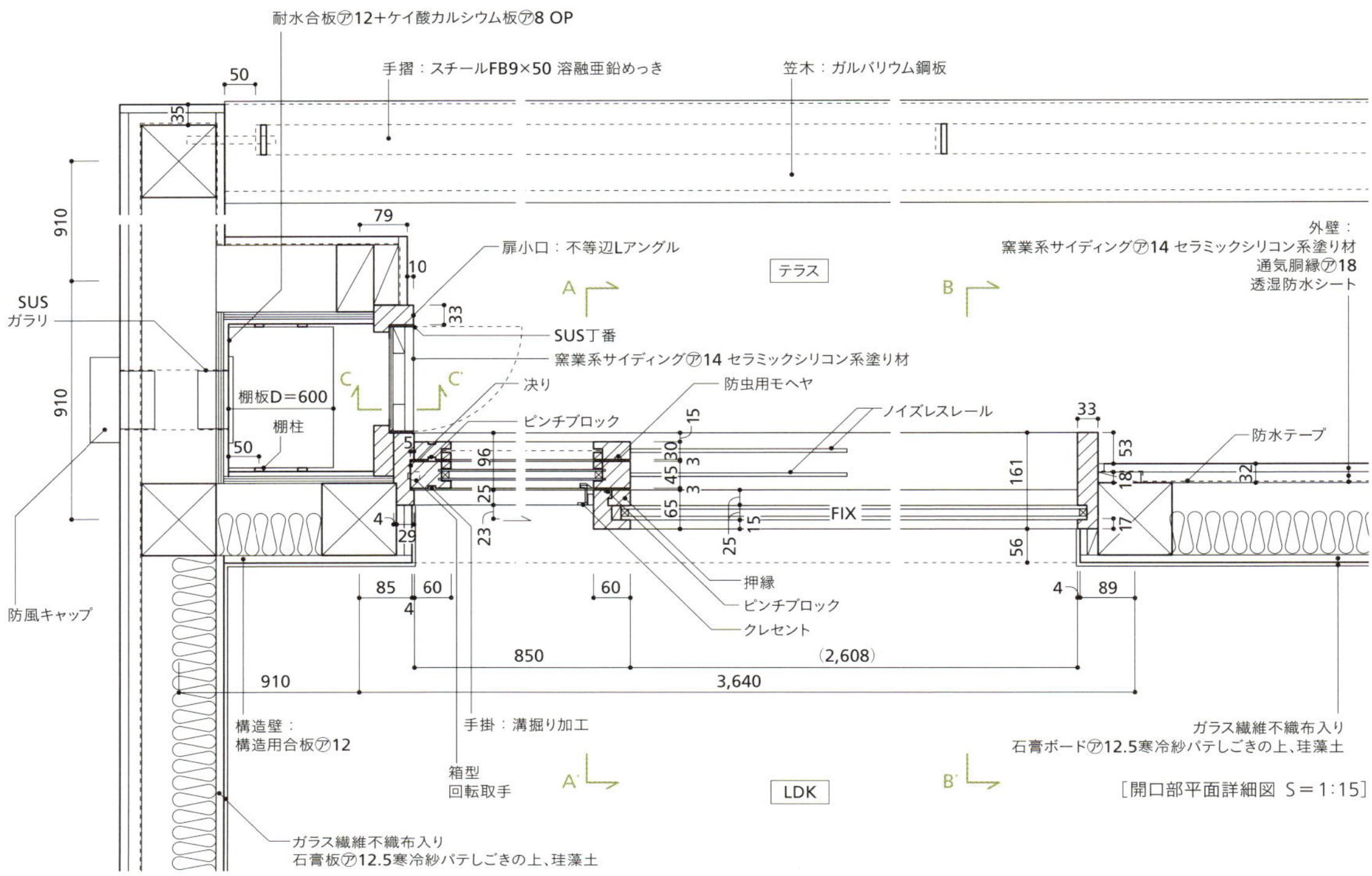

［開口部平面詳細図 S＝1:15］

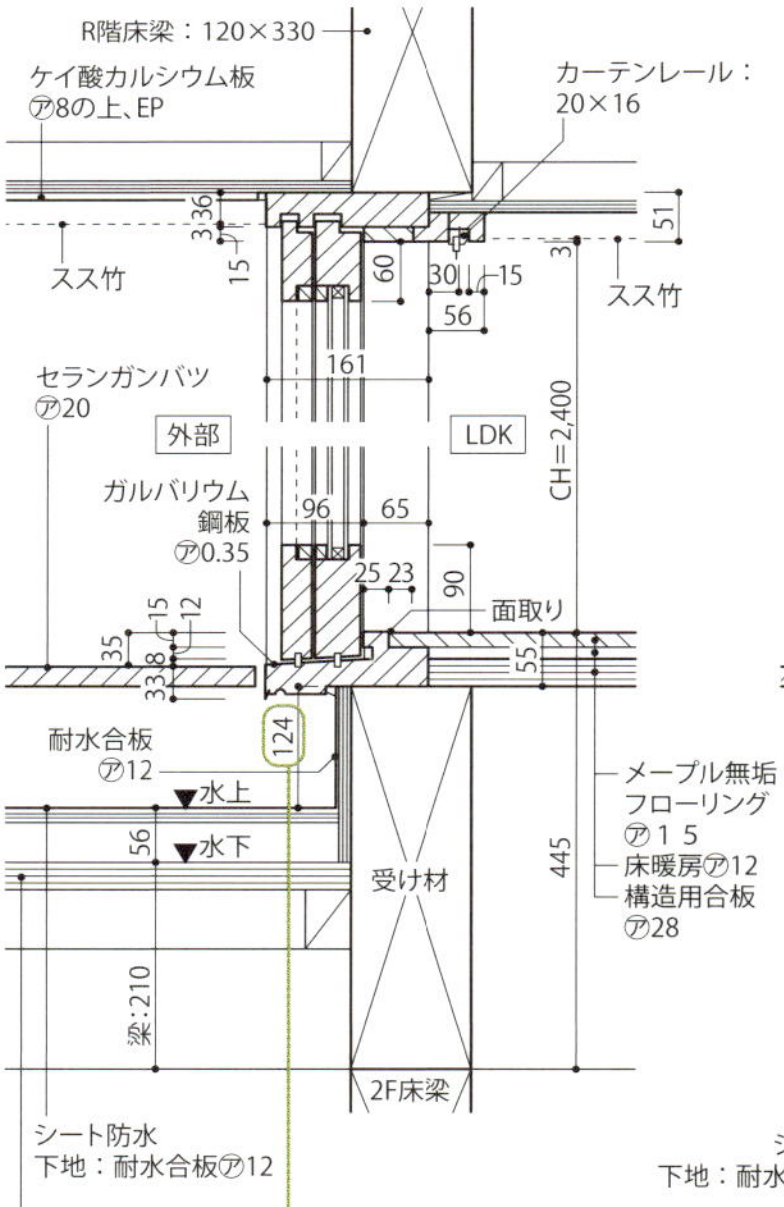

［A部（建具可動部）断面詳細図 S＝1:15］

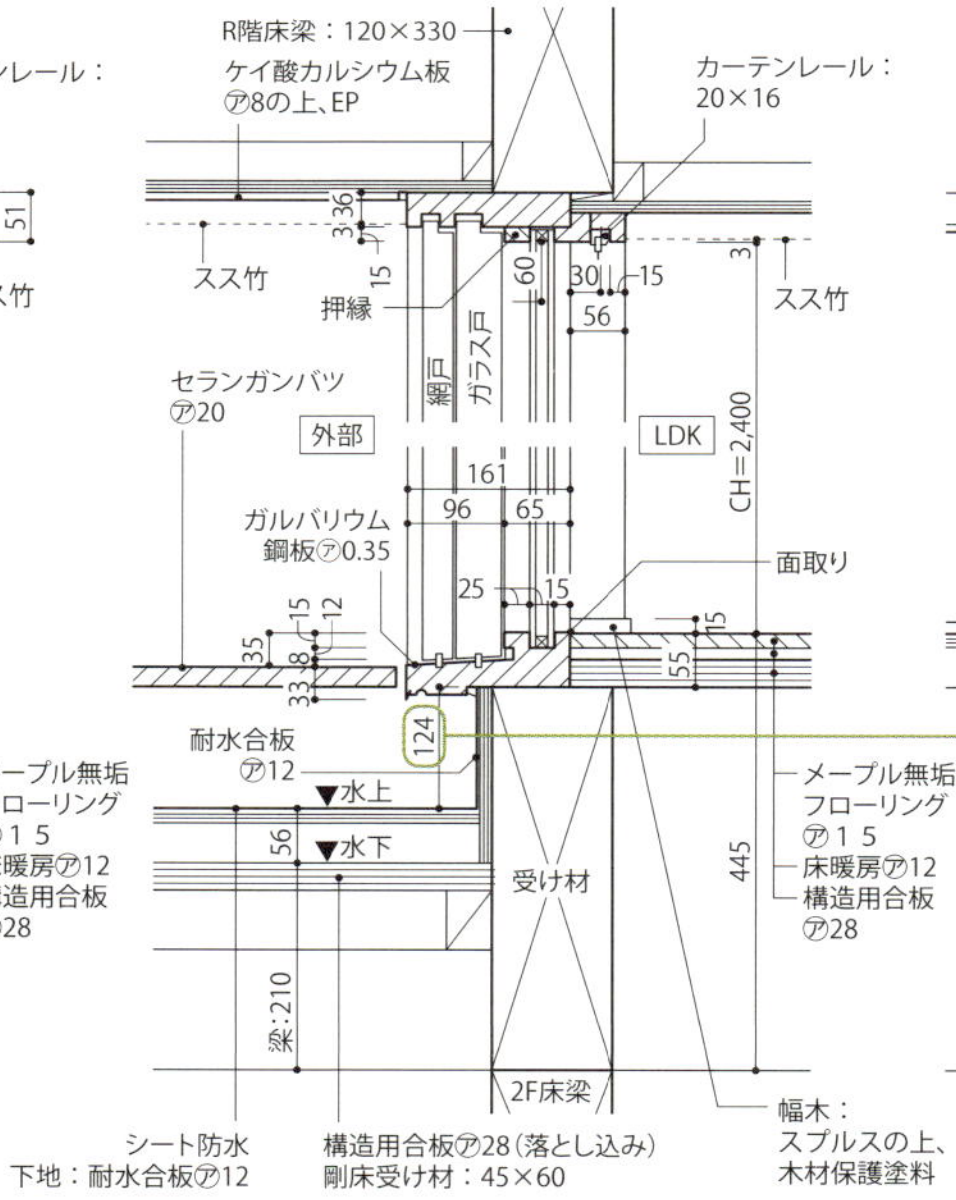

［B部（FIX部）断面詳細図 S＝1:15］

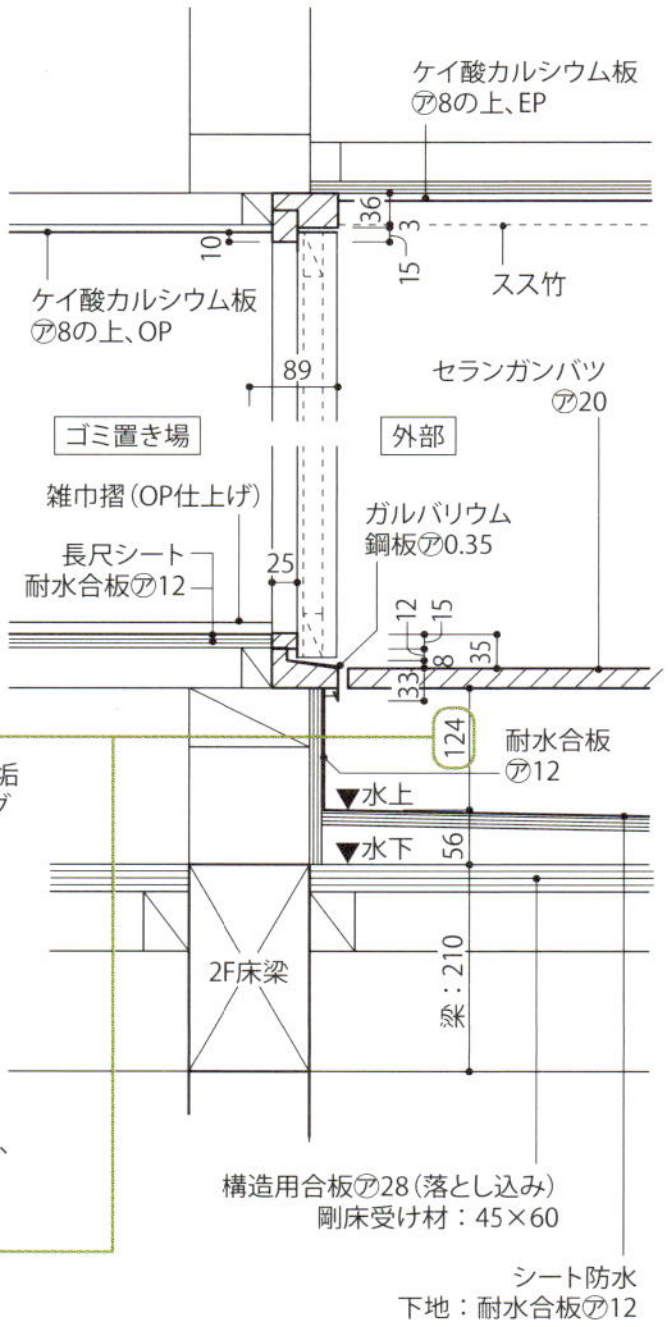

瑕疵担保責任保険の設計施工基準でバルコニーの防水は開口部の下端は120㎜以上、そのほかの壁との取り合い部分で250㎜以上とることが定められている

［C部（ゴミ置き場建具）断面詳細図 S＝1:15］

LDKから赤城山を眺める。
高さ2,400mm×9尺（2608mm）のFIX窓と
3尺（850mm）の引戸を組み合わせた
木製建具を製作することで
フレームレスな大開口と
風を取り込む大開口を実現した

バルコニーは床・庇とも一間（1,820mm）跳ね出している。
庇の出が大きいため、夏場は日除け対策にもなっている

毎日暮らす場所だからこそ普段着のような心地よさを大切にする

村田 淳

住宅密集地に建つ3世代6人家族の住まい。一般に、家族の人数が増えると部屋数が増え、各部屋の面積は限定される。そこで、なにか特別な建築表現や構成を追い求めるのではなく、住まい手の生活を支える設えとその納まりを丁寧に設計することを特に心掛けた。限られた広さのなかに造作家具や木・漆喰などの質感ある仕上げをとりいれ、随所に自然の素材や緑が楽しめる工夫をこらしている。

建築家が建築物を設計する際、建物をかたちづくるディテールにはさまざまな思想や意図が存在する。殊に住宅設計には美しさ以外の要素も必要だというのが私の考えだ。「内と外との豊かな関係性」「熱環境を向上させるウィンドウトリートメント」「適切な収納計画」「通風の工夫」……。枚挙にいとまがないこれらの要素は、快適な暮らしを支えるための要素と言うことができるだろう。身体、五感で感じることのできる要素と言い換えることもできるかもしれない。毎日暮らす場所だからこそ、建築的な表現の追求だけに軸足を置くのではなく、普段着のような心地よさを大切にすることが住まい手の生活の質を高める住宅へとつながるのである。

アプローチには、1坪程度の植栽スペースを設けた。
樹種を選ぶことで限られたスペースでも
植栽を楽しむことができる

庭に面した浴室の窓は上部を磨りガラスにしたFIX窓、下部を引違い窓としている。これにより隣家からの視線を遮りつつ、緑を楽しめる明るい浴室としている

玄関を入ると、和室越しに庭を見通すことができる。階段のハイサイドライトからの光が漆喰の白壁を照らし、明るい空間となるよう配慮している

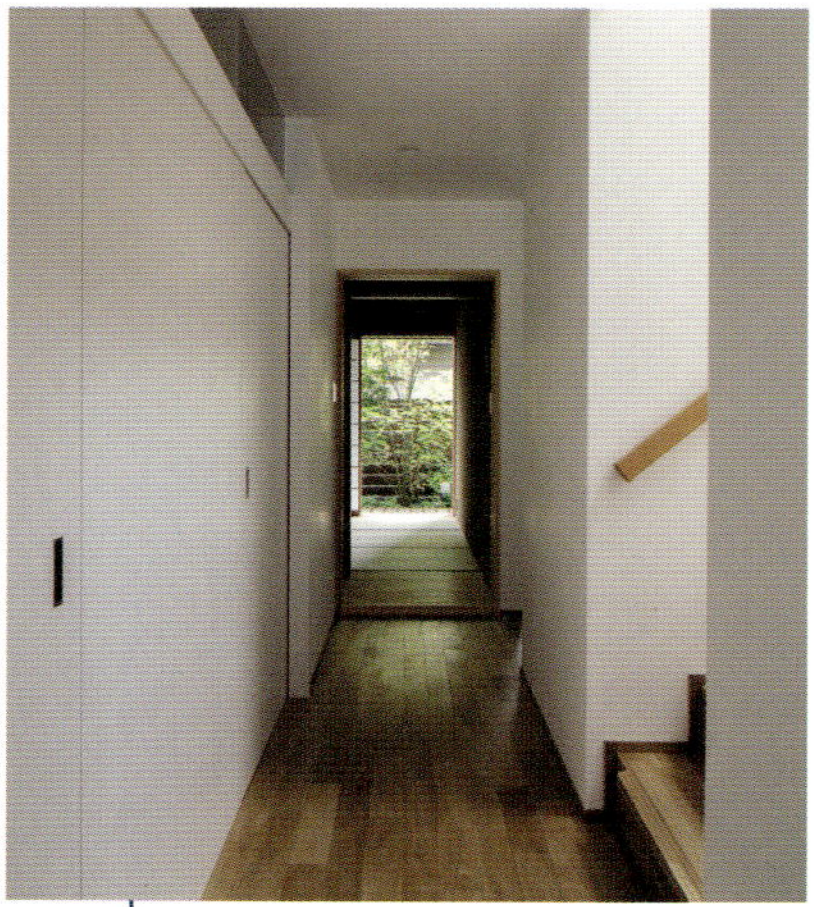

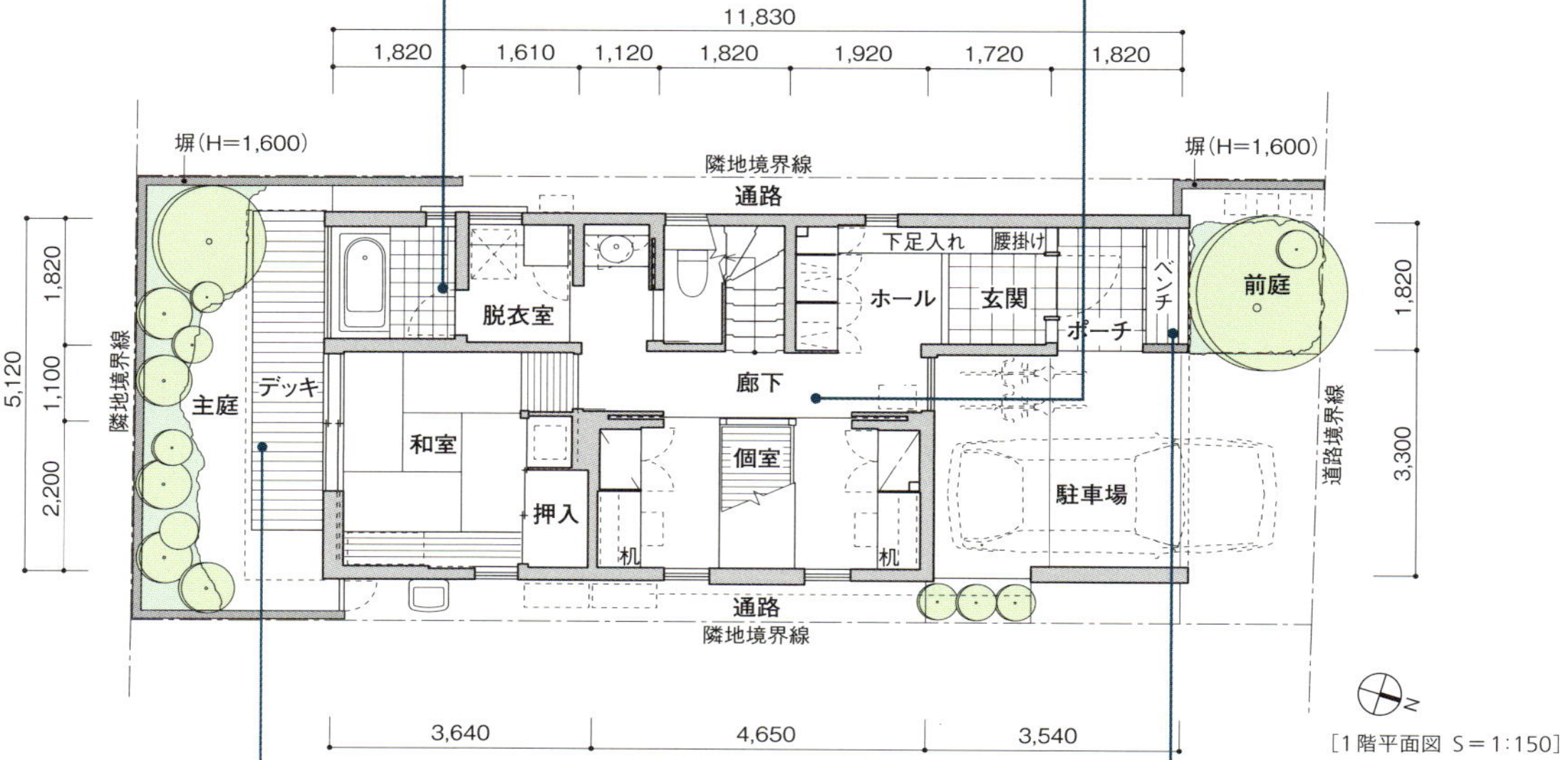

［1階平面図 S＝1:150］

主木のモミジは庭の大きさに合わせて広がりにくいものを選択した。庭の奥行は3m程度だが、樹種を丁寧に選択して植栽すれば、緑の美しい庭をつくることができる

ポーチには玄関扉と同じピーラーを用いてベンチを設えた。買い物帰りの荷物置きや、地域コミュニティとの接点となる縁側のような役割を持たせることができる

リビングは天井高を約3,600mmと高く設定することで面積が限られていても圧迫感のないつくりとした。屋上緑化システムを設けたバルコニーはルーバーの手摺を採用し、リビングへの通風と植物への日照確保に配慮している

階段に設けたハイサイドライトとベンチ。ハイサイドライトは下部を引違い窓とすることで通風窓としての役割ももつ

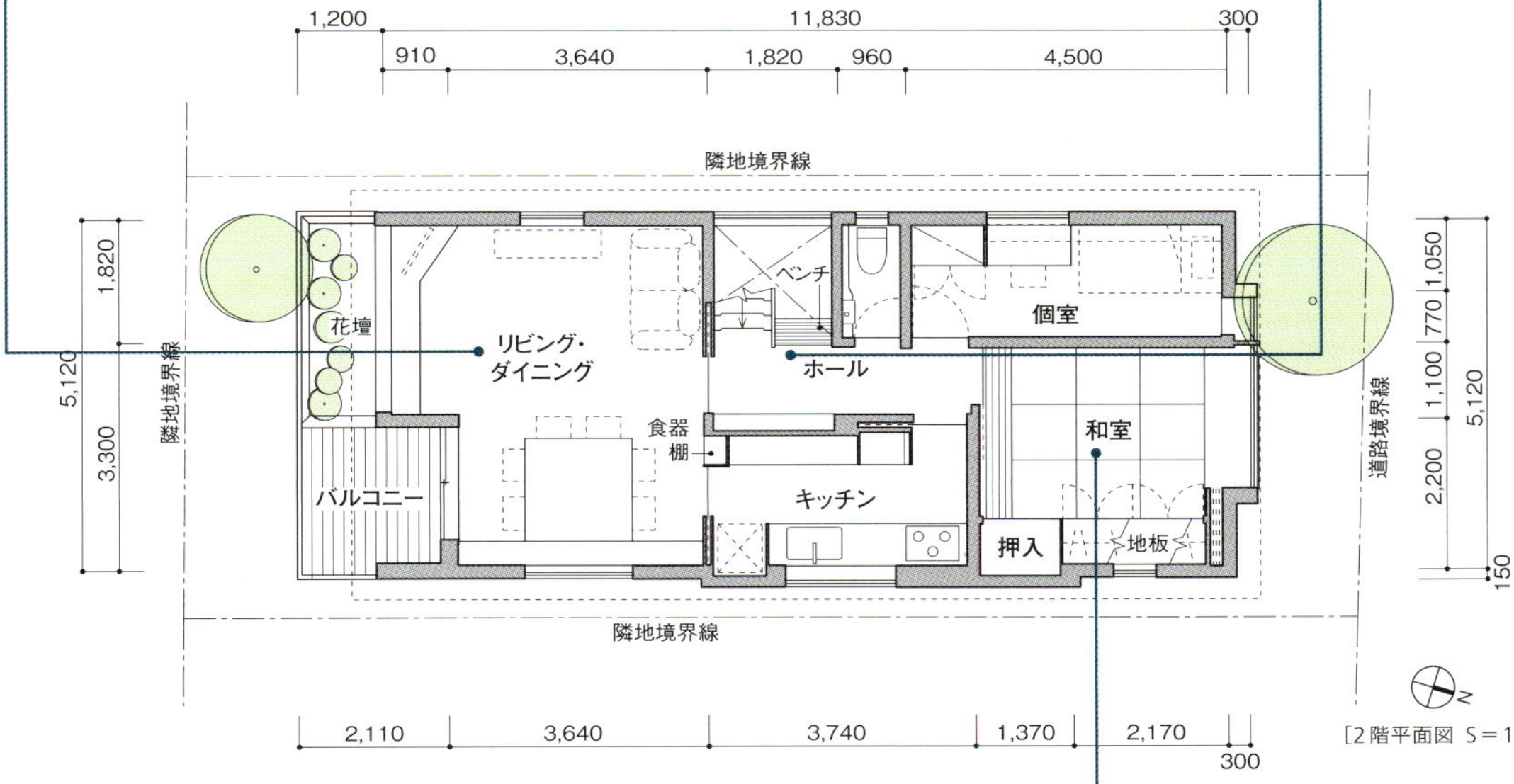

［2階平面図 S＝1:150］

DATA

若林の家（村田淳建築研究室）

規模｜地上2階建て

構造｜木造（在来軸組構法）

敷地面積｜106.58m²

建築面積｜63.26m²

延床面積｜105.81m²

施工｜幹建設

写真｜村田淳建築研究室

寝室を兼ねた和室。通風のための格子戸を戸袋から引き出して障子と入れ替えることができる。足元のあいた収納（クロゼット）とそのとなりの押入れは揉み紙を張り、手掛けを製作している

LDとつながりのあるキッチンをつくる方法

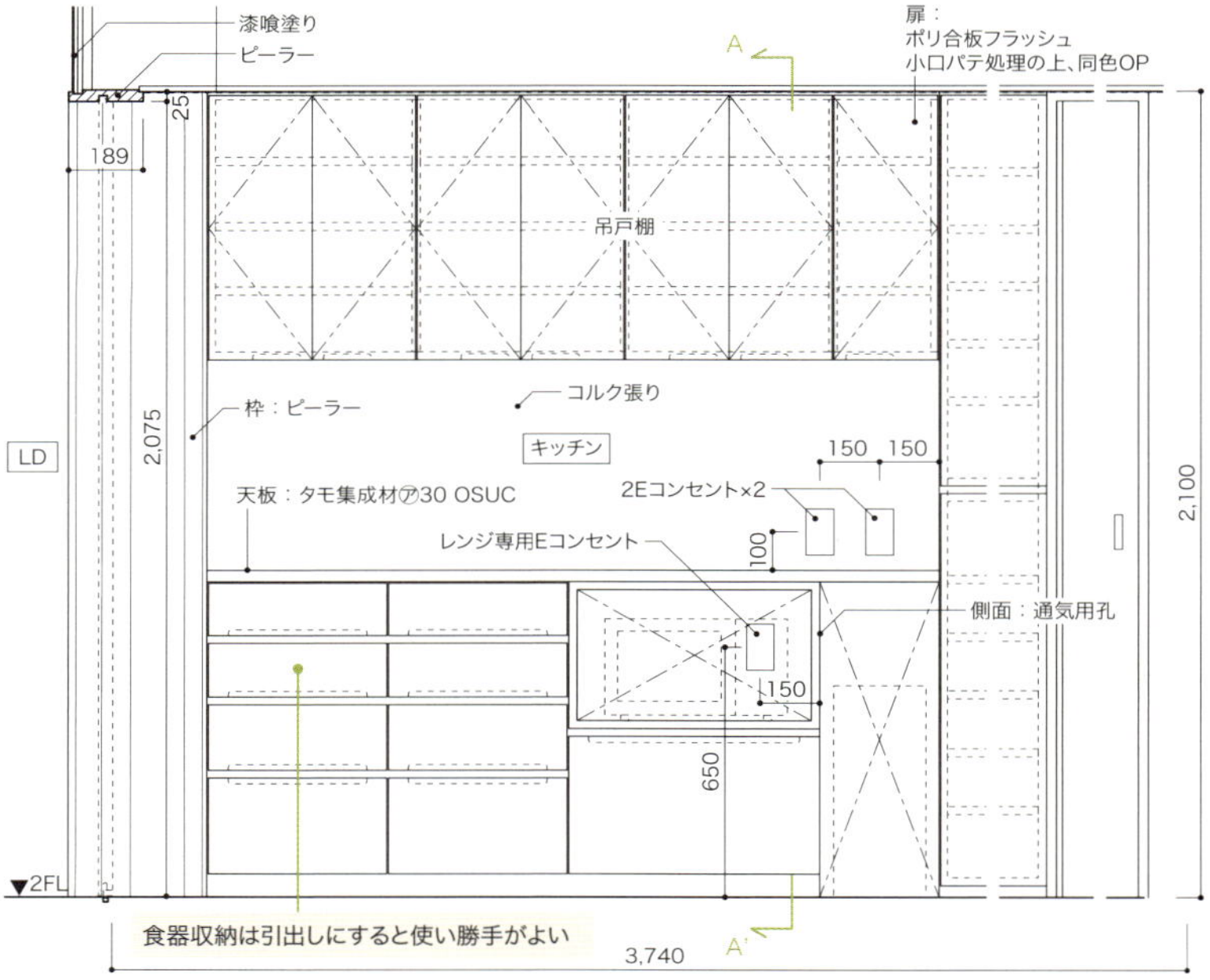

[展開図S＝1:30]

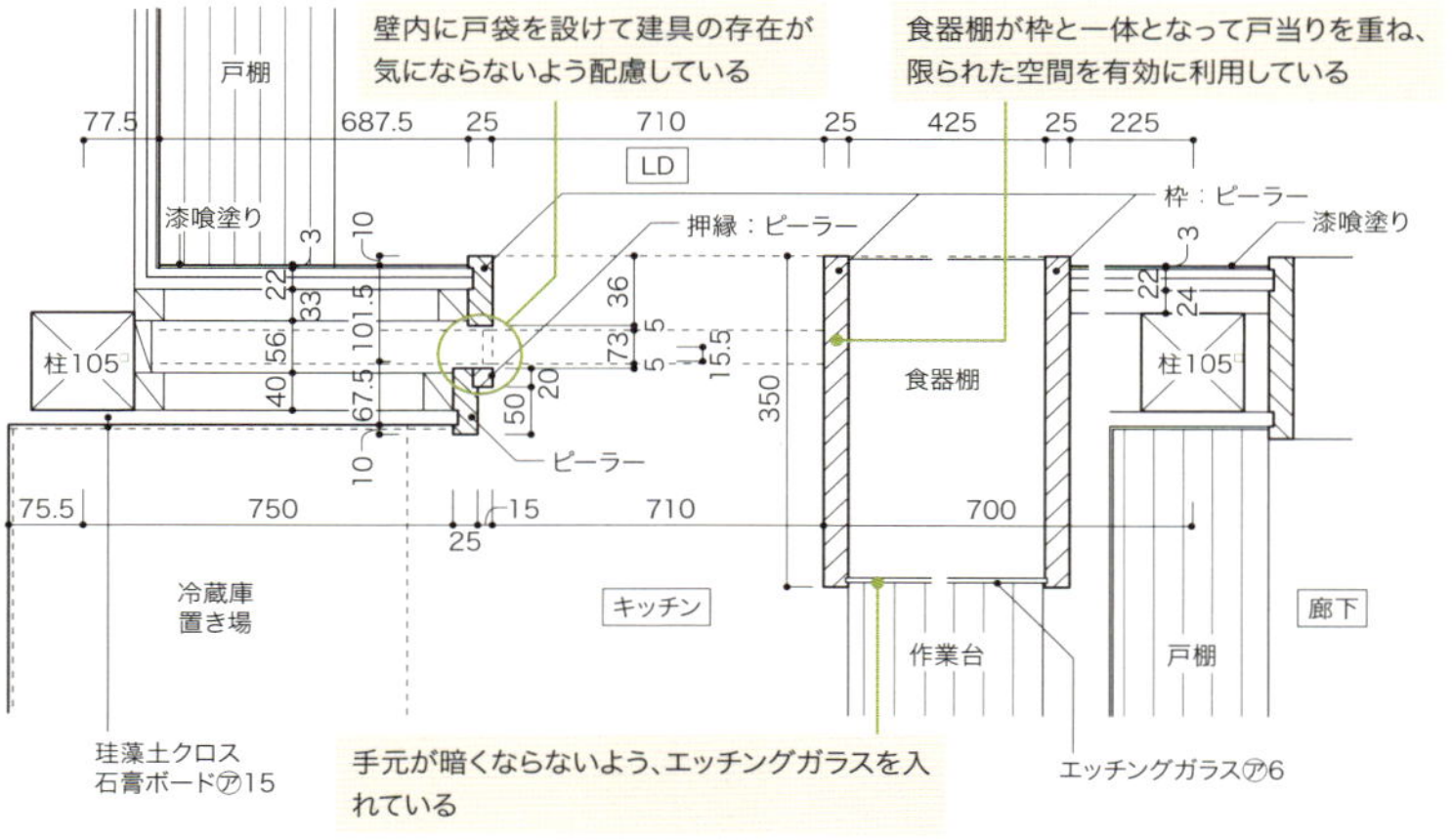

[平面詳細図S＝1:30]

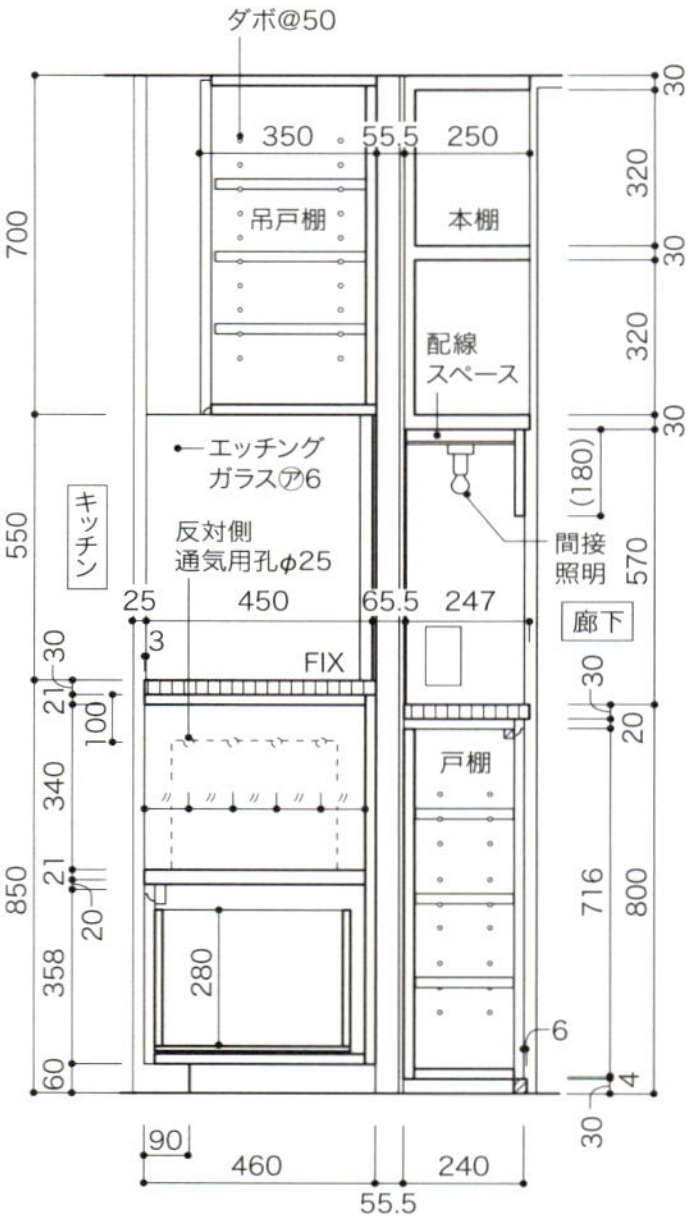

[A部 断面詳細図S＝1:30]

リビングダイニングから廊下・キッチンを望む。右奥のキッチンの扉は食器棚とキッチンの引戸が一体に造り付けられている

キッチンからダイニングをみる。
キッチンの扉にはすだれ状の薄いスクリーンが
入れられ、独立したキッチンでありながら、
バルコニーやリビング・ダイニングの雰囲気を
感じられるよう工夫している

シンプルかつ機能的な玄関アクセサリーをつくる方法

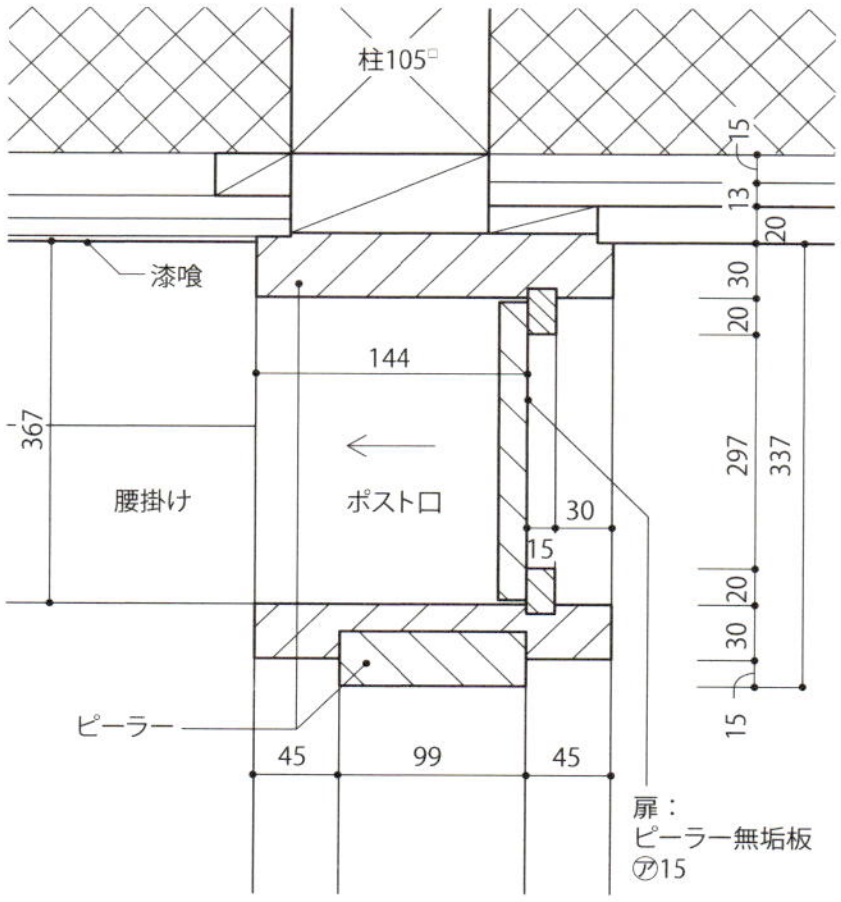

［ポスト 平面詳細図S＝1:8］

既製品を使わず、ポストや玄関枠と同じ材で製作することで玄関廻りに統一感を出している

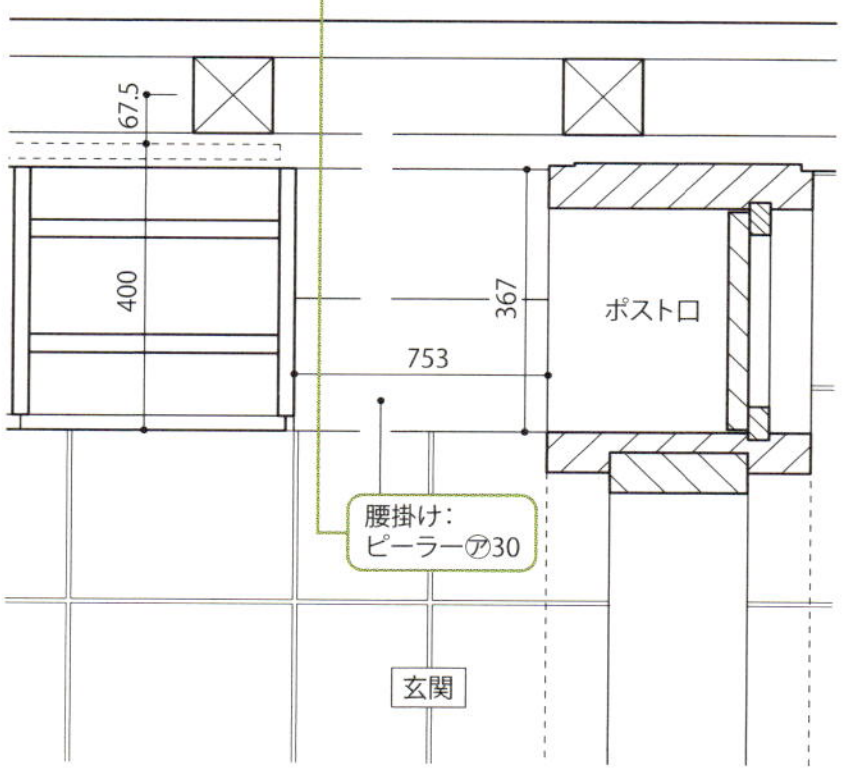

［腰掛け 平面詳細図S＝1:10］

光を採り入れるためのFIXガラスには、内部の様子が見えない縦波ガラスを採用している

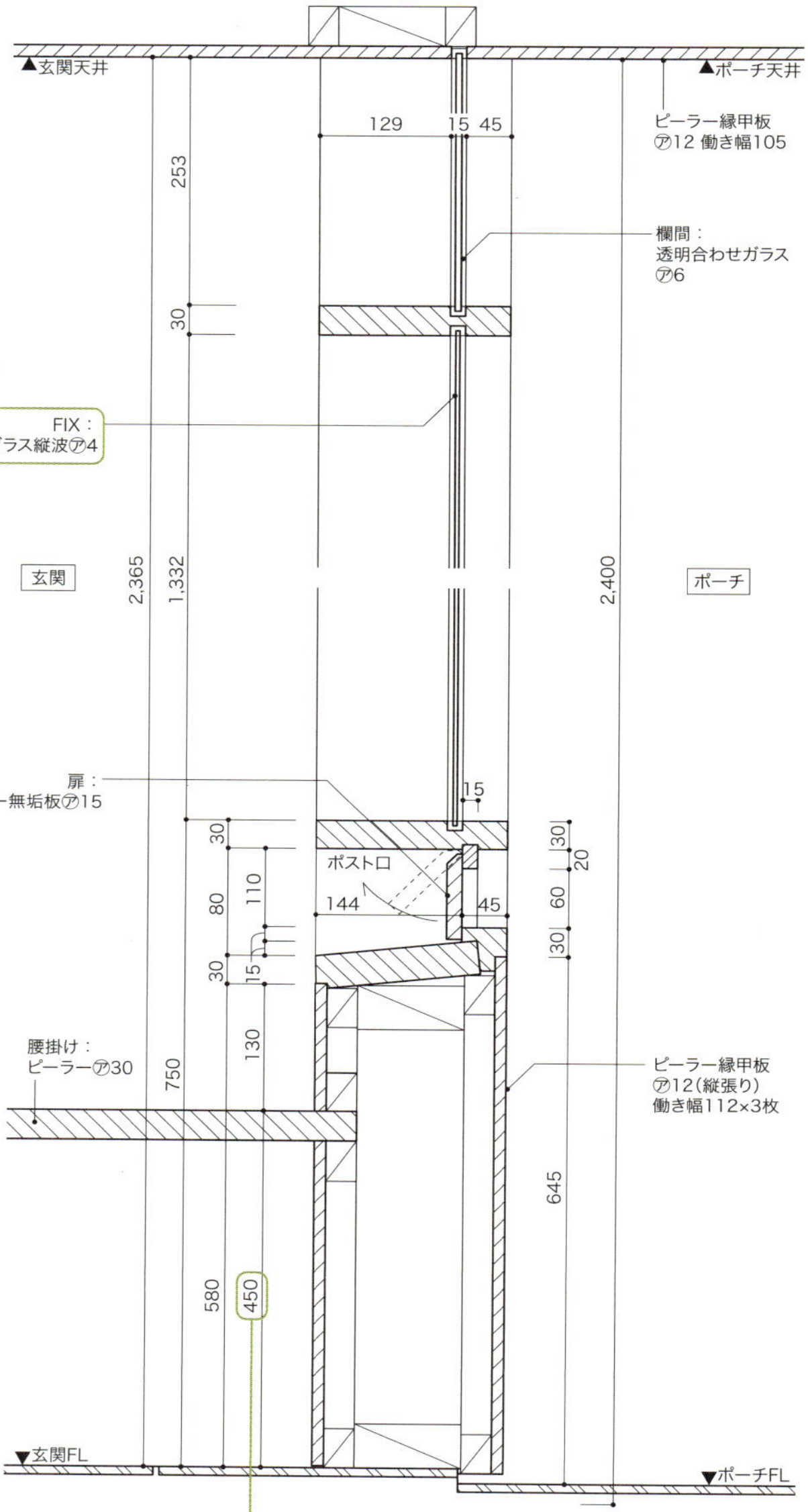

［ポスト・腰掛け 断面詳細図S＝1:10］

靴の脱ぎ履きをするために利用することも考慮して450㎜の高さとした。下が空いているため、靴を置くこともできる

玄関廻りには、表札やインターホン・ポストなどの要素が求められるため、できるだけシンプルにまとめたい。ここでは波ガラスの下に造作のポストを設置し、表札はインターホンカバーと兼用することでシンプルに見せている

エントランスホールからポーチを見る。
ポストに入れられた郵便物は、
玄関の中に設けられた腰掛けに乗るよう設計されている。
玄関とポーチの天井は欄間のガラスを通してつながり、
内外の連続性を感じられるつくりとしている

著者紹介｜Author

石井秀樹(いしい・ひでき)

［経歴］
1971年　千葉県生まれ
1995年　東京理科大学理工学部建築学科卒業
1997年　東京理科大学理工学部建築学科修士課程修了
1997年　architect team archum設立
2001年　石井秀樹建築設計事務所設立
2012年～　社団法人建築家住宅の会 理事

［主な著書］
『新しい住宅デザイン図鑑』(エクスナレッジ)
『最高に心地のいい住宅をデザインする方法』(エクスナレッジ)
『住宅の高さ寸法攻略マニュアル』(エクスナレッジ)

［受賞歴］
2009年　第13回TEPCO快適住宅コンテスト佳作
2009年　日本建築家協会優秀建築選200選
2014年　第40回東京建築賞住宅部門最優秀賞
2015年　住まいの環境デザイン・アワード2015奨励賞　その他多数

［石井秀樹建築設計事務所］
URL：http://isi-arch.com/
E-mail：info@isi-arch.com

根來宏典(ねごろ・ひろのり)

［経歴］
1972年　和歌山県生まれ
1995年　日本大学生産工学部建築工学科卒業
1995年　古市徹雄都市建築研究所入所
2004年　根來宏典建築研究所設立
2005年　日本大学大学院博士後期課程修了・博士(工学)
2008年～　NPO法人家づくりの会 理事
2010年～　NPO法人家づくりの会 副代表理事
2012年～　NPO法人家づくりの会 代表理事

［主な著書］
『センスを磨く間取りのルール』(エクスナレッジ)
『最高の外構をデザインする方法』(エクスナレッジ)
『実践的家づくり学校　自分だけの武器をもて』(彰国社)

［受賞歴］
2009年　茨城建築文化賞・住宅部門優秀賞「木骨の白い家」
2009年　福島県建築文化賞・優秀賞「よつばcafe」
2014年　日本建築学会教育賞「家づくり学校」

［根來宏典建築研究所］
URL：http://www.negoro-arch.com
E-mail：info@negoro-arch.com

村田　淳(むらた・じゅん)

［経歴］
1971年　東京都生まれ
1995年　東京工業大学工学部建築学科卒業
1997年　東京工業大学大学院建築学専攻修士課程修了
1997年　建築研究所アーキヴィジョン入社
2006年　村田靖夫建築研究室入社
2007年　村田靖夫建築研究所代表
2009年　村田淳建築研究室に改称
2011年～　NPO法人家づくりの会 理事
2012年～　NPO法人家づくりの会 副代表理事

［主な著書］
『新しい住宅デザイン図鑑』(エクスナレッジ)
『緑と暮らす設計作法』(彰国社)
『実践的家づくり学校　自分だけの武器をもて』(彰国社)

［受賞歴］
1996年　大和ハウス工業「21世紀の私たちの住まい」提案　2等
2009年　第12回TEPCO快適住宅コンテスト　佳作

［村田淳建築研究室］
URL：http://murata-associates.co.jp
E-mail：info@murata-associates.co.jp

ディテールから考える
最高に美しい住宅デザインの方法

2015年5月28日　初版第一刷発行

著者　　　　石井秀樹・根來宏典・村田淳

発行者　　　澤井聖一

発行所　　　株式会社エクスナレッジ
　　　　　　〒106-0032 東京都港区六本木7-2-26
　　　　　　http://www.knowledge.co.jp

問い合わせ先　編集　Tel 03-3403-1381
　　　　　　　　　　Fax 03-3403-1345
　　　　　　　　　　info@xknowledge.co.jp
　　　　　　　販売　Tel 03-3403-1321
　　　　　　　　　　Fax 03-3403-1829

無断転載の禁止
本誌掲載記事（本文、図表、イラスト等）を当社および著作権者の承諾なしに
無断で転載（翻訳、複写、データベースへの入力、インターネットへの掲載等）することを禁じます